L'economia cristiana in una lezione

di **Gary North**

Indice generale

Prefazione all'edizione italiana

L'economia moderna è pregna di quello che potremmo definire "pragmatismo economico". Ovvero, se qualcosa funziona dal punto di vista empirico, allora funzionerà per sempre. Questa massima viene sostenuta dalla maggior parte della popolazione, nonché dall'establishment accademico e politico. Non esiste alcuna teoria a sostegno di questo punto di vista, solo la praticità di un sistema che riesce a protrarsi tanto a lungo da convincere chicchessia che tutto continuerà ad andare così. Non c'è modo di convincere tali persone della proposizione errata delle loro convinzioni, anche se intorno a loro non ci sarà altro che devastazione economica, continueranno a chiedere penitenti una dose maggiore di quello che credevano fosse un percorso risolutivo "nella pratica". Cosa ci vuole affinché cambino idea? Un crollo tonante dell'economia. Una discontinuità talmente monumentale nell'attuale pratica economica, da incitare gli attori di mercato a riconsiderare le loro posizioni riguardo l'economia. Infatti la maggior parte delle persone aderisce all'economia keynesiana anche senza saperlo. Anche se non ha mai letto nulla di teoria economica, ha una propensione a seguire il pensiero keynesiano. Perché? Due parole: pasti gratis.

La promessa di una vita all'insegna di grandi ricchezze guadagnate col minimo sforzo, stimola la maggior parte degli individui a cedere parte delle loro libertà personali a favore di un politburo monetario in grado, presumibilmente, di direzionare l'intera economia verso lidi di maggiore prosperità e nel contempo sganciare una valanga di pasti gratis.

Sicurezze in ogni dove, certezze dietro ogni angolo, e più nessuna responsabilità. È questa la promessa del politburo monetario. È una promessa vuota. È la promessa presente in qualsiasi schema di Ponzi.

Non tutti abbandoneranno le vecchie abitudini di cadere vittima di simili promesse, ma di certo staranno più attenti. Dopo essere rimasti scottati una volta, sarà più difficile che la seconda cadranno nello stesso tranello. Cosa può facilitare loro il compito? Un promemoria sempre a disposizione. Di che tipo? Economico? Soprattutto. Ma non basta. Perché? Perché il messaggio dell'economia non è tanto potente come quello etico. Quest'ultimo chiama in causa la singola persona. La mette di fronte ai propri sbagli. La mette di fronte ai propri difetti morali.

Per molto tempo l'etica è stata distaccata dalla materia economica, poiché si pensava che potesse inficiare la rigidità degli enunciati in essa contenuti. Si pensava che potesse intorbidire i dettami sapienti e oggettivi elencati dalle prescrizioni economiche. Nel seguente libro, invece, torneremo ad apprezzare la congiunzione tra etica ed economia. Vedremo come entrambe lavorino in sinergia per permettere agli individui d'agire lungo linee economiche corrette. Vedremo come entrambe lavorino per fornire agli individui un quadro analitico e comportamentale coerente e potente. Infatti, in questo libro non troverete grafici o equazioni. Non si ha alcun bisogno di arzigogoli econometrici per comprendere come sia eticamente sbagliato infilare le proprie mani nei portafogli altrui. L'economia moderna è pregna di quello che potremmo definire "pragmatismo economico".

Ovvero, se qualcosa funziona dal punto di vista empirico, allora funzionerà per sempre. Questa massima viene sostenuta dalla maggior parte della popolazione, nonché dall'establishment accademico e politico. Non esiste alcuna teoria a sostegno di questo punto di vista, solo la praticità di un sistema che riesce a protrarsi tanto a lungo da convincere chicchessia che tutto continuerà ad andare così. Non c'è modo di convincere tali persone della proposizione errata delle loro convinzioni, anche se intorno a loro non ci sarà altro che devastazione economica, continueranno a chiedere penitenti una dose maggiore di quello che credevano fosse un percorso risolutivo "nella pratica".

Cosa ci vuole affinché cambino idea? Un crollo tonante dell'economia. Una discontinuità talmente monumentale nell'attuale pratica economica, da incitare gli attori di mercato a riconsiderare le loro posizioni riguardo l'economia. Infatti la maggior parte delle persone aderisce all'economia keynesiana anche senza saperlo. Anche se non ha mai letto nulla di teoria economica, ha una propensione a seguire il pensiero keynesiano. Perché? Due parole: pasti gratis.

La promessa di una vita all'insegna di grandi ricchezze guadagnate col minimo sforzo, stimola la maggior parte degli individui a cedere parte delle loro libertà personali a favore di un politburo monetario in grado, presumibilmente, di direzionare l'intera economia verso lidi di maggiore prosperità e nel contempo sganciare una valanga di pasti gratis. Sicurezze in ogni dove, certezze dietro ogni angolo, e più nessuna responsabilità. È questa la promessa del politburo monetario. È una promessa vuota. È la promessa presente in qualsiasi schema di Ponzi.

Non tutti abbandoneranno le vecchie abitudini di cadere vittima di simili promesse, ma di certo staranno più attenti. Dopo essere rimasti scottati una volta, sarà più difficile che la seconda cadranno nello stesso tranello. Cosa può facilitare loro il compito? Un promemoria sempre a disposizione. Di che tipo? Economico? Soprattutto. Ma non basta. Perché? Perché il messaggio dell'economia non è tanto potente come quello etico. Quest'ultimo chiama in causa la singola persona. La mette di fronte ai propri sbagli. La mette di fronte ai propri difetti morali.

Per molto tempo l'etica è stata distaccata dalla materia economica, poiché si pensava che potesse inficiare la rigidità degli enunciati in essa contenuti. Si pensava che potesse intorbidire i dettami sapienti e oggettivi elencati dalle prescrizioni economiche. Nel seguente libro, invece, torneremo ad apprezzare la congiunzione tra etica ed economia. Vedremo come entrambe lavorino in sinergia per permettere agli individui d'agire lungo linee economiche corrette. Vedremo come entrambe lavorino per fornire agli individui un quadro analitico e comportamentale coerente e potente. Infatti, in questo libro non troverete grafici o equazioni. Non si ha alcun bisogno di arzigogoli econometrici per comprendere come sia eticamente sbagliato infilare le proprie mani nei portafogli altrui. Questo libro non solo vi permette di comprendere l'economia in una sola lezione, ma vi permette di comprendere come affiancarvi una teoria etica coerente. Il tutto, ovviamente, in una sola lezione. È questa l'idea rivoluzionaria di Gary North: fare quello che Hazlitt non riuscì a fare nel 1946, ovvero, insegnare l'economia insieme ad una teoria etica coerente in una sola lezione.

Hazlitt, infatti, pensava che sarebbe bastato sottolineare gli errori economici che fino a quel momento avevano condotto l'umanità verso lidi molto pericolosi. Pensava che indicare laddove si stesse sbagliando sarebbe stato sufficiente affinché il grande pubblico avesse riconsiderato i principi keynesiani che sin dal 1936 avevano goduto di un successo straordinario. Non bastò e il suo libro venne ignorato. Perché? Perché la teoria era stata enunciata 10 anni prima e quello ormai era il tempo del pragmatismo. Nessuno aveva più intenzione di riconsiderare la teoria. Le promesse erano già state fatte ed erano allettanti. Perché abbandonarle quando potevano essere ancora soddisfatte nonostante ci fosse qualcuno che ne metteva in dubbio la realizzazione? Ecco il nodo cruciale. È proprio quest'ultima domanda a cui Hazlitt non riuscì a dare risposta e che lasciò annegare nell'oblio la sua opera. Il suo libro, sebbene fosse economicamente coerente e analiticamente perfetto, non spingeva la maggior parte della popolazione a riconsiderare le proprie posizioni. Il loro orecchio era teso verso le promesse dello stato e del suo potere salvifico. Il suo messaggio era eticamente superiore. Sebbene fosse un'etica sbagliata, la sua apparente legittimità e plausibilità è stata accettata a braccia aperte dal grande pubblico. Ora questo messaggio sta gettando la maschera e si sta rivelando per la mostruosità che è. In poche parole, Hazlitt aveva ragione. Ma ci saremmo potuti evitare questi decenni bui se, oltre al messaggio economico, Hazlitt avesse inserito nel suo manoscritto anche un messaggio etico. Il problema fondamentale con il libro di Hazlitt è che si rivolgeva ad un pubblico in particolare, ben istruito, e questo lo portò ad abbandonare la componente etica poiché accademicamente irrilevante. Fu un grande errore, perché ciò non gli permise di scorgere il vero nemico: la pianificazione economica statale.

Il messaggio etico dello stato era potente: è legittimo infilare la propria mano nel portafoglio altrui se questo porta ad un bene superiore. Il libro di Hazlitt non si prefiggeva d'essere latore di un'etica coerente col proprio messaggio economico, quindi le sue tesi non sono riuscite a permeare le menti della maggior parte delle persone che ritenevano plausibilmente accettabile il compromesso etico dello stato. Nessuno lo metteva in dubbio. L'economia, infatti, riteneva l'etica neutrale dal suo punto di vista. Quindi perché preoccuparsene?

Questo libro cerca di correggere l'errore di Hazlitt, fornendo ai lettore principi economici ed etici totalmente coerenti e sani. Quando infine il credo keynesiano di una salvezza economica attraverso lo stato verrà fatto a pezzi dalla bancarotta del sistema pensionistico, si creerà un vuoto sia di teoria che di pratica nel mondo delle idee. Questo vuoto sarà colmato solo se il messaggio di coloro che intendono riempirlo sarà sufficientemente potente e coerente. Visto che gli economisti Austriaci stanno mettendo in guardia la popolazione da molto tempo circa i difetti dell'economia keynesiana, otterranno gran parte delle attenzioni. Questo libro, quindi, intende essere il riferimento principale di suddetto nuovo inizio, poiché fornisce adeguati strumenti economici ed etici per tutti coloro che finiranno col mettere inevitabilmente in discussione i principi economici keynesiani e i principi etici dello stato. Quando gli assegni del governo non verranno più mandati nella cassetta delle lettere delle varie persone, ci sarà un ripensamento generale sul ruolo dello stato e di come la filosofia dei pasti gratis sia in realtà una bufala. Quando le promesse verranno infrante, le persone deluse e arrabbiate andranno alla ricerca di una nuova teoria sulla quale fare affidamento. Ne avranno bisogno.

Non solo per avere una visione più chiara di quello che accadrà, ma soprattutto per lenire il dolore dell'aver fatto la figura degli sciocchi dato che c'erano diversi scrittori che avvertivano di tal esito. La domanda è: a chi si rivolgeranno?

Di sicuro non a coloro che li avranno delusi. Statalisti e keynesiani possono scordarsi, stavolta, di godere del cosiddetto free ride. Chi raccoglierà i pezzi? Più nello specifico, chi raccoglierà i prezzi nel proprio paese, nella propria città, nella propria regione? È praticamente certo che le reazioni saranno diverse e nuove teorie spunteranno fuori, ansiose d'essere prese come modello di riferimento. La maggior parte di queste sicuramente tenderanno a concentrarsi su come evitare i danni dovuti al collasso dell'attuale sistema economico, o al minimo, come schivarne la maggior parte. Il pragmatismo economico sarà fatto a pezzi in tal processo, lasciando la sperimentazione di nuovi modelli sostitutivi.

Di certo la pianificazione statale centrale avrà grossi problemi a far rispettare i suoi dettami e spunteranno varie sacche di resistenza alla sua influenza. È per questo che è cruciale avere quante più persone possibili istruite nei principi della teoria economica Austriaca supportati da una visione etica ben chiara e coerente. Un piccolo drappello di tali persone in ogni comunità garantirà alle tesi Austriache di diffondersi più rapidamente e di instillare nella popolazione confusa un senso etico sano e genuino. Non sarà così facile, perché le alternative al modello prevalente ci metteranno tempo per guadagnarsi la fiducia di coloro che sono stati delusi. Ma se il messaggio economico ed etico saranno entrambi potenti, si può stare certi che non verranno respinti. E questo libro offre ai lettori un messaggio etico ed economico potente.

Una volta letto entrerete anche voi, cari lettori, a far parte del suddetto drappello d'individui il cui compito sarà quello d'istruire i futuri delusi dall'attuale sistema economico/sociale.

Sarà un lungo e lento processo d'istruzione, ma alla fine darà i suoi frutti. Essere ottimisti richiede tempo e pazienza, ma alla fine porta alla vittoria; mentre invece è facile cadere vittime del pessimismo, e la sconfitta sarà la meta finale sicura.

Francesco Simoncelli

Prefazione

Probabilmente avrete sentito parlare del libro di Henry Hazlitt, *Economia in Una Lezione*.

Nel 1971, quando ero direttore dei seminari per la Foundation for Economic Education, avevamo l'abitudine di fornire tre libri gratis prima dell'inizio di ogni seminario: *Clichés of Socialism, The Mainspring of Human Progress* di Henry Grady Weaver e *Economics in One Lesson*.

Non credo sia esagerato dire che questo libro, più di ogni altro, sia servito come base per la rinascita del pensiero economico di libero mercato dopo la seconda guerra mondiale. Tra gli economisti *La Via della Schiavitù* (1944) di F. A. Hayek è stato il più importante, ma per quanto riguarda l'uomo della strada, che probabilmente non ha mai letto il libro di Hayek, *L'Economia in Una Lezione* è stato il punto di riferimento. Analizzava i vari interventi dello stato nel mercato attraverso l'analogia conosciuta come "la finestra fallacia rotta", anche conosciuta come "le cose che si vedono e le cose che non si vedono". Le cose che non si vedono sono i costi economici delle cose che si vedono: **gli usi più preziosi per quel denaro ormai perso.** Questa analogia è stata ideata nel 1850 dal giornalista francese Frédéric Bastiat. Questa era la lezione di Hazlitt. Questo era il cuore del libro di Hazlitt, e ha funzionato in termini di analisi economica. I lettori potranno seguire la sua logica. Il Mises Institute ha acquistato i diritti per renderlo disponibile gratuitamente a chiunque voglia leggerlo.[1]

---

1   Potete scaricarlo qui: http://mises.org/library/economics-one-lesson

1. Il Pubblico di Hazlitt

Quando pensate al periodo in cui lo scrisse, è rimarchevole notare come fu in grado di scriverlo. È ancora più rimarchevole il numero di vendite che ha fatto registrare. Gli vennero date sei settimane di congedo dal *New York Times* nel febbraio 1946. A quel tempo era il migliore giornalista finanziario di quel giornale.

La seconda guerra mondiale era finita l'agosto precedente. Il presidente Truman non aveva ancora tolto i controlli su prezzi e salari approvati durante il periodo bellico. Lo fece solo perché pressato da quella che fu una rivolta di allevatori nell'ottobre successivo. Durante quel mese abolì i controlli sui prezzi della carne. A novembre abolì il controllo dei prezzi sui salari e sulla maggior parte delle materie prime. Gli unici controlli che rimasero furono sullo zucchero, sul riso e sugli affitti.

Quando Hazlitt scrisse il libro, i residenti degli Stati Uniti avevano vissuto per cinque anni sotto il controllo dei prezzi. Le carenze erano diventate parte della vita quotidiana così come il razionamento. Il mercato nero era fiorito. Così, Hazlitt incluse un capitolo sul controllo dei prezzi.

Mercato dopo mercato, intervento dopo intervento, "finestra rotta dopo finestra rotta", Hazlitt scrisse il libro. Conteneva 24 capitoli. Lo concluse in sei settimane. Fu un risultato importante. Dato l'enorme impatto del libro, fu un risultato sorprendente.

Ma c'è un grosso problema con il libro, e questo problema continua a peggiorare. È datato. È stato scritto nel 1946.

Scrisse per un pubblico in particolare e quel pubblico viveva ancora sotto i controlli economici della seconda guerra mondiale. I problemi di primo piano nella mente del suo pubblico non sono gli stessi che sono nella mente degli elettori di oggi negli Stati Uniti. Il tempo va avanti. Il secondo problema con il libro è questo: Ludwig von Mises non aveva ancora scritto *L'Azione Umana*. Quel libro venne pubblicato nel 1949. Hazlitt era un amico di Mises. Aiutò a raccogliere fondi per Mises, perché la New York University si rifiutò di pagare Mises dal 1945 fino al 1969, quando infine andò in pensione. Hazlitt aveva letto *Socialism* e *The Theory of Money and Credit*. Questi libri vennero pubblicati in Gran Bretagna prima della seconda guerra mondiale. Aveva letto *Omnipotent Government* e *Bureaucracy*, entrambi pubblicati nel 1944 dalla Yale University Press. Ma il capolavoro di Mises doveva ancora essere scritto. C'è un terzo problema. Il suo pubblico era composto da persone istruite che per anni avevano letto i suoi articoli sul *New York Times*. Scriveva anche per gli uomini d'affari. Ma non stava scrivendo per quelle persone che popolavano le chiese americane. Dal punto di vista della dimensione del pubblico, perse una grande occasione. Per quanto riguardava convincere la maggioranza degli americani che l'intervento dello stato nel mercato è una cattiva idea, non ebbe niente da dire. Non riuscì ad apprezzare la dimensione di quel pubblico, inoltre non aveva dimestichezza con la sua terminologia. Era stato un pupillo di H. L. Mencken, lo scettico più importante nel mondo degli intellettuali americani. Mencken aveva scelto Hazlitt per sostituirlo come direttore dell'*American Mercury* nel 1933. Mencken era un discepolo di Frederick Nietzsche. Non è una buona formazione per qualcuno che vuole scrivere un libro per convincere la maggioranza degli elettori americani.

Oggi ognuno dei capitoli del suo libro è ancora applicabile agli Stati Uniti. Tutti quegli interventi esistono ancora. Alcuni hanno scemato la loro influenza, come il movimento sindacale, ma tutti hanno ancora le burocrazie federali che interferiscono con il libero mercato. Il suo libro non convinse le masse ad eleggere deputati e senatori, per non parlare di presidenti, che erano impegnati a riproporre lo stato amministrativo keynesiano. Le cose vanno molto meglio rispetto al 1946 -- al di fuori del sistema bancario, in ogni caso -- ma non grazie al libro di Hazlitt. Le cose cominciarono a migliorare nell'autunno del 1946 perché Truman venne circondato da pressioni politiche affinché abolisse i controlli.

Richard Nixon iniziò a frequentare Washington durante la seconda guerra mondiale come burocrate dell'Office of Price Administration. Così anche l'economista di sinistra John Kenneth Galbraith. E fu Nixon che il 15 agosto del 1971 impose unilateralmente un sistema di controlli di prezzi e salari sull'economia americana. Lo fece attraverso un ordine esecutivo. Tali controlli crearono gravi perturbazioni economiche e vennero abbandonati nel 1973. Ma è chiaro che Nixon non capì mai le verità veicolate dal libro di Hazlitt. Non perse la sua fede nei controlli di prezzi e salari fino a quando l'esperienza personale lo convinse del contrario. Nessun libro lo convinse di questo.

2. Un Nuovo Pubblico

Ho deciso che è giunto il momento di scrivere un libro che ho pensato di scrivere sin dal 1970: *L'Economia Cristiana in Una Lezione*.

Analizzerò ciascuno dei capitoli di Hazlitt e li riscriverò seguendo un principio cristiano fondamentale: non rubare.

Hazlitt non identificò mai gli interventi dello stato per quelli che sono realmente: un furto. Hazlitt evitò attentamente la questione etica fondamentale: Chi aveva rotto quella famosa finestra? E perché? Analizzò cosa sarebbe accaduto dopo la rottura della finestra, cioè dopo che lo stato fosse intervenuto nell'economia a nome di qualche gruppo con interessi speciali. Hazlitt individuò questi gruppi e identificò anche la loro motivazione: riempirsi le tasche. Ma non identificò l'impulso etico dietro la rottura di due dozzine di finestre. Questo fu un errore.

Ecco un problema chiave. Hazlitt sapeva, come lo sa ogni docente d'economia che insegna a delle matricole, che la maggior parte delle persone non è in grado di gestire lunghe catene di ragionamento. Possono a malapena gestire brevi catene di ragionamento. Hazlitt utilizzò la fallacia della finestra rotta per aiutare i lettori affinché seguissero una catena di ragionamento breve. Questo era quanto di meglio potesse aspettarsi. Il libro riuscì in questo intento. C'è un problema secondario anche con le catene di ragionamento brevi. Possono convincere le menti, ma non mobilitano le truppe. Raramente le persone rimodellano la propria vita sulla base di una catena di ragionamento breve. Ripensare ai propri presupposti fornisce vantaggi immediati minimi, mentre i costi sono alti. Se le persone agissero realmente in termini di tornaconto personale, come sostengono gli economisti, allora solo alcuni di loro ristrutturerebbero la propria vita basandosi sull'applicazione della fallacia della finestra rotta.

Se, d'altra parte, riuscite a convincere una persona di come sia diventata complice, o addirittura un partecipante attivo, nel rompere la finestra di qualcun altro, allora è probabile che otterrete la sua attenzione. Forse potrete motivarla a considerare attentamente questo principio: non rubare. Se spostate la discussione dall'analisi economica all'analisi etica, alzerete la posta in gioco. Se spostate la discussione dalla mano invisibile di Adam Smith alla verga di ferro di un Dio invisibile, avrete maggiori probabilità di catturare la sua attenzione. In ogni caso, avrete maggiori probabilità di catturare l'attenzione di milioni di persone che trascorrono domeniche mattina sedute in chiesa.

3. Il Vangelo Sociale

Sin dal 1880 un movimento conosciuto come il vangelo sociale iniziò ad influenzare gli Stati Uniti. Questo movimento venne sviluppato da teologi *liberal* che avevano adottato l'economia del *welfare state*. Nel nome di Gesù e del cristianesimo, si presentarono davanti a cristiani e pastori persuadendoli ad adottare i principi del *welfare state* in nome della Bibbia. Dopo la prima guerra mondiale questo movimento divenne una grande forza intellettuale nelle principali denominazioni. Qualche variante di questo movimento è ancora dominante in alcune denominazioni protestanti. Nella forma nota come teologia della liberazione, è dominante nella chiesa cattolica romana. L'attuale Papa è un teologo della liberazione. Aveva una forte influenza nell'America Latina. Il movimento del vangelo sociale non piaceva ai battisti, ai fondamentalisti e alla maggior parte dei seguaci di quello che dopo la seconda guerra mondiale è divenuto noto come nuovo evangelismo.

Ma ci sono stati promotori del vangelo sociale, che in realtà è un vangelo statalista, anche nel campo degli evangelici. Oggi il più importante di loro è Jim Wallis. Ho scritto parecchi articoli per confutare le sue tesi. Alla fine degli anni '70, invece, il promotore più importante era Ronald Sider che scrisse *Rich Christians in an Age of Hunger* (1977). Ho assunto David Chilton nel 1980 per scrivere una confutazione. Credo che dal punto di vista retorico il suo libro rappresenti la risposta più potente mai scritta al movimento del vangelo sociale: *Productive Christians in an Age of Guilt-Manipulators*.[2] Nel 1990 la figura più influente fu Tony Campolo, professore di sociologia. Perse influenza dopo lo scandalo di Monica Lewinsky nel 1998 perché era stato un consigliere spirituale di Bill Clinton. Serve ancora in questa veste. Dice questo: "Aver fatto da pastore ad un grande leader è più che sufficiente." Non me lo sto inventando. Ha ancora un pubblico. All'età di 79 anni dà 200 discorsi l'anno.[3] Progetta di scrivere un libro sul cristianesimo e sulle scienze sociali. Spero che riesca a farlo. Sarà uno splendido tiro al bersaglio per me.

4. Non si Può Sconfiggere Qualcosa con Niente

Ho riscontrato questo principio politico in tutta la mia vita: "Non si può sconfiggere qualcosa con niente".

---

2   Potete scaricarlo a questo indirizzo: http://bit.ly/dcproductive

3   *Tony Campolo to shutter the evangelical ministry he started 40 years ago*, Sarah Pulliam Bailey, *Washington Post*, 14 gennaio 2014: https://www.washingtonpost.com/national/religion/tony-campolo-to-shutter-the-evangelical-ministry-he-started-40-years-ago/2014/01/14/489d3a66-7d67-11e3-97d3-b9925ce2c57b_story.html

Gli economisti di libero mercato hanno tentato di sopraffare l'influenza dell'economia del *welfare state* tramite attente discussioni sulla sua inefficienza economica. Ma le persone che traggono profitto dal *welfare state* non ne vengono impressionate. Credono di avere il sostegno degli elettori. Credono di occupare il piedistallo più alto della morale. Gli economisti di libero mercato presuppongono che l'economia sia priva di qualsiasi concetto di valore. Non parlano mai a nome di una morale superiore, perché credono che negli affari economici non vi sia posto per una superiorità morale. Non esiste affatto moralità. Considerano la piazza economica come un campo da gioco avente a che fare solo con la libertà personale e l'efficienza economica. Pensandola così, hanno perso la partita. La maggior parte delle persone non vota in termini di efficienza economica. Può votare in termini di libertà personale, ma solo nei casi in cui qualcun altro ha convinto lo stato ad invadere la loro libertà personale. Votano per difendersi dalla tirannia. Poi si girano e votano per imporre la tirannia su qualcun altro. Lo fanno in nome di una superiorità morale.

Quello che ci serve è un approccio economico che persuada la gente nelle chiese: l'adozione dei principi del *welfare state* rappresenta una violazione del comandamento non rubare. E' fondamentale che le persone che favoriscono il libero mercato siano in grado di persuadere coloro che frequentano le chiese: le politiche del *welfare state*, le politiche ridistributive keynesiane e le leggi per gruppi speciali di persone non rappresentano altro che una violazione del comandamento non rubare. Questo è ciò che Mises si rifiutò di fare, che Hayek si rifiutò di fare, che Friedman si rifiutò di fare e, purtroppo, che Hazlitt si rifiutò di fare.

Io ho intenzione di farlo. Sperando di aver successo, ci proverò io a farlo. Possiedo un enorme vantaggio. Ho letto il libro di Hazlitt e *L'Azione Umana* quando avevo 21 anni. Ho letto anche *Man, Economy, and State* (1962) di Rothbard. Ho un vantaggio rispetto ad Hazlitt, perché lui pubblicò il suo lavoro nel 1946.

L'uomo medio non ha mai sentito parlare di Hazlitt, Mises o Rothbard. Ma ha sentito parlare di questo: "Non rubare". Inizierò da qui. Lungo la strada gli farò vedere due dozzine di finestre rotte. Dopodiché lo incoraggerò a smettere di lanciare pietre.

Chi era Henry Hazlitt e perché dovreste leggerlo?

Per un background storico su Hazlitt, leggete la sua voce su *Wikipedia*: https://it.wikipedia.org/wiki/Henry_Hazlitt

Per scaricare i libri di Hazlitt e i suoi articoli più rappresentativi, visitate il *Mises Institute*: https://mises.org/profile/henry-hazlitt

Introduzione

L'Economia Cristiana in Una Lezione è la mia rielaborazione del classico di Henry Hazlitt, *L'Economia in Una Lezione*. **Questo libro definì lo standard tra i libri introduttivi all'economia. Nulla è riuscito a sostituirlo da quando è stato pubblicato nel 1946.** Perché credo che sia necessario sostituire un classico? Ci sono diverse ragioni. In primo luogo, è stato scritto nel 1946. Molte cose sono successe sin da allora, tra cui la pubblicazione de *L'Azione Umana* di Ludwig von Mises (1949). In secondo luogo, è stato scritto in una precisa linea temporale. Hazlitt aveva ricevuto sei settimane di congedo per produrre il libro. È possibile farlo. Ho scritto diversi libri in meno di un mese. Ho scritto il mio libro introduttivo all'economia cristiana, *Inherit the Earth* (1987), in due settimane. Ma all'epoca avevo un enorme vantaggio. Avevo una struttura, come spiegherò qui di seguito. Hazlitt non aveva una struttura simile. Questo rese il suo lavoro più difficile e rese il libro meno efficace di quanto avrebbe potuto essere. In terzo luogo, si rivolge ad un pubblico diverso: i lettori delle sue rubriche. Io mi rivolgo ai cristiani. (Sono invitati anche gli ebrei ortodossi.) In quarto luogo, ho posto l'etica al centro della mia analisi: la rottura deliberata della finestra. Hazlitt no -- non esplicitamente comunque.

1. La Finestra Rotta

Iniziò il libro con un'analogia: la finestra rotta di Frédéric Bastiat.

Era un potente strumento d'analisi quando venne pubblicata nel 1850, l'anno in cui l'autore morì. Bastiat venne a lungo ignorato dagli economisti professionisti, perché lo consideravano (al meglio) un giornalista. Era un saggista di talento e un maestro di retorica -- l'arte della persuasione. Ma i suoi libri non vennero mai accettati da quegli scrittori nel campo dell'economia politica. Dopo il 1900, quando l'economia si sviluppò come campo accademico indipendente, venne dimenticato.

Poi venne il libro di Hazlitt. Quest'ultimo resuscitò la brillante l'analogia di Bastiat e poi la applicò, capitolo dopo capitolo, ai vari interventi dello stato. Dimostrò la potenza analitica dell'osservazione originale. L'intuizione fondamentale di Bastiat era la seguente: l'osservatore medio degli affari economici è accecato da quegli effetti della spesa che sono visibili. Non pensa a quello che avrebbe potuto farci con tali soldi. Questa intuizione è diventata la definizione più comune di costo economico: l'utilizzo più prezioso sprecato perché un acquirente spende il denaro per qualcos'altro. Chiunque voglia dimostrare la logica dietro i ragionamenti economici può benissimo rifarsi alla storia della finestra rotta.

Ogni decisione economica è una sorta di finestra rotta. Rappresenta la sostituzione di un vecchio insieme di condizioni con uno nuovo. Forse non rompiamo la finestra vecchia, ma la scambiamo per qualcosa che pensiamo sia migliore. Ci ritroviamo sempre ad un bivio, decisione dopo decisione. Una volta che prendiamo una strada in particolare, non possiamo tornare indietro. Il nostro mondo cambia al margine. Cambia in base alle decisioni che prendiamo.

Così, quando pensiamo al costo di una qualsiasi decisione, dovremmo sempre intenderlo come la scelta di percorrere una strada piuttosto che un'altra. Spendiamo tempo e soldi su una cosa e quindi non possiamo spenderli per su un'altra.

Poiché nel 1850 le opere pubbliche erano popolari in Francia, e anche in altri luoghi, l'osservazione di Bastiat riusciva a far comprendere quali fossero i costi reali che dovevano sobbarcarsi individui e società quando veniva usata violenza contro un determinato proprietario. L'analisi economica dei costi di sostituzione della finestra rotta non cambia anche quando abbiamo a che fare con lo stato, anch'esso un trasgressore.

Il potere dell'analogia della finestra rotta risiede nella sua semplicità: è alla portata di tutti. Non richiede una lunga catena di ragionamento. La maggior parte delle persone trova difficile seguire lunghe catene di ragionamento e spesso l'analisi economica, più di qualsiasi altra scienza sociale, richiede lunghe catene di ragionamento. Le persone si perdono lungo la strada. Inoltre, all'aumentare della complessità del ragionamento, si affievolisce l'attenzione delle persone ai particolari della catena di ragionamento. Se è necessario esporre una tesi che non può prescindere da nessuno dei suoi anelli nella catena di ragionamento, allora il risultato non sarà chiaro, sia per la persona che espone la tesi, sia per la persona che ascolta con attenzione -- inizialmente -- e tenta di seguirla. *Più è lunga la tesi, meno sarà persuasiva.* Le persone si impantanano nei dettagli. Non riescono a ricordarli tutti. Se non ci riescono, non possiamo essere sicuri che possano andare dal punto A al punto Z in modo sistematico ed accurato.

L'analogia della finestra rotta contiene solo un paio di brevi catene di ragionamento. Ci sono più catene, e possono essere lunghe, ma non c'è bisogno di seguirle tutte per esporre la propria tesi. La maggior parte delle persone può seguire questa catena, e uno dei motivi per cui ci può riuscire è la semplicità dell'analogia. Siamo in grado di comprendere cosa comporti una finestra rotta. Siamo in grado di comprendere il peso economico quando bisogna sostituire tale finestra. Non si rimane impantanati in una lunga catena di ragionamento.

Questo è il motivo per cui il libro di Hazlitt è stato un successo. Bastiat non riuscì a metterla in pratica durante la sua vita. Morì l'anno stesso in cui venne pubblicata. Oltre un secolo dopo, Henry Hazlitt prese quell'analogia e la fece funzionare.

Il mio libro non è un tentativo di reinventare la ruota. Il mio libro è un tentativo di riequilibrare la ruota, aggiungerci un altro raggio, e venderla ad un nuovo pubblico.

2. Inizio con la Proprietà

Credo che l'economia cristiana debba iniziare con la questione della proprietà ultima. Questa la distingue dall'analisi economica moderna, la quale inizia con il tema della scarsità. In secondo luogo, questo ci porta alla questione del furto, che a sua volta fa emergere la questione dell'etica.

Credo che la forma ultima di causalità nella storia umana sia etica: giusto contro sbagliato. Gli economisti moderni non condividono il mio punto di vista. Lo rifiutano apertamente. Ritengono che l'analisi economica sia priva di valore.

Lo considero un auto-inganno. Si tratta della variante di un'antica tentazione: "L'ha detto Dio?" Sì. "Non rubare". Questo comandamento porta con sé sanzioni negative. Queste ultime sono sia endogene (interne all'economia) ed esogene (imposte da Dio all'economia).

L'Errore Strategico di Adam Smith

Arriviamo ora ad un punto cruciale. Non sono la prima persona ad esporlo; il primo è stato Tom Bethell. Adam Smith usò la scarsità come cuore della sua analisi economica: il famoso terzo capitolo della *Ricchezza delle Nazioni* (1776). Nel capitolo si parlava della divisione del lavoro/specializzazione. Tracciò il modello per i teorici economici che sarebbero venuti dopo.

Avrebbe dovuto iniziare con la proprietà. Avrebbe dovuto usare la proprietà privata come base della sua analisi.

Cominciando con la divisione del lavoro commise un errore di strategia. I critici di sinistra lo sfidarono da subito. Anche loro ricorrevano alla tesi della divisione del lavoro. Invocavano la pianificazione statale affinché si occupasse della divisione del lavoro.

Fino agli anni '50 il concetto di proprietà non fu un obiettivo importante della teoria economica. Così, per quasi due secoli, la questione economica cruciale non è stata il fulcro dell'analisi economica di libero mercato.

Nel 1850, l'anno della sua morte, Bastiat scrisse un lungo saggio, "Ciò che si vede e ciò che non si vede." In esso descrisse un'analogia: la finestra rotta. Qualcuno lancia un sasso contro la finestra di un altro individuo. Quest'ultimo deve sostituire la sua finestra. Dovrà ingaggiare un riparatore di finestre, il quale, a sua volta, dovrà assumere altri operai. La finestra rotta ha quindi portato ad una maggiore spesa. L'economia ne beneficia.

Ma la vittima si ritrova solo una perdita. Cosa può venire di buono da un'azione malvagia? Come può un atto distruttivo produrre ricchezza? Questo è il paradosso a cui Bastiat ci mette di fronte. Inutile dire che lo risolse brillantemente. Il proprietario della finestra avrebbe potuto usare i suoi soldi in altri modi che nella sua ottica giudicava migliori. O avrebbe risparmiato il suo denaro, o l'avrebbe speso per altre cose. In entrambi i casi, l'economia ne avrebbe beneficiato. Altri produttori ne avrebbero beneficiato. Questo è quello che non si vede. La spesa per la nuova finestra è quello che la gente vede.

In breve, disse di "seguire il denaro". Seguire il denaro all'indietro: a quello che sarebbe servito se una persona mossa dall'invidia non avesse lanciato un sasso contro quella finestra. Questa è una strategia d'analisi economica. Bastiat concluse il suo saggio citando un autore francese:

«Potrei sottoporre una quantità di altre questioni alla stessa prova. Ma mi fermo, di fronte alla monotonia di una dimostrazione sempre uguale; e concludo, applicando all'economia politica ciò che Chateaubriand disse della storia:

"Ci sono due conseguenze nella storia: una immediata e che al momento è conosciuta, l'altra distante e che non si scorge inizialmente. Queste conseguenze spesso si contraddicono; le une vengono dalla nostra breve saggezza, le altre della saggezza di lungo termine. L'evento provvidenziale appare dopo l'evento umano. Dio si erge dietro gli uomini. Negate finché vorrete il consiglio supremo, non acconsentite alla sua azione, disputate sulle parole, chiamate forza delle cose o ragione ciò che il popolo chiama provvidenza; ma osservate alla fine di un fatto compiuto, e vedrete che ha sempre prodotto l'opposto di ciò che se ne attendeva quando non è stato fondato inizialmente sulla morale e la giustizia."
(Chateaubriand, Mémoires d'outre-tombe)»

C'è un secondo fatto, più cruciale per il mio libro rispetto a quello di Hazlitt: la questione dell'etica. Bastiat scrisse un altro saggio nel 1850: *La Legge*. In esso fece appello all'etica, vale a dire, la questione del furto. Descrisse lo stato sociale. Identificò anche la sua ragione di fondo.

La definì la <u>*politica del saccheggio*</u>.

«Ma quando questo principio funesto viene a introdursi, che, con la scusa dell'organizzazione, della regolamentazione, della protezione, dell'incoraggiamento, la Legge può prendere agli uni e per dare agli altri, attingere dalla ricchezza prodotta da tutte le classi per accrescere quella di una classe, una volta quella degli agricoltori, un'altra volta quella degli industriali, poi quella dei commercianti, degli armatori, degli artisti, degli attori; oh! certamente, in questo caso, non vi è classe che non pretenda, a ragione, di por mano, anch'essa, sulla Legge, che non rivendichi energicamente il suo diritto ad eleggere e ad

*essere eletta, che non sia disposta a mettere a soqquadro la
società pur di ottenerlo.*

*Anche i mendicanti e i vagabondi vi attesteranno che essi
hanno dei titoli incontestabili. Essi vi diranno:*

*"Noi non compriamo mai del vino, del tabacco, del sale, senza
pagare l'imposta, e una parte di questa imposta viene data, in
base alle leggi vigenti, in clausole di favore, in sovvenzioni a
persone più ricche di noi. Altri utilizzano la Legge per
innalzare ad arte il prezzo del pane, della carne, del ferro, dei
tessuti. Poiché ciascuno sfrutta la Legge per il suo vantaggio,
anche noi vogliamo sfruttarla per i nostri fini. Noi vogliamo
ricavarne il <u>Diritto all'assistenza</u>, che è la parte della
spoliazione che va a vantaggio del povero. Perché ciò
avvenga, occorre che noi siamo elettori e legislatori, in modo
da organizzare in grande la Beneficenza per la nostra classe,
come voi avete organizzato in grande la Protezione per la
vostra. Non diteci che voi prenderete le nostre difese, che voi ci
metterete a disposizione, secondo la proposta di M. Mimerel,
una somma di 600,000 franchi per metterci a tacere, come un
osso da spolpare. Noi abbiamo altre pretese e, in ogni caso,
noi vogliamo condurre i nostri affari direttamente, come fanno
le altre classi!"*

*Che cosa si può rispondere a questa argomentazione?
Certamente, fino a quando sarà ammesso che la Legge può
essere sviata dalla sua vera missione, fino a quando essa può
violare le proprietà invece di garantirle, ogni classe vorrà
formulare la Legge, sia per difendersi contro la spoliazione,
sia per organizzarla a proprio profitto.*

La questione politica sarà sempre pregiudiziale, dominante, assorbente; in una parola, ci si batterà alle porte del Palazzo dove si fanno le leggi. La lotta non sarà meno accanita al suo interno. Per esserne convinti, basta osservare quello che avviene in Parlamento in Francia e in Inghilterra; è sufficiente sapere come viene posto il problema.»

Bastiat basò la sua analisi sull'etica: il rifiuto d'usare lo stato per saccheggiare gli altri.

«Occorre assolutamente che si giunga ad una risoluzione di questo problema della Spoliazione legale, e non vi sono che tre vie d'uscita.

Che i pochi sfruttino i molti.
Che tutti sfruttino tutti.
Che nessuno sfrutti alcuno.»

Per comprendere in modo corretto il saggio di Bastiat su ciò che non si vede, dobbiamo capire l'idea di base: lo stato funziona come un'agenzia di saccheggio. Basò la sua analisi della finestra rotta concentrandosi su un obiettivo specifico: convincere la gente a non adottare la politica del saccheggio.

Si oppose alla riscrittura moderna del comandamento di Dio ("Non rubare") in chiave statalista: "Non rubare, a meno che non hai la maggioranza dei voti."

L'Uso Parziale di Bastiat da parte di Hazlitt

Torniamo ora al libro di Hazlitt. Hazlitt, seguendo l'esempio di Bastiat, iniziò a parlare della violazione della proprietà privata:

la finestra rotta. Quest'atto era una violazione dei diritti di proprietà, ma né Hazlitt né Bastiat si focalizzarono sui diritti di proprietà. In altre parole, non diedero abbastanza peso al problema economico fondamentale: "Chi è responsabile dal punto di vista legale per l'attribuzione della proprietà, e perché?" Entrambi si concentrarono su una sanzione negativa: gettare un sasso contro una finestra. Questa rappresenta una violazione dei diritti di proprietà, ma non menzionarono mai i diritti di proprietà. Se l'avessero fatto, avrebbero dovuto sollevare la questione della proprietà.

Poi seguirono il denaro. Dimostrarono che il proprietario doveva riassegnare il suo budget per sostituire la finestra rotta. Già, avrebbe perso risorse. Questo perché era vittima di un'invasione violenta dei suoi diritti di proprietà.[4] Hazlitt, rifiutandosi d'affrontare senza mezzi termini la questione dei diritti di proprietà, non strutturò la sua critica all'intervento dello stato descrivendo la violazione di questi diritti.

Non strutturò la sua discussione ricorrendo ad un principio etico fondamentale: "Non rubare". Questo errore risale ad Adam Smith.

---

4   La proprietà non dispone di diritti; sono i proprietari che ce li hanno. E' simile al concetto di "controllo dei prezzi". Gli stati non cercano di controllare i prezzi, cercano di controllare le persone che operano scambi in base ai prezzi. Così, i difensori del libero mercato hanno adottato questa frase: "Non esistono controlli dei prezzi; esiste solo il controllo delle persone". Lo stesso approccio è teoricamente e retoricamente obbligatorio per comprendere la proprietà. "Non esistono diritti di proprietà; esistono solo proprietari che hanno diritti di proprietà". Sembra che io stia cavillando, ma non è così. E' fondamentale. Questi slogan illustrano la natura fondamentale delle questioni economiche.

Qual è la ragione che spinge gli economisti ad evitare di etichettare come furto la ridistribuzione statale della ricchezza? Secondo me vogliono evitare di sollevare la questione della proprietà, tema ancor più controverso. Ciò solleverebbe inevitabilmente un problema: le basi morali e legali della proprietà. Quando si pone la seguente domanda, si solleva una questione etica fondamentale: "Chi ha il diritto morale e giuridico di controllare questa risorsa?" Non c'è accordo su questi temi etici. Chi tenta di costruire una scienza economica sulla base di principi logici evidenti, colpisce immediatamente un muro di mattoni non appena solleva la questione della proprietà. L'etica non può essere tenuta fuori dalla discussione da questo punto in poi.

Il mio libro è un tentativo auto-consapevole di reinserire l'etica nella teoria economica. Ecco perché è il mio obiettivo quello di rendere la proprietà il teorema fondamentale della teoria economica. Non è un teorema in senso euclideo. In un certo senso, si tratta di un teorema cosmologico. E' sulla natura di Dio, dell'uomo, della legge, delle sanzioni e del tempo.

Comincio con la proprietà di Dio, non dell'uomo. Non comincio con la proprietà di sé stessi. Inoltre non comincio con la proprietà statale. Questa è la differenza fondamentale tra l'economia cristiana e i punti di vista economici rivali. Quello che gli economisti di libero mercato chiamano proprietà di sé stessi è in realtà "gestione". una delega di quella proprietà che appartiene originalmente a Dio. "Perché mie son tutte le bestie della foresta, mio è il bestiame ch'è per i monti a migliaia." (Salmi 50:10). Questo era il messaggio di Gesù nella parabola dei talenti (denaro). Introdusse la sua descrizione del giudizio finale (Matteo 25).

Mi rendo conto che i libertari atei risponderanno così: "Io appartengo a me. Io non rispondo a nessuno." Al che io offro a questa domanda tutt'altro che retorica: "Chi sostiene la vostra tesi quando vi si para davanti l'esattore delle tasse?"

3. Dio nell'Analisi Economica

Adam Smith era un moralista. Era un teologo, anche se la sua teologia, seppur presbiteriana, era più deista che trinitaria. Questo fondamento teologico emerge chiaramente nel suo libro, *La Teoria dei Sentimenti Morali* (1759). Dio emette sanzioni per l'eternità, diceva Smith. Quest'ipotesi cosmologica viene presunta, ma mai invocata nella *Ricchezza delle Nazioni*. Gli economisti che lo seguirono adottarono il quadro analitico di Smith, ma lasciarono fuori la base morale che poggiava su una cosmologia teistica. A differenza di Smith, Bastiat invocò Dio senza mezzi termini nei suoi scritti economici. Nel saggio stesso in cui presentò la fallacia della finestra rotta, "Ciò che si vede e ciò che non si vede", scrisse quanto segue:

> *«È che non ci sono attività, benessere, ricchezze, felicità possibili, se non per i popoli stupidi, colpiti da immobilismo mentale, ai quali Dio non ha fatto il dono funesto di pensare, di osservare, combinare, inventare, ottenere maggiori risultati con mezzi minori.»*

Agli economisti non piace parlare di Dio, figuriamoci invocarlo. A pochissimi di loro piace parlare di etica come strumento d'analisi economica. Questo non per dire che ignorano l'etica. Quando consigliano una certa politica economica, affermano che sia migliore di un'altra.

Fanno entrare l'etica dalla porta sul retro. Ma nelle loro analisi economiche formali -- la porta d'ingresso -- non vogliono considerazioni etiche, figuriamoci considerazioni teologiche integrate nella struttura dei loro argomenti. Non concordano con Bastiat.

Prendiamo in considerazione il famoso saggio di Bastiat, "La Legge", anch'esso pubblicato nel 1850. Il secondo paragrafo è lungo solo una frase.

> *«Noi otteniamo da Dio il dono che, per quanto ci riguarda, contiene tutti gli altri, la Vita -- la vita fisica, intellettuale e morale.»*

La seguente frase di Bastiat presente nel suo saggio "La Legge", è il punto di partenza del mio libro. Il problema è la proprietà: i diritti dei proprietari alla loro proprietà.

Nel saggio "La Legge", Bastiat parla della *politica del saccheggio*. Dice che ogni politico, quando si trova ad esaminare la disuguaglianza sociale ed economica, dovrebbe porsi questa domanda prima di proporre una qualsiasi legge che ridistribuisca la ricchezza dai proprietari originali ai nuovi proprietari.

> *«Dovrebbe domandarsi se, essendo un dato di fatto l'aspirazione di tutti gli esseri umani verso il benessere e il perfezionamento, il regno della giustizia non sia sufficiente per attuare il maggior Progresso e la più grande Uguaglianza, compatibili con questa responsabilità individuale che Dio ha riservato come giusta ricompensa delle virtù e dei vizi.»*

Bastiat si pose due domande retoriche nel suo saggio, "Conflitto di Principi." Le usò per esporre la visione alla base della filosofia della prosperità attraverso l'intervento dello Stato nell'economia di libero mercato.

«Come [Dio] avrebbe potuto volere che gli uomini raggiungessero la prosperità solo attraverso l'ingiustizia e la guerra? Come [Dio] avrebbe potuto volere che essi evitassero l'ingiustizia e la guerra senza rinunciare alla possibilità di ottenere la prosperità?»

Queste sono domande che mi pongo anch'io in questo libro. Sono domande che Hazlitt non si pose nel suo.

4. La Mia Impronta

I miei libri sull'economia sono strutturati secondo un modello a cinque punti. Ho scoperto questo modello immediatamente prima di scrivere *Inherit the Earth*. A dire il vero lo inventò Ray Sutton. Nel 1987 ci scrisse *That You May Prosper: Dominion By Covenant*. L'ha pubblicato la mia organizzazione, l'Institute per Christian Economics.

La sua presentazione si basava su un libro che era stato pubblicato più di due decenni prima: *The Treaty of the Great King: The Covenant Structure of Deuteronomy* (1963) di Meredith Kline. La Kline, a sua volta, stava elaborando un'idea esposta nel 1954 da George Mendenhall in un saggio sulla struttura dei trattati nella società ittita del secondo millennio avanti Cristo. Decisamente un posto strano in cui scoprire un quadro di riferimento.

Tutti abbiamo bisogno di un quadro di riferimento per dare un senso a un mondo complesso. Più è semplice, più sarà utile e preciso. Ogni volta che ci sono più di cinque punti, cominciamo a perderci. Il quadro di riferimento che ho adottato ha cinque punti: sovranità, autorità, legge, sanzioni e tempo. Si applica a ogni ordine sociale ed istituzione. Inoltre, se non riuscite ad intuire come questi cinque punti possano strutturare un particolare ordine sociale o istituzione, non riuscirete a capirlo. Quest'ordine sociale è il prodotto di una visione del mondo.

Ci sono un sacco di altri punti da considerare, ma se ignorate anche solo uno di questi cinque fondamentali, perderete il treno, tanto per usare una metafora di epoca pre-ittita. Tale quadro di riferimento può essere paragonato alla struttura del Pentateuco: Genesi (sovranità), Esodo (autorità), Levitico (legge), Numeri (sanzioni) e Deuteronomio (eredità). Disciplina le strutture interne dell'Esodo, del Levitico e del Deuteronomio.

Disciplina anche la struttura del libro dell'Apocalisse, come ci suggerisce anche il commento di David Chilton: *The Days of Vengeance*. In che modo questa struttura si applica all'economia? Per quanto riguarda la teoria economica, a differenza dalle fondamenta giuridiche dell'ordine sociale, ci sono cinque punti:

1. Titolarità
2. Gestione
3. Proprietà
4. Scarsità
5. Crescita

La storia della caduta dell'uomo si basa su questa struttura. In primo luogo, Dio è il creatore e quindi il proprietario sovrano. In secondo luogo, Egli delega all'umanità il compito di amministrare la creazione: gestione. In terzo luogo, Egli pone una restrizione intorno ad un albero: "Vietato l'accesso". In quarto luogo, Egli annuncia una sanzione negativa qualora la restrizione venisse violata: la morte. L'unica ragione per cui esiste un quinto fattore è perché rappresenta la grazia di Dio: più tempo. Ma Egli pone la terra sotto una maledizione: le erbacce. D'ora in poi per l'uomo sarà più difficile guadagnarsi da vivere. Inoltre, Egli pone una nuova restrizione intorno al giardino: "Vietato l'accesso".

5. Due Temi, Cinque Categorie

Per concentrarmi sui due temi fondamentali -- la violazione dei diritti di proprietà da parte dello stato e le implicazioni economiche della fallacia della finestra rotta -- voglio adottare un approccio molto semplice. Voglio fare quello Hazlitt non fece. Quindi limiterò la mia discussione a due temi sopracitati e vi concentrerò la mia attenzione. Ogni capitolo ruoterà attorno a questi due temi. Li affronterò suddividendoli in cinque categorie, la cui sequenza è basata su quella del saggio di Mendenhall. Comincio il mio libro individuando il proprietario originale: Dio. Questa è il tema della sovranità. Mi concentrerò esplicitamente sulle cinque categorie, senza perdere di vista questa affermazione: "Dio possiede tutto e ne delega la proprietà."

Questa è la base giuridica di questo comando: "Non rubare". Significa proprio questo: "Tu non ruberai a Dio."

Ecco le cinque categorie analitiche di ogni capitolo.

Proprietario
Finestra
Sasso
Costi
Conseguenze

Proprietario: non va tanto bene cominciare con qualcuno che tira un sasso contro una finestra. Dobbiamo prima identificare la vittima: il proprietario della finestra. Dobbiamo capire le sue motivazioni. Dobbiamo capire questo concetto: "La mia".

Finestra: bisogna poi considerare la finestra stessa. È un'analogia. Rappresenta l'ordine sociale del libero mercato. È trasparente. Attraverso di essa possiamo vedere le operazioni di quell'ordine economico facente riferimento ai diritti della proprietà privata. Si tratta di gestione: proprietà responsabile. L'essenza di questo ordine è la responsabilità. Dobbiamo chiederci: "Responsabilità nei confronti di chi?" La gestione fa parte di un sistema di diritti legali. Questi diritti sono *immunità giuridiche contro la violenza altrui*: degli individui e degli stati. Questa è la struttura legale connessa alla finestra. Il proprietario della finestra è un agente. E' un agente legale della sovranità di Dio, ma è anche un agente economico dell'ordine di mercato. Ci sono offerte per entrare in possesso della sua finestra. Quest'ultima ha un prezzo, perché le offerte sono in competizione tra di loro. Il proprietario è il migliore offerente. L'offerta più alta vince. È per questo che possiede ancora la finestra. In qualità di amministratore legale della finestra, ha l'autorità di decidere chi vi può accedere e secondo quali condizioni.

Quando abbiamo capito chi possiede l'autorità su di una determinata proprietà in quell'ordine sociale basato sulla proprietà privata, allora possiamo cominciare a discutere l'importanza del sasso, i costi di sostituzione e le conseguenze per la società.

Sasso: questo è il sistema che Bastiat definiva la politica del saccheggio. Si basa sulla legittimità morale di attaccare il sistema di gestione legale ed economico che si instaura con il sistema della proprietà privata. Vìola questa legge: "Non rubare".

Costi: l'intervento dello stato porta con sé dei costi. La vittima li deve sostenere. Quali sono questi costi? L'economista inizia il suo compito qui: "Seguire il denaro." Deve seguire il denaro speso per le cose che si vedono, ma di gran lunga più importante per la comprensione economica, deve seguire il denaro non speso per le cose che non si vedono.

Conseguenze: ci sono conseguenze sociali ed economiche quando si violano i diritti di proprietà. Si tratta di costi in senso lato. Riducono la crescita economica. Farò riferimento ai capitoli del libro di Hazlitt.

Alcuni di questi sono meno rilevanti oggi rispetto al 1946, come ad esempio i controlli dei prezzi e i sindacati. Ma voglio che i lettori vedano come il mio approccio affronta gli stessi problemi.

Coprirò anche quegli argomenti che Hazlitt, per prudenza, decise di non discutere. Uno di questi è la previdenza sociale: un programma di pensionamento statale obbligatorio.

E' nota come terzo snodo della politica americana --
un'analogia basata sul terzo binario elettrificato della
metropolitana di New York. Se un politico la tocca, la sua
carriera finisce. Undici anni dopo che Franklin Roosevelt
approvò il Social Security Act, era ancora ritenuta intoccabile.
Hazlitt decise di non toccarla. Un altro problema venne alla
ribalta in Gran Bretagna nel 1946: sistema sanitario finanziato
dallo stato. Negli Stati Uniti non divenne una questione di
diritto fino a quando non venne approvato il Medicare Act nel
1965.

Questi due programmi rappresentano il tallone d'Achille degli
stati moderni. Questi due programmi porteranno al grande
disfacimento del *welfare state* moderno. Ci sarà un Grande
Default a causa di questi programmi, e quando accadrà, la
legittimità del *welfare state* moderno sarà chiamata in causa da
decine di milioni di vittime che si erano fidate delle promesse
dei politici e che ne sono diventate dipendenti. Rappresentano
le finestre rotte supreme del *welfare state*. Un terzo tema è
l'istruzione pubblica. Hazlitt non ne parlò. Se l'avesse attaccata
utilizzando l'analogia della finestra rotta di Bastiat, sarebbe
stato etichettato come un pazzo. Colgo questa opportunità nel
Capitolo 25.

Con quanto detto come sfondo, cominciamo.

Trovate il materiale di Bastiat a questi indirizzi:

La Legge (1850):
http://www.panarchy.org/bastiat/legge.1850.html
"Ciò che si vede e ciò che non si vede" (1850):
http://www.ibs.it/code/9788849812725/bastiat-
fredeacu/cio-che-vede.html

Gary North, *Inherit the Earth* (1987): http://bit.ly/gninherit

Gary North, *The Covenantal Structure of Christian Economics* (2015): http://garynorth.com/covenantalstructure.pdf

Ray R. Sutton, *That You May Prosper: Dominion By Covenant* (1987): http://bit.ly/rstymp

David Chilton, *Productive Chistians in an Age of Guilt-Manipulators* (1986): http://bit.ly/dcsider

Capitolo 1: La lezione

Non rubare.
(Esodo 20:15)

I Dieci Comandamenti hanno qualcosa di veramente eccezionale: vanno subito al punto.

I cristiani non sono d'accordo su quale sia questo punto. Cattolici e luterani credono che sia il settimo comandamento. La maggior parte dei protestanti crede che sia l'ottavo comandamento. Sono d'accordo con quest'ultimi.

Sono d'accordo non perché questo è ciò che la maggior parte dei protestanti ha sempre insegnato, ma per un motivo ben preciso: credo che i cinque punti nel modello dell'alleanza biblica siano sequenziali. Credo che il terzo punto abbia a che fare con i limiti, che comprendono quelli morali e legali. Ho scritto un commento diviso in quattro volumi sull'economia del Libro del Levitico. È il terzo libro del Pentateuco. Ho intitolato la mia raccolta, *Boundaries and Dominion*.

Mi rendo conto di come questa sequenza non sia stata compresa prima del 1954, data della pubblicazione del saggio di George Mendenhall sui trattati ittiti. Ma una volta che la feci mia, dopo aver letto il libro di Sutton, *That You May Prosper* (1987), ho capito l'affinità della struttura dei cinque punti con il resto dei comandamenti.

L'ottavo comandamento, "non rubare", ha a che fare con la violazione dei limiti.

Non è necessario accettare la mia interpretazione del modello dell'alleanza biblica affinché possiate capire questo libro. Quello che voglio portarvi a considerare è che questo comandamento è breve e preciso.

I Dieci Comandamenti si indirizzano a tutte le persone. Non si indirizzano principalmente a persone con lauree nel campo delle scienze sociali. Il punto dei Dieci Comandamenti è questo: ognuno è responsabile. Nessuno sarà in grado di difendersi nel giorno del giudizio ricorrendo a questa risposta: "Non capivo cosa significasse." Sì, invece. Non solo lo si capisce; ma lo si vìola consapevolmente.

È significativo che il primo divieto nella Bibbia sia il divieto di furto. Dio posizionò un albero in mezzo al giardino e vi appose un limite giudiziario. Ecco cosa diceva: "Vietato l'accesso". Era qualcosa di molto semplice, per nulla sofisticato. Era facilmente comprensibile. Ed è per questo che la tentazione, quando arrivò, fu molto specifica. Fu duplice. In primo luogo, promise conoscenza che avrebbe permesso all'umanità di comprendere meglio il bene e il male. In secondo luogo, era una promessa che assecondava e sdoganava il furto.

Così, i frutti vennero rubati. Non serve una laurea in economia per capire che cosa c'è in ballo.

Con questo background, voglio prendere in considerazione il Capitolo 1 del libro di Hazlitt. Voglio affiancarlo a quello che sto facendo in questo libro.

1. La Definizione di Economia Secondo Hazlitt

Hazlitt fu un economista di prim'ordine. Imparò da solo le basi dell'economia e poi trascorse decenni a scrivere su questo tema. Nel 1946 era pronto a scrivere il suo libro. Non riesco a pensare a nessuno negli Stati Uniti, o anche nel mondo, che in quel periodo avrebbe potuto scrivere un libro migliore sull'economia.

Hazlitt offrì una buona definizione di economia. La contrappose a quella di cattiva economia. Voleva che queste definizioni fossero chiare nella mente dei suoi lettori.

«Il cattivo economista vede solo ciò che colpisce immediatamente il suo occhio; il buon economista sa guardare anche oltre. Il cattivo economista vede solo le conseguenze attuali e dirette; il buon economista esamina anche le conseguenze a lungo termine e indirette. Il cattivo economista vede solo quali sono stati o quali saranno gli effetti di una determinata politica su un particolare gruppo; il buon economista indaga anche quali saranno gli effetti su tutti i gruppi.»

Se stiamo parlando di logica economica tradizionale, questa rappresenta una buona descrizione dei due tipi d'economia. Ho il sospetto che la maggior parte degli economisti l'accetterebbe. Ognuno di loro darebbe, ovviamente, per scontato di essere un buona economista. I suoi critici, naturalmente, rappresentano la fazione dei cattivi economisti.

Ma la definizione stessa probabilmente sarebbe accettata dalla maggior parte degli economisti.

C'è un problema enorme con questa definizione di buona economia: *la maggior parte delle persone non può seguire lunghe catene di ragionamento*. Vi assicuro che questo include anche la maggior parte degli economisti.

Hazlitt scrisse il libro per dimostrare che la cattiva economia si basava sulla disattenzione riguardo un concetto abbastanza semplice: *le cose che non si vedono*. Usò l'analogia della finestra rotta per portare a casa questo punto. Il suo obiettivo era semplice da capire: *accorciare le catene di ragionamento*. Pensava che esistessero solo due catene: la catena associata alle cose viste e la catena associata alle cose che non si vedono.

Non c'è dubbio che il suo approccio per spiegare l'economia sia stato eccellente. È per questo che il libro è ancora in stampa. È per questo che riesce ancora ad influenzare le persone che lo leggono. Possono comprendere meglio la seconda catena di ragionamento: le cose che non si vedono.

Tuttavia, questo non risolve il problema principale della sua definizione: lunghe catene di ragionamento. Gli economisti sono altamente sofisticati quando si trovano a negare la rilevanza economica delle cose che non si vedono. Insistono su come gli avversari non siano in grado di vedere le cose che invece dovrebbero notare. Insistono, inoltre, su come le cose che hanno visto loro siano le uniche veramente importanti per comprendere l'economia. Gli economisti sono maestri quando cercano di convincere le persone -- soprattutto gli altri economisti – che quanto sostengono altri economisti sia di scarsa rilevanza. La sofisticazione di questi argomenti può diventare straordinariamente complessa.

Mi viene in mente una vecchia critica di alcuni accademici: "Usano strumenti intellettuali così taglienti che potrebbero utilizzarli per spaccare un capello in due."

Poi c'è anche questa: "Dove ci sono cinque economisti, ci saranno sei pareri."

L'approccio di Hazlitt ci riporta sempre a questo problema: la difficoltà di seguire lunghe catene di ragionamento. Nel campo dell'economia è sicuramente un problema d'enorme importanza. Non intendo l'economia tra le masse, intendo quella tra gli economisti di professione.

Hazlitt presentò un secondo punto: gran parte di ciò che veniva considerata teoria economica, era in realtà un pretesto speciale in favore di gruppi con interessi particolari. Portiamo quest'osservazione al livello successivo. I gruppi con interessi particolari assumono economisti di professione affinché elaborino dei pretesti. Quindi si fanno avanti i cattivi economisti. Sono pagati bene per fare questo tipo di lavoro.

Di conseguenza torniamo al problema di prima: la persona media non è in grado di valutare quale economista sia un buon economista. La persona media non è in grado di seguire le lunghe catene di ragionamento. Hazlitt fu preciso nel dire che i cattivi economisti sono quelli che ignorano le conseguenze indirette. Ma il guaio è che quasi tutti quelli formati in economia sono abili a confondere il pensiero degli altri. Le lunghe catene di ragionamento sono come dei fumogeni.

Come può la persona media riuscire a distinguere un buon economista da un cattivo economista?

Come può valutare il pretesto speciale di un gruppo rispetto al pretesto speciale di un altro gruppo? Ciò richiede un livello di sofisticazione che la persona media non ha. Questo è il problema fondamentale con il libro di Hazlitt. Non è che lui non fosse un economista convincente. Non è che lui non fosse uno scrittore eccellente. Si tratta semplicemente di questo: i lettori sono molto meno sofisticati di Hazlitt, figuriamoci un piccolo esercito di laureati che promuove il keynesismo.

Gli elettori devono decidere quale gruppo con interessi particolari sia quello degno di fiducia. In realtà, gli elettori non sono in grado di farlo bene. Vengono confusi dalle lunghe catene di ragionamento. Reagiscono agli slogan. Il trucco del gruppo con interessi particolari è quello di escogitare uno slogan acchiappa-voti. Poi assumono qualcuno con un dottorato di ricerca in economia per giustificarlo. Abbiamo bisogno di slogan migliori. Non possiamo battere qualcosa con niente. Inoltre, non possiamo battere uno slogan accattivante con una lunga catena di ragionamento. Suggerisco questo slogan: **Non rubare.** E vicino possiamo metterci anche quest'altro: **neanche con la maggioranza dei voti.**

Questo mi porta al mio punto principale.

2. Comincio Con la Titolarità

È per questo che non comincio questo libro con la definizione di Hazlitt di buon economista. Comincio il libro con questa definizione: il buon economista capisce cosa implica il concetto di proprietà e quindi può comprendere cosa sia il furto.

L'elettore medio è in grado di comprendere cosa sia il furto. Non è in grado di seguire lunghe catene di ragionamento, ma riesce a comprendere questa breve catena di ragionamento: "Non rubare." Questo è davvero tutto quello che deve capire quando si tratta di capire l'economia. Se ci riuscirà, potrà schermarsi contro il fumo negli occhi rappresentato dalle lunghe catene di ragionamento -- ragionamenti errati.

Alcuni economisti possono elaborare una formula sofisticata che giustifichi l'interferenza dello stato nell'economia. Possono presentare un grafico. Possono presentare qualsiasi cosa ritengano necessaria allo scopo. Chiunque prenda in considerazione la loro presentazione dovrebbe porsi questa domanda: "Chi vince e chi perde?" Poi passare a quella successiva: "Se non ci fosse qualcuno con un distintivo e una pistola, chi vincerebbe e chi perderebbe?"

Questo libro parla di furto. Parla anche di distintivi e pistole. Questa è la domanda economica centrale che dovrebbe porsi ogni cittadino per quanto riguarda il governo civile: "Il funzionario che mostra il distintivo e la pistola sta agendo veramente a nome di tutta la società, o sta agendo per conto di un gruppo con interessi particolari?" Se questo libro vi aiuterà a rispondere a questa domanda con precisione, allora sarà un libro di successo.

Questo è un libro parla di distintivi e pistole. Questo libro parla anche di etica. E' un libro per limitare l'autorità di coloro con pistole e distintivi, per limitare la coercizione statale. Questo libro tratta il tema della coercizione statale e di un ordine sociale basato sulla possibilità di un aumento della produttività. Soprattutto, è una questione che verte sull'ingiustizia.

Siamo tornati alle due domande sollevate da Bastiat.

«Come [Dio] avrebbe potuto volere che gli uomini raggiungessero la prosperità solo attraverso l'ingiustizia e la guerra? Come [Dio] avrebbe potuto volere che essi evitassero l'ingiustizia e la guerra senza rinunciare alla possibilità di ottenere la prosperità?»

Dio avrebbe voluto questo. La giustizia produce prosperità. Bastiat sottolineò questo punto. E lo sottolinea anche il Deuteronomio 28: 1-14.

Il primo tema fondamentale in questo capitolo è l'etica. Il secondo è il costo economico.

Trovate il materiale di Bastiat a questi indirizzi:

La Legge (1850):
http://www.panarchy.org/bastiat/legge.1850.html
"Ciò che si vede e ciò che non si vede" (1850):
http://www.ibs.it/code/9788849812725/bastiat-fredeacu/cio-che-vede.html

Gary North, *Inherit the Earth* (1987): http://bit.ly/gninherit

Gary North, *The Covenantal Structure of Christian Economics* (2015): http://garynorth.com/covenantalstructure.pdf

Ray R. Sutton, *That You May Prosper: Dominion By Covenant* (1987): http://bit.ly/rstymp

David Chilton, *Productive Chistians in an Age of Guilt-Manipulators* (1986): http://bit.ly/dcsider

Capitolo 2: La Finestra Rotta

> *Isacco seminò in quel paese e in quell'anno raccolse il centuplo; e l'Eterno lo benedisse. Quest'uomo divenne grande e continuò a crescere fino a divenire straordinariamente grande. Egli venne a possedere greggi di pecore, mandrie di buoi e un gran numero di servi. Così i Filistei lo invidiarono, perciò turarono, riempiendoli di terra, tutti i pozzi che i servi di suo padre avevano scavati, al tempo di Abramo suo padre.*
>
> *(Genesi 26: 12-15)*

Comincio con un passo della Bibbia poco noto. I nemici di Abramo e della sua famiglia si risentirono del fatto che fece scavare pozzi d'acqua. Essi rappresentano una forma importante di ricchezza in una società con piogge scarse. Abramo ebbe ricchezze; suo figlio Isacco ebbe ricchezze.

I Filistei se ne risentirono. Così, quando ne ebbero l'opportunità, riempirono i pozzi con terra. Quest'azione non li rese ricchi. Non rubarono i pozzi d'Isacco. Tanto meno li affittarono. Non ne sfruttarono l'acqua. Fecero semplicemente in modo che Isacco non potesse più utilizzare quell'acqua. Questa è quella motivazione che definiamo invidia. L'invidia è la motivazione della distruzione, della devastazione. Prende di mira un individuo che ha un vantaggio. L'invidioso non cerca di appropriarsi del vantaggio. Vuole solo eliminarlo affinché l'altra persona non possa più utilizzarlo.

La maggior parte di noi trova difficile credere che le persone possano pensarla in questo modo, ma purtroppo per alcuni è così e gli esempi li possiamo ritrovare nel corso della storia. Questo mi porta al tema che tratteremo: la lezione suprema del libro di Henry Hazlitt. Quando Hazlitt scelse il titolo, *Economia in Una Lezione*, doveva fornire una lezione. Il libro ha 24 capitoli. Ma il titolo rappresenta un'indicazione di ciò che tratterà il libro. Hazlitt si concesse una sola lezione.

Ecco la lezione: la fallacia della finestra rotta. Hazlitt la scelse come guida, il che fu un atto decisamente geniale. Riscoprì un'idea che era stata sepolta da oltre un secolo. L'analogia di Bastiat era un po' come i pozzi di Isacco: riempiti di terra dai Filistei. Hazlitt scavò in profondità e fece riemergere l'acqua. Poi applicò tale principio ad ogni capitolo del libro. Così, il titolo del libro è corretto: insegna per davvero l'economia in una lezione. Ma ci sono voluti 24 capitoli per esporre questa lezione.

Prendo molto seriamente la fallacia della finestra rotta. Anch'essa tratta dell'invidia. Non tratta della gelosia. Quest'ultima risulterebbe limitante se la si volesse utilizzare per spiegare quei temi della politica moderna come il *welfare state* o la ridistribuzione della ricchezza. Ecco perché. Possiamo definire l'invidia come l'impulso volto a distruggere il vantaggio di qualcun altro, anche se il distruttore non ne trarrà alcun vantaggio diretto.

La gelosia è diversa dall'invidia. La gelosia riconosce il vantaggio di qualcun altro, ma se è possibile applicare un certo grado di coercizione, forse è possibile appropriarsi del suddetto vantaggio.

Questo è l'impulso dietro alla ridistribuzione della ricchezza mediante la legge. Ma l'invidia è molto più perversa. Non è possibile placare l'invidioso offrendogli qualcosa. Non scende a patti. Il fatto stesso che gli si offra un vantaggio lo fa infuriare. Nella sua ottica è come se gli ricordaste quello che voi avete e lui non ha. L'invidioso sa che non potrà mai averlo, ma è determinato affinché neanche voi possiate averlo.

Quando le società adottano politiche di ridistribuzione della ricchezza mediante lo stato, non aumentano la ricchezza, ma rendono la vita più difficile alle persone ricche, infatti queste politiche si basano sull'invidia e non sulla gelosia.

L'analogia di Bastiat inizia con qualcuno che tira un sasso contro la finestra di un'altra persona. Questo è un atto d'invidia, non di gelosia. Bastiat e Hazlitt non lo precisarono, ma è qualcosa che dobbiamo capire fin dall'inizio. Ci vuole un atto consapevole di distruzione per rompere una finestra. La finestra non viene rotta da un uragano o da altri disastri naturali. Viene rotta da qualcuno che si risente del fatto che qualcun altro possieda un edificio con una finestra. In altre parole, questa persona ha un risentimento profondo nei confronti del proprietario.

L'obiettivo di Bastiat era semplice: aiutare le persone a capire che i soldi spesi per riparare una finestra rotta non crescono sugli alberi. Il costo della riparazione rappresenta quello a cui l'individuo deve rinunciare per far riparare la finestra. Qualunque cosa spenda per riparare la finestra, va a scapito di quello che avrebbe potuto fare altrimenti con quegli stessi soldi.

Questo mi sembra un principio semplice. Ma Hazlitt in 24 capitoli ci mostra che la maggior parte degli elettori non riesce a percepire questo fatto: *l'intervento dello stato inaugura il processo della finestra rotta.* In altre parole, non esistono finestre riparabili gratuitamente. Questo ci illustra il principio fondamentale della scarsità: non esistono pasti gratis. In altre parole, non possiamo ottenere qualcosa in cambio di niente. Questo è un principio molto importante da capire. È per questo che faremmo meglio a vagliare con attenzione ogni promessa politica presentata alla maggioranza degli elettori. Altrimenti da qualche parte verrà rotta la finestra di qualcuno.

Comincio la discussione della finestra rotta parlando di questo qualcuno: il proprietario della finestra.

1. Il Proprietario

Qualcuno possiede la finestra. Egli può aver acquistato l'edificio e quest'ultimo aveva una finestra. Forse ha ereditato l'edificio. Comunque dal punto di vista legale, egli è il proprietario. Possiede quindi un diritto di proprietà. Questi diritti sono difesi dalla società in generale. Sono onorati dalla società in generale. Sono difesi dal governo civile.

Questo qualcuno ha un diritto su questa proprietà. Cosa significa? Ha l'*immunità legale* sul furto o sulla distruzione della sua proprietà. Possiede la *sovranità legale*. Il proprietario possiede anche il diritto legale di difendere la sua proprietà. La società gli concede questo diritto. Più importante per la mia discussione, *Dio gli concede questo diritto*. Il proprietario non è solo.

Non è un lupo solitario che tenta di difendere il territorio. *La proprietà è una funzione sociale*. Pertanto, egli possiede il diritto morale sulla proprietà e questo diritto morale è stabilito dalla legge: le leggi di Dio, il diritto consuetudinario della società, il diritto civile e il diritto dell'individuo. Lasciate che mi spieghi meglio. Il proprietario possiede la *sovranità legale*. Si tratta di una questione di responsabilità legale. In altre parole, si tratta di una questione di rappresentanza legale. Egli rappresenta Dio. Questa sovranità legale si riflette sull'*autorità economica*. Ciò significa che egli rappresenta la società dal punto di vista economico. Egli è il destinatario di offerte costanti per l'uso della sua proprietà. Queste offerte sono disponibili sotto forma di *prezzi*. Non c'è scampo da questo onere economico, a meno che non venda la proprietà.

Il proprietario della finestra trae soddisfazione da questo bene. La finestra gli fornisce un flusso di reddito. Questo reddito è psicologico. Egli gode della luce all'interno dell'edificio. La finestra fa entrare la luce nell'edificio. La luce è un bene economico. La finestra gli consente di godere di questa luce durante il giorno. Impedisce alle intemperie di rovinare l'interno dell'edificio. Inoltre impedisce a insetti e altre creature di entrare dentro. La finestra è un'invenzione meravigliosa. Ci dispiacerebbe rinunciare alle nostre finestre, e questo era particolarmente vero nel 1850, prima che venisse inventata la luce elettrica.

Il proprietario ha l'immunità legale: nessuno è autorizzato a rubare la sua finestra. Nessuno è autorizzato a lanciare un sasso contro la sua finestra. In altre parole, nessuno dovrebbe usare violenza contro di lui rompendo la finestra.

Il proprietario della finestra pensa a numerose ipotesi. Egli presuppone che nessuno abbia intenzione di lanciare un sasso contro la sua finestra. Egli presuppone che ci sia continuità nella sua vita. La luce continuerà a splendere. Il freddo continuerà a rimanere fuori. Si fida della società in generale affinché difenda i suoi interessi. Egli prende le sue decisioni presupponendo tale continuità. Questa presupposizione di sicurezza si basa sulla fiducia. Se questa fiducia viene violata da un atto di violenza contro di lui, anche se diretto contro la sua finestra, allora la sua vita diventerà meno sicura. Non sarà in grado di prendere decisioni basandosi sulla fiducia. Il suo futuro diventerà più incerto in una società in cui i diritti di proprietà non sono difesi: dalla legge morale, dalla consuetudine e dal diritto civile.

2. La Finestra

La finestra non è solo capitale fisso. Si tratta di una risorsa rappresentativa. Ci ricorda la proprietà in quanto tale. Punta ad un ordine sociale che difende i diritti di proprietà. Punta ad un ordine sociale stabile. E' in questo senso che ogni proprietà è rappresentativa.

Anche la figura del proprietario è rappresentativa. Possiede l'edificio. Possiede la finestra. Li possiede in custodia. È una custodia *legale* a nome di Dio. È una custodia economica a nome della società in generale. La finestra rappresenta un ordine sociale stabile che si basa su ciò che noi chiamiamo diritti di proprietà, ma che sono in realtà i diritti dei proprietari di godere di tutti quei benefici che li avvantaggiano.

La finestra ha un prezzo. Questo è il motivo per cui una persona lancia il sasso. Vuole distruggere il valore della proprietà. La proprietà ha un valore e questo si riflette nel suo prezzo. Ha un prezzo perché ci sono altre persone che vorrebbero possederla. Ci sono acquirenti là fuori che vorrebbero acquistare l'edificio e la finestra. L'esistenza di un prezzo testimonia la richiesta di una certa proprietà. Le offerte concorrenti di tutti coloro che vorrebbero possedere l'edificio e la finestra sono tutto ciò che produce un prezzo obiettivo.

Il libero mercato ha una regola economica: "L'offerta più alta vince." Questa è la regola di ogni asta. Il libero mercato è un'asta gigantesca.

Il miglior offerente è il proprietario esistente. Deve mantenere tale offerta in ogni momento. Non accettando l'offerta più alta tra tutti gli aspiranti proprietari, rinuncia all'uso del denaro che il miglior offerente gli avrebbe dato in cambio dell'edificio e della finestra. Così, come proprietario, deve allocare l'utilizzo dell'edificio e della finestra. Non c'è scampo da questa responsabilità economica.

Il proprietario alloca come meglio crede una risorsa scarsa. La alloca a sé stesso, ma non lo fa a costo zero. Deve rinunciare a quello che gli verrebbe offerto in cambio dell'edificio e della finestra. Questa decisione gli costa soldi e tutto ciò che gli permetterebbero di comprare. Questo gli ricorda, giorno dopo giorno, che deve rinunciare a qualcosa per la proprietà di cui gode.

Spero che questo sia chiaro. Questo aspetto del libero mercato è fondamentale per l'ordine sociale.

Qualcuno dev'essere ritenuto responsabile per l'amministrazione della proprietà. Io sostengo che il proprietario sia responsabile nei confronti di Dio. E' sicuramente responsabile nei confronti degli altri nella società. L'ordine sociale che conosciamo come capitalismo di libero mercato collega legalmente la proprietà e la responsabilità. Le collega anche economicamente. Questo è un concetto fondamentale affinché l'ordine sociale del libero mercato possa produrre sia pace che ricchezza: *la proprietà e la responsabilità sono collegate.*

Questi due fattori sono legati economicamente dal libero mercato, perché la persona che possiede la proprietà deve pagare costantemente per conservarla. Tale pagamento avviene mediante la rinuncia di quello che il miglior offerente sul mercato gli darebbe in cambio. Il proprietario può scegliere di non accettare, ma porta lo stesso questo fardello. Deve pagare per la sua proprietà. Questa è una funzione sociale. Questa è una funzione economica.

Collegando proprietà e responsabilità, il libero mercato forza i proprietari ad assumersi la responsabilità. Devono pagare per mantenere la loro proprietà. Altre persone nella società hanno il diritto legale di fare offerte per quella proprietà. Sono proprietari di tutto ciò che possiedono. Possono offrirsi di scambiarlo.

Facendo un'offerta più alta, il nuovo offerente aumenta il grado di responsabilità nella vita del proprietario. Quest'ultimo deve ora pagare di più rispetto a prima per conservare la sua proprietà.

Questo è un modo efficace in qualsiasi società affinché ci si possa assicurare che ogni porzione di proprietà privata venga amministrata in termini di offerte più alte. Un uomo conserva la proprietà di ciò che possiede, ma mai a costo zero. La finestra è una manifestazione fisica di questa responsabilità. Questo è il motivo per cui è una grande analogia. Fa entrare la luce. La luce ci fa capire più facilmente cosa sta accadendo intorno a noi.

3. Il Sasso

Arriva una persona mossa dall'invidia. Si risente del fatto che qualcuno possiede l'edificio e la finestra. Vuole pareggiare i conti con quella persona. Non può pareggiarli acquistando l'edificio. Non ha i soldi per comprarlo. Ma può ancora pareggiare i conti: può rompere la finestra. Può compromettere il valore dell'edificio distruggendo finestra. Questo lo soddisferà.

Così, prende un sasso e nel buio della notte lo lancia contro la finestra, e poi scappa. Nessuno lo vede in faccia. Non vuole farsi prendere, anche se rischia di essere scoperto. L'uomo che possiede l'edificio deve ora affrontare un problema. Gran parte del valore dell'edificio dipende dal funzionamento di una finestra. Ora è costretto a sostituirla. Vuole che la luce entri ancora all'interno, ma ora deve pagare per ottenere questo esito.

Come farà? O dovrà dare fondo ai risparmi messi da parte, oppure dovrà vendere qualcosa che possiede per ottenere i soldi necessari per le riparazioni. Non esistono finestre gratis.

Qualcuno ha violato il suo diritto di proprietà. Anche questo ha un costo. Ora sa di essere vulnerabile. Qualcuno nella comunità è risentito. Qualcuno nella comunità è disposto a violare i suoi diritti di proprietà. Non si tratta solo di una finestra rotta che farà entrare freddo, mosche e zanzare. Ha perso molto di più. Ha perso quella sicurezza che pensava di avere perché qualcuno nella comunità è mosso dall'invidia. Qualcuno nella comunità ha capito che avrebbe potuto far incappare il proprietario della finestra in una perdita senza pagare conseguenze per il gesto: lanciare il sasso e scappare.

Il proprietario aveva goduto della continuità della luce e dell'assenza di insetti. Godeva della continuità della sicurezza. Pensava che la sua proprietà fosse al sicuro, e ora non lo è.

La persona che ha lanciato il sasso non solo ha rotto una finestra, ha infranto la fiducia che era associata a quella finestra. Se un tale comportamento dovesse continuare, o se venisse imitato, porterà alla disintegrazione della società. Non si tratta di mera speculazione accademica. Una delle principali innovazioni nell'applicazione della legge nel XX secolo, è stato il riconoscimento dell'esistenza di una sorta di fenomeno della finestra rotta. Se un edificio è abbandonato, e i vandali iniziano a lanciare sassi contro le finestre, il tasso di criminalità aumenterà. Uno dei migliori indicatori del declino di una parte della città, è l'esistenza di finestre rotte negli edifici abbandonati. Questa spaccatura nell'ordine sociale può trasformarsi in una spirale verso il basso: più finestre rotte porteranno ad una maggiore criminalità.

Per invertire questa tendenza ci vuole più delle semplici forze di polizia.

Ci vuole l'impegno individuale all'interno del quartiere affinché tutto ciò cessi. Le finestre rotte riflettono un calo nell'impegno della comunità. Quando una comunità non difende la proprietà privata, sperimenterà una maggiore criminalità e battute d'arresto economiche. Questo si manifesta in modo chiaro nella finestre rotte. L'analogia di Bastiat non è solo un'analogia. È un caso rappresentativo.

4. I Costi

Il proprietario deve pagare per sostituire la finestra. Questo innesca una catena di eventi economici. Le persone riconoscono che il proprietario deve spendere soldi per riparare la finestra. Alcune persone, che possono considerarsi economisti alle prime armi, sostengono che questa spesa aumenterà l'occupazione a livello locale. La persona che ripara la finestra deve comprare il vetro. Deve pagare i dipendenti. Quindi questo potrebbe essere un bene per la comunità, concludono gli economisti alle prime armi.

L'analogia della finestra rotta ci informa che questo non è un bene per la comunità. È un bene per il riparatore e i suoi dipendenti, ma non lo è per la comunità. Ci sono costi associati alle riparazioni.

Il proprietario deve pagare per le riparazioni. Tutti i soldi che avrebbe speso per qualcosa di diverso, deve ora spenderli per sostituire la finestra rotta. Non otteniamo mai qualcosa in cambio di niente. Non esistono pasti gratis e non esistono finestre gratis.

Il costo per il proprietario della finestra rotta è *il costo d'utilizzo più prezioso che avrebbe conferito a quei soldi* con cui ora deve pagare le riparazioni. Con questo punto di vista chiaro, Bastiat offrì un servizio meraviglioso a quelle persone desiderose di comprendere l'economia. Ma non si spinse abbastanza lontano. Il costo si estende oltre il proprietario della finestra. C'è un costo per la collettività. E' emersa una discontinuità nella vita di un proprietario. Aveva sperato di poter godere della luce attraverso la finestra, oltre all'assenza di freddo e zanzare. Tale fiducia è stata infranta. Ora c'è un elemento nella società che non onora i diritti di proprietà. Ognuno è a rischio. C'è un calo della fiducia. Le persone non si fidano più l'una dell'altra come facevano prima. Possono decidere di assumere qualcun altro sul libro paga del dipartimento di polizia. I costi operativi salgono.

La persona che ha lanciato il sasso ha mirato ad una finestra, ma il suo vero obiettivo era il proprietario della finestra. Dobbiamo anche riconoscere che aveva un altro obiettivo. Stava mirando a chiunque avesse una finestra. Questo è un classico esempio del proverbio "Due piccioni con una fava". C'erano più vittime, non solo il proprietario della finestra rotta. Colui che ha lanciato il sasso mirava all'ordine sociale. Mirava alla fiducia che le persone riponevano nei loro diritti di proprietari di immobili. Quella pietra non si è limitata a rompere la finestra; ha rotto la fiducia della gente nella stabilità dell'ordine sociale. Se colui che ha lanciato il sasso venisse imitato, la fiducia si ridurrebbe ancora di più.

L'analogia della finestra rotta è eccellente, poiché sottolinea che esistono dei costi per il proprietario.

Ma se perseguiamo quest'analogia, vedremo che esistono dei costi di gran lunga superiori a quelli che sono nati dal proprietario della finestra.

5. Le Conseguenze

Colui che ha lanciato il sasso ha inviato un messaggio alla comunità. Quest'ultima ora sa che i diritti di proprietà sono a rischio. Nella comunità serpeggia un nuovo atteggiamento. Si tratta di un atteggiamento che è ostile alla disuguaglianza economica. È ostile alla ricchezza individuale. È ostile all'idea che qualcuno possa godere dei frutti del proprio lavoro, tra cui i frutti della propria conoscenza. La proprietà di tutti è ora a rischio, che è un altro modo per dire che sono a rischio i diritti legali di ognuno.

A questo punto, la gente deve prendere decisioni. Si tratta di una tendenza? Verranno lanciati altri sassi contro le finestre? È tempo di stanziare più fondi per una forza di polizia più grande? È tempo di iniziare a spendere soldi per servizi di sicurezza privati? È tempo di comprare luci che si accendono automaticamente quando qualcuno entra nel cortile? È tempo di acquistare telecamere di sicurezza?

Ora risulta più costoso difendere i diritti di proprietà. Colui che si ritrova la finestra rotta non è il solo che ha subito una perdita. L'intera comunità ora è costretta a prendere in considerazione una nuova minaccia alla ricchezza individuale. La gente penserà ai propri bilanci. Se vogliono evitare il costo di riparare una finestra rotta, potrebbero dover spendere più soldi nella prevenzione dei crimini.

Il costo della vita nella comunità salirà. Soldi che sarebbero stati stanziati per la spesa al consumo o per investimenti, ora verranno spesi per proteggere la proprietà.

Quello che è accaduto alla singola persona che è stata vittima del sasso, cioè, quella persona che ora deve spendere soldi per riparare la finestra, si ripete in tutta la comunità. Individui che avrebbero preferito spendere i propri soldi per qualcos'altro, ora si ritrovano a spenderli per l'auto-difesa. Ciò aumenta il costo della vita. Ciò riduce la ricchezza delle persone. Più importante, riduce il loro senso di sicurezza. L'incertezza aumenta. Trattare con l'incertezza costa denaro: le persone devono spendere soldi per difendere le loro proprietà piuttosto che spenderli per qualcosa che avrebbero desiderato di più.

Questo riduce il valore della proprietà. Se i proprietari devono spendere più soldi per difenderla, scende il rendimento netto di possederla. Questo riduce il valore e il prezzo della proprietà.

Questo declino ridurrà la parsimonia. Se diminuisce il valore attuale dei beni di consumo, allora il loro valore futuro sarà più basso, soprattutto se la gente pensa che gli attacchi alle proprietà continueranno. La gente non risparmierà soldi da investire oggi se il valore della proprietà futura è destinato a scendere.

Se pensate che qualcuno possa tirare un sasso contro la vostra casa, risparmiereste denaro per finestre con doppi vetri, o compiereste una recinzione e un cane da guardia?

Conclusione

La logica della finestra rotta non si applica solamente alla semplice finestra. Non si applica solamente al proprietario della finestra rotta. Si applica a tutta la comunità.

Faccio un altro esempio. Qualcuno lancia un sasso in un lago tranquillo e si vengono a formare delle increspature. Viene perturbata la tranquillità del lago. Viene ridotta la prevedibilità del lago. Non viene danneggiata la proprietà di nessuno. Questa non è una minaccia per la comunità. Esteticamente è anche attraente. Non è qualcosa diretto contro un bene di capitale che produce benefici per il proprietario. Non è una minaccia per la comunità in generale, ma ci sono effetti a catena.

Gli stessi effetti a catena li ritroviamo quando qualcuno lancia un sasso contro una finestra. Viene perturbata la tranquillità della comunità. Viene ridotta la prevedibilità della proprietà. Non solo dobbiamo guardare al costo a carico del proprietario della finestra rotta, ma anche al costo sostenuto dagli altri individui -- la società in generale. Anche gli altri individui sono vittime di colui che ha lanciato il sasso.

I restanti capitoli di questo libro prenderanno in considerazione i costi della violenza contro i proprietari d'immobili.

Seguite il denaro, all'indietro.

Bastiat, "Ciò che si vede e ciò che non si vede" (1850):
http://www.ibs.it/code/9788849812725/bastiat-
fredeacu/cio-che-vede.html

Robert Murphy, "La Fallacia della Finestra Rotta" (2012):
https://francescosimoncelli.com/2011/09/la-fallacia-della-
finestra-rotta.html

Henry Hazlitt, "On Appeasing Envy" (1972):
https://mises.org/library/appeasing-envy

Helmut Schoeck, *Envy: A Theory of Social Behavior* (1966):
https://catalog.libertyfund.org/modern-political-
philosophy/envy-cloth-detail.html

Capitolo 3: L'Approvazione della Distruzione

Quando un fuoco uscirà fuori, e incontrerà delle spine, onde
sia consumato grano in bica, o biade, o campo, del tutto
soddisfaccia il danno colui che avrà acceso il fuoco
(Esodo 22:16)

Questo passaggio della Bibbia ha a che fare con la responsabilità legale. Se qualcuno accende un fuoco sulla sua proprietà, e questo fuoco si propaga alla proprietà del suo vicino, l'uomo che ha appiccato il fuoco è responsabile dal punto di vista legale. Deve risarcire la sua vittima. Si tratta di un caso di danno accidentale. Quanto è maggiore la responsabilità quando il danno è intenzionale?

La Bibbia dice chiaramente che la proprietà implica una responsabilità legale. Un proprietario è responsabile delle sue azioni. Non ha il diritto di estendere i suoi costi di proprietà al suo vicino, a meno che quest'ultimo non gli abbia dato il permesso. Il suo vicino ha l'immunità giuridica per quanto riguarda la sua proprietà. Questo è un vincolo legale. A nessuno è permesso d'invadere la sua proprietà. Questo non riguarda solo la proprietà da un punto di vista geografico; riguarda qualsiasi forma di proprietà.

Qui vediamo che la Bibbia ci insegna un concetto di profitti e perdite. Il proprietario del campo iniziale spera in qualche modo di trarre beneficio dall'accendere il fuoco sulla sua proprietà. Questo rappresenta un costo d'esercizio.

Questo è un rischio. Non gli è permesso di trasferire questo rischio al suo vicino. È chiaro che in caso d'incendio il vicino subisce danni. L'uomo che ha appiccato il fuoco è responsabile dal punto di vista legale per i danni inflitti al vicino. Questo è un concetto di responsabilità oggettiva.

In questo testo non c'è affatto scritto che i vicini traggono beneficio dagli incendi fuori controllo. L'idea che invadere la proprietà altrui possa essere un atto a costo zero, per la società o per la vittima, è priva di senso. Se questo è vero per un incendio accidentale, quanto è maggiore la responsabilità di un piromane? Con questo background, studiamo il ragionamento alla base di un'idea perversa: infliggere distruzione crea ricchezza. Hazlitt iniziò con la questione della guerra. Nel 1946 era un pensiero comune a tutti. Il mondo era appena uscito da un incendio devastante in cui erano morte circa 60 milioni di persone. Iniziò parlando dell'opinione popolare, tra cui quella di grandi capitani d'industria, camere di commercio, dirigenti sindacali e editorialisti.

«Anche se alcuni di loro disdegnano d'affermare che esistono benefici netti nei piccoli atti di distruzione, non vedono altro che grandi benefici negli atti enormi di distruzione. Ci dicono che staremmo tutti meglio dal punto di vista economico se fossimo in guerra piuttosto che in pace. Vedono "miracoli di produzione" raggiungibili solo attraverso una guerra. E vedono un mondo post-bellico certamente prospero poiché ricolmo di un'enorme domanda.»

Inoltre ricordò al lettore: "È solo la nostra vecchia amica, la fallacia della finestra rotta, con nuovi vestiti e talmente ingrassata da essere quasi riconoscibile."

Alla base della fallacia c'è il presupposto che la domanda rappresenti sempre una sorta di forza positiva nella società. Questo tipo di domanda scaturisce da una precedente distruzione. Solo perché le persone vorrebbero possedere qualcosa che è stato distrutto, proseguì Hazlitt, non significa che tale domanda sia genuina. Solo la loro produttività produce una domanda genuina. Come nel caso dell'uomo che si ritrova la finestra rotta, questa produttività sarà utilizzata per acquistare beni e servizi che il proprietario non avrebbe acquistato se i suoi beni iniziali non fossero stati distrutti.

1. Il Proprietario

Il proprietario dei beni distrutti è stato vittima di una violenza. La guerra ha invaso la sua proprietà. Ora è più povero rispetto a prima che scoppiasse il conflitto. Possedeva una proprietà che era in buone condizioni, ora invece possiede un mucchio di macerie. Ha subito una perdita grave.

Se il suo vicino avesse acceso un fuoco sulla sua proprietà, e il fuoco si fosse diffuso sulla sua proprietà, allora avrebbe potuto chiedere un risarcimento. La vittima sarebbe stata compensata per la sua perdita. Dato che sarebbe stato reso più povero dal fuoco, sarebbe stato autorizzato dal punto di vista legale ad essere risarcito. Non ha alcun senso pensare che il proprietario della proprietà bruciata stia meglio rispetto a prima. Allo stesso modo, non ha alcun senso pensare che il proprietario delle macerie stia meglio rispetto a prima che scoppiasse la guerra.

Un proprietario ha delle responsabilità nella vita.

Queste responsabilità lo hanno spinto ad accumulare proprietà prima della guerra. Ora queste proprietà sono distrutte. Questa riduzione della responsabilità personale non ha avuto luogo per colpa sua. Ma, nella misura in cui la sua proprietà gli aveva permesso di stare meglio e adempiere alle sue responsabilità di fronte a Dio, alla sua famiglia, alla sua comunità, o a sé stesso, ora egli è meno capace di adempiere a tali responsabilità rispetto a prima della guerra.

Come proprietario, era il beneficiario di diversi flussi di reddito in base ai suoi beni capitali. Non ha più questi flussi di reddito perché non ha più beni capitali funzionanti. È più povero in termini di reddito di quanto non fosse prima della guerra. E' meno capace di adempiere alle sue responsabilità nella vita.

Ha anche una nuova preoccupazione. Ci sarà un'altra guerra? La sua proprietà verrà invasa di nuovo? Dovrebbe accumulare proprietà che potrebbero essere distrutte facilmente durante una guerra? Dovrebbe destinare la sua proprietà, come il lavoro, a forme di capitale che non avrebbe preso in considerazione se fosse stato fiducioso in una pace duratura? La sua vita è stata sconvolta dalla guerra e non solo in passato. La guerra gli ha ricordato la sua vulnerabilità. Ora deve prendere in considerazione stanziamenti del suo capitale che ridurranno il suo consumo, o ridurranno la sua produttività, ma che sono necessari per proteggerlo da altri atti di violenza.

2. La Finestra

In qualità di proprietario del capitale, aveva servito la comunità. Le risorse scarse hanno un valore economico.

Lo sappiamo perché sono accompagnate da dei prezzi. Qualcuno è disposto a fare un'offerta per la proprietà o l'uso delle risorse. Qualcuno deve decidere chi dovrebbe avere accesso a queste risorse. Chi dovrebbe avere accesso ai flussi di reddito, o ai flussi di produzione, che vengono generati da questa proprietà? Tali decisioni non vengono prese a costo zero. Qualcuno dev'essere economicamente responsabile. Qualcuno deve prendere le decisioni in base alle offerte più alte dei consumatori o dei loro operatori economici, gli imprenditori. Prima della guerra, il proprietario aveva deciso che l'offerta più alta era la sua: avrebbe conservato per sé la proprietà. Aveva quindi rinunciato all'utilizzo del denaro o della ricchezza che il miglior offerente gli avrebbe pagato per la sua proprietà. Questo era il suo costo d'esercizio. Secondo la propria gerarchia di valori, sia morali che economici, aveva assegnato il valore più alto alla conservazione della sua proprietà. Se questa proprietà gli ha fornito un reddito, allora è stato in grado di fare scambi volontari con altre persone. Ma ora i suoi strumenti di produzione sono distrutti. Ora non può più permettersi di fare questi scambi. Gli manca la produttività che i suoi strumenti di produzione avevano in precedenza.

Dire che sta meglio ora rispetto a prima della guerra, è semplicemente ridicolo. La tesi di Hazlitt dimostra che il proprietario non sta affatto meglio. Ora deve spendere soldi, o tempo, per ricostituire il suo stock di capitale. Può affrontare queste spese, ma il loro costo dovrebbe essere chiaro: tutti quei beni e servizi che avrebbe potuto comprare se la guerra non avesse invaso la sua proprietà.

Gli strumenti di produzione distrutti, analiticamente parlando, sono esattamente come la finestra rotta.

È vittima di una violenza. Non vi è alcuna domanda repressa. Ci può essere domanda nel dopoguerra, poiché la vittima deve sostituire la sua proprietà distrutta, ma questa domanda sarebbe emersa anche se non ci fosse stata la guerra. Si sarebbe semplicemente manifestata in altri settori dell'economia. La domanda totale è inferiore perché la ricchezza della persona che vuole acquistare beni e servizi è inferiore.

3. Il Sasso

Gli strumenti che sono stati utilizzati per distruggere la sua proprietà sono le armi. Sono state progettate per distruggere le cose. Il proprietario è vittima di una violenza concentrata. E' vittima di una violenza imposta su base sistematica. In questo caso, la motivazione del distruttore non era l'invidia. La sua motivazione era la distruzione per il bene delle cause ufficiali della guerra. Non vi è dubbio che la guerra è distruttiva. E' certamente più distruttiva di un sasso lanciato a mezzanotte da un vandalo mosso dall'invidia. La vittima della guerra subisce una perdita maggiore rispetto a quella che avrebbe causato il lancio di un sasso. Può darsi che non sia una vittima diretta, ma viene costretto a pagare le tasse per sostenere lo sforzo bellico. Sarebbe stato più ricco se non avesse dovuto pagare tali tasse. Non vi è alcuna domanda repressa.

4. I Costi

I costi per sostituire le macerie con beni strumentali nuovi, sono a carico di qualcuno. Non esistono pasti gratis. Non esiste capitale gratuito. Qualcuno deve pagare.

La ricchezza netta delle vittime della guerra è inferiore a quella prima del conflitto bellico. Quindi la domanda delle vittime registrata in quei mercati associati alla rimozione delle macerie e alla costruzione di nuove strutture, può essere superiore a quella prima della guerra. Ma questo significa che la domanda delle vittime registrata in quei mercati che non sono associati alla rimozione delle macerie e alla costruzione di nuove strutture, sarà più bassa.

Nel frattempo, le vittime vivranno in condizioni terribili. Soffriranno molto. Senza dubbio saranno altamente motivate a rimuovere le macerie e a ricostruire le abitazioni. Ma a meno che non trovino risorse mediante il proprio lavoro, il che significa la possibilità di servire la comunità in un quadro di un libero mercato, non saranno in grado di registrare questa domanda in modo da promuovere la crescita economica.

Non c'è scampo dai costi della distruzione. Essa impone costi imprevisti sulle vittime. Affermare che queste vittime staranno meglio perché vivranno in edifici nuovi, vuol dire che ora sono felici nonostante le loro case siano state distrutte. Ma il fatto stesso che non abbiano abbattuto e ricostruito i vecchi edifici prima dell'inizio della guerra, indica che oggi sono in una situazione meno desiderabile. Ora sono costrette a comprare quello che non avrebbero voluto comprare. Hanno dovuto re-indirizzare i loro budget, non perché stanno meglio, ma perché stanno peggio.

5. Le Conseguenze

Prima della guerra, c'era una notevole produttività grazie alla base di capitale esistente nella società.

Dopo la guerra, questa base di capitale è più piccola. È inferiore anche la produttività della popolazione. Le conseguenze per la società dovrebbero essere ovvie: *riduzione della ricchezza pro-capite*. La società ha meno capitale rispetto a prima, quindi l'unico modo in cui il reddito pro-capite potrebbe aumentare sarebbe con le morti causate dalla guerra. Sostenere che la società starà meglio in queste condizioni, dal momento che si ritroverà una maggiore ricchezza pro-capite, è un'affermazione semplicemente ridicola. I membri di quelle famiglie che perdono i propri cari in guerra non staranno affatto meglio.

Una famiglia che viveva in una zona rurale in Germania durante la seconda guerra mondiale, potrebbe non aver sofferto molto. Non sono cadute bombe in quelle zone. Non sono state invase dagli eserciti. È possibile che quella famiglia vivesse in una piccola fattoria, e quindi avesse avuto accesso a carne, burro e altri beni di consumo che erano considerati delle prelibatezze alla fine della guerra. Ma se quella famiglia avesse perso un marito o un figlio durante la guerra, a causa della coscrizione, le vedove non sarebbero state meglio grazie ad un rapporto d'investimenti pro-capite più alto.

La divisione del lavoro si contrae durante un bombardamento. La specializzazione del lavoro diminuisce a causa di una divisione del lavoro contratta. Il capitale che sarà necessario per riprendersi dalla guerra, dovrà essere accumulato attraverso un maggiore risparmio. Prima della guerra questo livello di risparmio non era obbligatorio, poiché la società aveva un patrimonio ereditato: capitale che era stato accumulato per decenni o anche di più. Dopo la guerra tale capitale svanisce.

Quindi la parsimonia forzata diventa uno stile di vita necessario per rimpolpare quel capitale andato perduto, mentre invece sarebbe stato aggiunto a quello esistente in assenza di una guerra.

Una società sottoposta a bombardamenti, invasioni da parte di milioni di soldati e perdite umane a causa dei morti sui campi di battaglia e delle malattie, non è più ricca rispetto a prima che scoppiasse la guerra.

Hazlitt lo capì nel 1946. Gli uomini d'affari americani che immaginavano una domanda europea repressa a causa della guerra, da cui avrebbero potuto trarre beneficio, non tenevano in considerazione i costi della guerra. Non tenevano in considerazione i costi per i singoli. Inoltre non tenevano in considerazione i costi per l'ordine sociale a causa di una contrazione della divisione del lavoro.

Conclusione

Una variante di questa tesi viene applicata alle catastrofi naturali. Dopo un tornado o un terremoto, spunterà il solito articolo sugli effetti economici positivi del disastro. Gli ex-proprietari di case dovranno ricostruire. Questo, ci viene assicurato, è positivo dal punto di vista economico. Le vittime abiteranno in nuovi edifici. L'economia locale sperimenterà un boom.

L'incapacità delle persone di vedere alcune cose importanti è il cuore della loro ignoranza economica. Hazlitt fu saggio a far risorgere l'analogia della finestra rotta.

Scelse l'argomento perfetto in riferimento alla domanda repressa. "Ma non è necessaria questa domanda. La domanda efficace non richiede solo una necessità, ma anche un corrispondente potere d'acquisto."

Se i cristiani prendessero sul serio il passaggio biblico d'apertura di questo Capitolo, sarebbero meno propensi a commettere un tale errore concettuale. La Bibbia non si occupa di risarcimenti economici per quegli atti che aumentano la ricchezza di terzi. Si occupa del risarcimento di quegli atti che riducono il patrimonio di terzi.

La guerra diminuisce la ricchezza degli individui.

La distruzione non è produttiva.

"The True Costs of War" (2014):
https://mises.org/library/costs-war-americas-pyrrhic-victories

Costs of Major U.S. Wars (2010):
http://www.garynorth.com/WarCostsUSA.pdf

"List of wars by death toll" (Wikipedia):
https://en.wikipedia.org/wiki/List_of_wars_by_death_toll

"List of wars and anthropogenic disasters by death toll"
(Wikipedia):
https://en.wikipedia.org/wiki/List_of_wars_and_anthropo
genic_disasters_by_death_toll

Capitolo 4: Opere Pubbliche = Tasse

*Poiché le labbra dell'adultera stillano miele, e la sua bocca è
più morbida dell'olio; ma la fine cui mena è amara come
l'assenzio, è acuta come una spada a due tagli.*
(Proverbi 5:3-4)

L'autore dei Proverbi nei primi nove capitoli mette a confronto la moglie fedele con l'estranea. Viene usata la metafora dell'estranea per alludere a quelle bugie seducenti che in ultima analisi raggirano colui che vi crede. Ecco il messaggio di fondo: in superficie qualcosa può sembrare molto attraente, ma in profondità quel qualcosa è amaro come l'assenzio. Perché? Perché esiste un sistema di causa ed effetto. Quando qualcuno vìola i principi etici fondamentali, finirà per incappare in sanzioni negative. Questo vale anche per interi ordini sociali.

Questo passaggio biblico ha implicazioni economiche. Il contesto etico specifico si rifà a questo comandamento: "Non commetterai adulterio". Ma il contesto etico generale di quel passaggio si rifà anche a questo comandamento: "Non rubare". Questo a sua volta si rifà alla spesa dello stato. Il passaggio tratto dai Proverbi ci mette in guardia contro tutte le versioni di quell'errore economico che Bastiat chiamava "ciò che non si vede" -- il vero costo economico delle nostre azioni. Il Capitolo presente affronta le opere pubbliche. Si tratta di progetti che sono finanziati dallo stato. Sono molto visibili. Sembrano molto produttivi. È relativamente facile ottenere il sostegno pubblico per la realizzazione di questi progetti.

In superficie sembrano accattivanti, ma alla fine si rivelano amari come l'assenzio: tasse più alte. Ma come vedremo le conseguenze non si fermano qui. Ci sono diversi strati di cose che non si vedono.

L'attrattiva delle opere pubbliche è l'attrattiva di ottenere qualcosa in cambio di niente. È l'attrattiva tentatrice che il diavolo propose a Gesù: pietre in pane (Matteo 4:3). Agli elettori viene detto che le opere pubbliche faranno due cose. In primo luogo creeranno occupazione. In secondo luogo creeranno ricchezza. Ogni volta che si sente una cosa simile, dobbiamo ricordarci questo principio: "Non esistono pasti gratis." Questa è la realtà di fondo di ciò che non si vede.

Con questo in mente, torniamo al modello dei cinque punti della fallacia della finestra rotta.

1. La Proprietà

Vorrei iniziare con il principio biblico della proprietà privata. Questo principio si manifesta due volte nei Dieci Comandamenti: il divieto di furto e il divieto di concupiscenza. Dobbiamo rispettare i confini giuridici della proprietà. Questo ha a che fare con l'etica: limiti morali e legali. In questo libro sto cercando di mettere in chiaro che esistono due problemi: la sovranità giuridica e l'autorità economica. Questi sono concetti distinti, ma anche inevitabilmente legati. La sovranità giuridica è primaria. Il principio fondamentale della proprietà nel contesto biblico è questo: c'è una stretta connessione giuridica tra la proprietà e la responsabilità personale.

Si tratta di una questione di *sovranità giuridica*: i diritti legali di proprietà. Questi diritti legali stabiliscono l'immunità. Stabiliscono i limiti legali.

La teoria economica ci informa che esiste anche un legame economico stretto tra la proprietà e la responsabilità personale. Questo ha a che fare con i costi economici. Quando un proprietario usa il proprio bene per uno scopo, non può usarlo per un altro. Il valore d'uso a cui si rinuncia rappresenta il costo della proprietà. Questo costo non può essere evitato. Questa è una questione di *autorità economica*. Si tratta di un'implicazione inevitabile della sovranità giuridica: il diritto legale di utilizzare le risorse che possediamo, ovvero, il *diritto legale di escludere gli altri*. I costi personali connessi con la proprietà sono inevitabili; ci sono anche benefici personali. Gesù disse che dobbiamo tener conto dei costi (Luca 14: 28-30).

Un individuo possiede un bene. Il diritto civile riconosce questo possesso. Il proprietario è convinto di essere responsabile davanti a Dio e alle altre persone per l'utilizzo di questo bene. Fa parte della sua ricchezza. Può constatare come la sua responsabilità faccia aumentare la sua ricchezza. Forse ha letto il capitolo 25 del Vangelo di Matteo in cui viene raccontata la parabola dei talenti. La proprietà è sempre legata economicamente all'allocazione. Ha a che fare con il proprio budget. Qualsiasi risorsa economica scarsa che viene utilizzata per una cosa, non può essere utilizzata per un'altra. Il proprietario deve scegliere. Non c'è scampo da questa responsabilità giuridica. Non c'è scampo da questa responsabilità economica.

Secondo la legge biblica, e anche secondo le istituzioni del libero mercato, un proprietario possiede una sensazione di titolarità. Ritiene di possedere il diritto legale di utilizzare un bene. *La proprietà è un insieme di diritti legali.* Per diritti intendo *immunità giuridica dalla coercizione.* Questo significa immunità giuridica contro la coercizione privata e statale.

Questi diritti di proprietà permeano ogni aspetto dell'economia di libero mercato. Permeano ogni aspetto delle singole decisioni economiche. Questo è il fondamento dell'ordine sociale del libero mercato. Questa base giuridica viene insegnata nella Bibbia e l'analisi economica cristiana deve tenerne conto.

Conosciamo molto bene la frase che spesso compare nei negozi: "Chi rompe, paga." Questo significa che se si rompe qualcosa, è necessario ripagare il danno. Ma c'è un altro lato della proprietà da considerare: "Se si possiede qualcosa, è giuridicamente lecito romperla." Entrambi questi aspetti devono essere veri: acquisto e uso. Quando comprate qualcosa, comprate anche la serie di diritti che vi è legalmente connessa.

2. La Finestra

La finestra in questo caso è la ricchezza netta di ogni individuo. Gli individui credono di possedere legalmente la ricchezza. Questa ricchezza non è semplicemente il denaro che un proprietario potrebbe raccogliere se vendesse i suoi beni. Questa ricchezza riguarda anche la sua *immunità contro la coercizione.* È la ricchezza associata ai diritti di proprietà. La Bibbia insegna che gli uomini sono agenti legali di Dio.

Insegna anche che uno dei modi in cui si manifesta questa responsabilità legale, è attraverso la proprietà. Questo rende i proprietari degli amministratori a nome di Dio. Questa è una gerarchia. Ma questa gestione economica possiede anche ciò che definiamo aspetti orizzontali. I proprietari sono amministratori per conto terzi. Questi ultimi fanno offerte per la proprietà. I risultati di queste offerte sono una vasta gamma di prezzi. Gli aspiranti proprietari gridano ai proprietari: "Vendi a me!" o "Lasciami affittarla!" *Laddove c'è un prezzo, c'è gestione economica.* Questo è inevitabile. Il proprietario è un agente economico a nome della società. Decide chi può utilizzare quello che possiede e anche secondo quali termini. Questa è un'implicazione economica inevitabile della sovranità giuridica.

Le persone prendono decisioni cercando immunità contro la tassazione. Credono di avere obblighi di legge e anche opportunità economiche connesse alla proprietà. Per aumentare la loro ricchezza, devono partecipare alla divisione del lavoro. Questo le porta a collaborare con gli altri. Prendono decisioni pensando a ciò che vogliono acquistare. Qualunque cosa desiderano acquistare, è strettamente legata a ciò che hanno da offrire in cambio. Non esistono pasti gratis.

Gli scambi in un'economia di libero mercato ampliano la divisione del lavoro. Le persone prendono decisioni considerando l'allocazione del loro patrimonio, soprattutto per cogliere opportunità e offrire un servizio: la loro opportunità di servire gli altri, ma anche l'opportunità degli altri di servirli. Quest'attenzione al servizio deriva da un aspetto inevitabile della gestione economica in un mondo di risorse scarse: allocazione dei beni.

Per raggiungere i loro obiettivi ad un costo basso, devono guadagnare la cooperazione delle altre persone, soprattutto quella degli stranieri. Il modo migliore in cui farlo è quello di offrire opportunità a queste persone. Siamo tornati al famoso detto di Adam Smith: non dovremmo aspettarci di ottenere quello che vogliamo dal macellaio o dal panettiere appellandoci ai loro istinti di beneficenza. Dovremmo aspettarci di ottenere cooperazione sulla base di questa offerta: "Mi impegnerò a fornirti ciò che vuoi, se mi fornirai ciò che voglio." In altre parole, il valore della finestra non è rappresentato semplicemente dai vantaggi che fornirà: far entrare la luce e tenere fuori freddo e insetti. E' rappresentato anche dal diritto di proprietà che qualcuno possiede nei confronti della sua finestra. Infatti, è la *sua* finestra. Non è la finestra di qualcun altro. Questa proprietà gli dà diritto all'uso della sua finestra. Questo diritto d'uso, il che significa inevitabilmente *il diritto di escludere gli altri*, agli occhi del proprietario può avere un valore più alto rispetto ai benefici garantiti dalla finestra stessa. La ricchezza fornisce ai proprietari una maggiore libertà d'azione. La ricchezza, quando combinata all'immunità giuridica contro la coercizione, spinge i proprietari ad allocare in modo specifico i loro beni. Tengono conto dei costi e dei benefici delle loro decisioni. Cercano cooperazione. Vogliono partecipare alla divisione del lavoro. Tutto questo viene minacciato da un sasso lanciato deliberatamente.

3. Il Sasso

L'analogia del sasso rappresenta un'invasione illegale di un confine. Tale confine è un diritto di proprietà.

Voglio ripeterlo ancora una volta: con diritto di proprietà intendo immunità legale contro la coercizione.

Nel caso delle opere pubbliche, il sasso ha le caratteristiche della donna estranea. Ha grande fascino. Questo non è un semplice sasso preso a caso e poi lanciato contro una finestra per dispetto o per invidia. Questo sasso in particolare si basa su un modello concettuale. Può basarsi su un modello di lavoro fisico, ma il modello concettuale è la chiave. Si tratta di un modello presumibilmente attraente. È qualcosa che si lascia desiderare. Offre vantaggi specifici per la persona che ne approfitta. I vantaggi sono evidenti; i costi sono volutamente nascosti.

Ci sono sempre costi nascosti quando abbiamo a che fare con questo sasso. I benefici devono essere sempre pagati. In particolare, i benefici devono essere pagati da persone specifiche. Qualcuno trarrà vantaggio da un particolare progetto di opere pubbliche. Ma qualcun altro è costretto a pagare per realizzarle. In alcuni casi può trattarsi della stessa persona, ma con ogni probabilità la persona che decide di lanciare il sasso ritiene che ci guadagnerà di più in questo modo.

Questa non è una questione d'invidia: la distruzione della proprietà di qualcun altro. Piuttosto si tratta di una questione di gelosia: il desiderio di ottenere una parte di ciò che qualcun altro possiede. Il presupposto alla base del lancio del sasso è questo: "Qualcun altro sarà costretto a pagare di più per ottenere i benefici rispetto a quanto io dovrò pagare." Non ci sono dubbi per quanto riguarda il ragionamento economico alla base di questo rapporto: è un furto.

4. I Costi

Il costo più importante dell'intervento statale nell'economia è questo: *violazione dei diritti di proprietà*. Al contribuente viene imposta una perdita. Viene ridotta la sua immunità contro la coercizione. La sua ricchezza è più incerta di quanto non fosse prima. Ora l'arbitrarietà dello stato minaccia la prevedibilità futura dei suoi piani personali.

Con le opere pubbliche è come se lo stato lanciasse un sasso contro le finestre dei contribuenti. Quindi lo stato costringe i contribuenti a rivedere i loro budget. Se lo stato non avesse avviato queste opere pubbliche e se, quindi, non avesse dovuto tassare gli individui, le revisioni dei budget non sarebbero state minimamente prese in considerazione. Ogni contribuente avrebbe preso decisioni individuali in base al proprio budget iniziale. Ora i contribuenti devono rivedere le loro priorità in base ad un budget più piccolo. I contribuenti avrebbero stilato i loro piani in base ai loro busget personali; ora sono costretti con la coercizione statale a prendere le loro decisioni basandosi su bilanci ridotti. La capacità degli individui di raggiungere i propri obiettivi personali si riduce quando ci sono di mezzo tasse da pagare. I politici promuovono le opere pubbliche sottolineando i benefici che si vedranno. I dettagli esatti di chi pagherà questi benefici sono sempre tenuti nascosti.
I politici non vogliono che gli elettori effettuino un'analisi attenta dei costi reali. Convincono gli elettori che i costi saranno a carico di qualcun altro, o almeno la maggior parte dei costi saranno a carico di qualcun altro.

Un'altra perdita importante è rappresentata dalla riduzione della cooperazione volontaria.

Le persone avrebbero stilato progetti diversi e li avrebbero coordinati con persone diverse. Le opere pubbliche promuovono senza dubbio nuove relazioni di scambio. Alcune persone ne trarranno vantaggio. Ma la domanda è questa: l'ordine sociale basato sulla cooperazione volontaria lascerà spazio alla coercizione statale? Purtroppo quasi nessuno si pone mai questa domanda.

Verranno creati nuovi posti di lavoro in quei settori connessi con le opere pubbliche; ma ci sarà anche una riduzione dell'occupazione in tutte quelle aree in cui sarebbe stato speso il denaro dei contribuenti in assenza dell'intervento statale. Vediamo i vantaggi; non vediamo le perdite. Vediamo le persone impiegate nelle opere pubbliche; non vediamo le persone che non sono impiegate perché non ci sono opere private a causa delle tasse.

Un altro aspetto importante di cui si parla poco è il seguente: quanto costerà la manutenzione delle opere pubbliche? I costi di manutenzione sono inevitabili. Su chi ricadrà il peso di questi costi? Anche quando una tassa è collegata ad un'opera pubblica, come ad esempio un ponte a pedaggio o una strada a pedaggio, scopriamo che alcuni gruppi con interessi speciali cercheranno (attraverso i politici) di mettere le mani sul flusso di entrate generato dalle tasse. Tale meccanismo è stato alla base della politica moderna per più di un secolo.

5. Le Conseguenze

La prima e più importante conseguenza è la seguente: *sicurezza della proprietà ridotta*.

Per metterla in termini giuridici, significa una superficie ridotta per la responsabilità personale. Ora gli individui devono impiegare maggiori risorse rispetto al passato per proteggere la loro proprietà. Avrebbero potuto utilizzare queste risorse per altri scopi -- finalità che erano superiori tra le priorità dei singoli contribuenti -- ma a causa della violazione dei loro diritti di proprietà, devono rivedere le loro priorità. In altre parole, viene *diluita la proprietà* e quindi viene *diluita anche la responsabilità*.

Il principio biblico riguardo l'etica personale è questo: *maggiore responsabilità personale*. Il messaggio della Bibbia è chiaro: non ci sarà nessun patteggiamento durante il giudizio finale. Questo è il messaggio della parabola dei talenti. Il concetto di opere pubbliche indebolisce la responsabilità personale. "È colpa della commissione!" Non ci saranno commissioni durante il giudizio finale. A causa delle tasse la gente produttiva inizierà a destinare più risorse all'evasione fiscale e meno alla produzione economica. Le risorse finiranno nelle tasche degli avvocati e dei commercialisti piuttosto che nelle tasche di tecnici ed esperti di marketing. Questa è una buona notizia per gli avvocati e i commercialisti, ma è una cattiva notizia per il pubblico in generale. La produttività diminuirà.

Ci sarà una riduzione della divisione del lavoro, la quale è incentivata dalla cooperazione volontaria. Gli individui imparano a fidarsi degli altri individui per lunghi periodi di tempo. Intessono reti interpersonali. Gli individui si fidano l'uno dell'altro riguardo ad ogni tipo di progetto. Ma questa zona d'interdipendenza viene ostacolata da un aumento della tassazione.

Sono queste le conseguenze quando si ignora ciò che non si vede. Gli elettori sono ipnotizzati dai presunti benefici generati dalle opere pubbliche. Vedono i benefici, ma non vedono i costi.

La popolarità di ciò che si vede rischia di condurre alla realizzazione di ulteriori opere pubbliche. Lo stato lancerà ulteriori sassi contro altre finestre. I diritti di proprietà saranno violati ancora e ancora. Le conseguenze negative sono inevitabili. A volte siamo abbastanza saggi da chiamarle per quello che sono: conseguenze inattese.

A volte vengono chiamati effetti collaterali. Spesso ci dimentichiamo l'ovvio: non esistono effetti collaterali. Ci sono solo effetti. I cosiddetti effetti collaterali sono quegli effetti che non ci piacciono. Uno di questi "effetti collaterali" è il seguente: *le tasse scoraggiano la produzione*. Mi occuperò di questo argomento nel prossimo Capitolo.

Conclusione

La maggior parte dei cristiani considera la donna estranea come un ordine sociale biblicamente fedele. Hanno commesso l'antico errore di ritenere produttive le opere pubbliche finanziate dallo stato. Le opere pubbliche sono sussidi statali a un gruppo particolare di cittadini. Questi sussidi vengono pagati dai contribuenti. I vantaggi sono visibili. Le tasse vengono pagate in privato. Ci sarà un collegio elettorale dietro ogni opera pubblica. Non ci sarà nessun collegio elettorale dietro i contribuenti.

Proprio come con una donna estranea, un'opera pubblica comincia ad usurarsi non appena viene inaugurata. Molti degli elettori che un tempo godevano dei benefici, si annoieranno. Ci sono sempre nuovi progetti più seducenti. Alla fine sarà necessario l'equivalente di un lifting, ma anche questo alla lunga non servirà. Le rughe ricompaiono più marcate. Quasi nessuno vorrà vederla più. Un giorno verrà sostituita. La domanda chiave è questa: sarà sostituita da un'altra donna estranea?

Gli uomini dovrebbero adottare una visione di lungo periodo. Dovrebbero tener conto di tutti i costi delle loro azioni: ciò che non si vede. Ma non lo fanno. Ecco perché ci sono comandamenti autorevoli per ricordarglielo nei momenti di grande tentazione. Tutti si riducono a questo: "No".

Non esistono pasti gratis.

Anthony de Jasay, "The Seen and the Unseen. Part II. The Costly Mistake of Ignoring Opportunity Cost" (2005): http://www.econlib.org/library/Columns/y2005/Jasayunseenb.html

John P. Cochran, "Infrastructure and Public Works: Crowding Out and Economic Instability" (2015): https://mises.org/blog/infrastructure-and-public-works-crowding-out-and-economic-instability

Scott Beyer, "7 Reasons U.S. Infrastructure Projects Cost Way More Than They Should" (2014): http://www.citylab.com/work/2014/04/7-reasons-us-infrastructure-projects-cost-way-more-they-should/8799

"Obama Proposes One-Time 14% Tax on Overseas Earnings" (2015): http://www.wsj.com/articles/obama-proposes-one-time-14-tax-on-overseas-earnings-1422802103

Capitolo 5: Le Tasse Scoraggiano la Produzione

*E delle vostre sementi e delle vostre vigne prenderà la decima,
e certamente [la] darà ai suoi funzionari di corte e ai suoi
servitori. E prenderà i vostri servi e le vostre serve e le vostre
migliori mandrie, e i vostri asini, e li dovrà impiegare per il
suo lavoro. Dei vostri greggi prenderà la decima, e voi stessi
diverrete suoi come servitori. E quel giorno certamente
griderete a causa del vostro re, che vi sarete scelto, ma Geova
quel giorno non vi risponderà.*
(1 Samuele 8:15-18)

Il popolo d'Israele voleva un re. Aveva sentito parlare delle
nazioni confinanti e di come avessero forti governi centrali.
Ciascuna era governata da un re, il quale incarnava il potere, il
prestigio e la gloria del suo stato-nazione. All'epoca il sistema
di governo d'Israele si basava sulle tribù decentrate. Ogni tribù
aveva un sistema di giudici. Non c'era legislatura. Non c'era
nessun governo centrale.

Samuele era sia un sacerdote sia un giudice civile. I
rappresentanti del popolo d'Israele andarono da lui e gli
chiesero di consacrare qualcuno affinché divenisse un re. Li
mise in guardia: tasse più alte. Non solo avrebbero dovuto
pagare le tasse ai governi delle tribù locali, avrebbero dovuto
pagare le tasse ad un governo centrale.

*«Comunque, il popolo si rifiutò di ascoltare la voce di Samuele
e disse: "No, ma su di noi ci sarà un re.*

E dobbiamo divenire, anche noi, come tutte le nazioni, e il nostro re deve giudicarci e uscire davanti a noi e combattere le nostre battaglie" (vv. 19-20).»

Potreste pensare che la minaccia di una maggiore imposizione fiscale li avrebbe spaventati. Non fu così. Volevano essere rappresentati da qualcuno con il potere ed erano disposti a pagarne il prezzo. Il prezzo era una tassa supplementare del 10% sul loro reddito.

Questa cifra del 10% era la stessa che era dovuta ai Leviti, la tribù del sacerdozio. Samuele li avvertì che il re avrebbe preso tutta quella ricchezza quanto l'intera tribù sacerdotale. Questo accentramento di ricchezza e potere sarebbe stato enorme, ma a loro non importava. Volevano uno stato centrale potente, così ne ottennero uno. Durò quattro re. Durante i primi anni del quarto re, Roboamo, ebbe luogo una rivolta fiscale. La nazione d'Israele si separò nel regno settentrionale e meridionale (1 Re 12). Non venne mai riunita sotto il dominio di un re ebraico.

Il sistema fiscale era proporzionale. Seguiva lo stesso principio della decima. Ognuno pagava la stessa percentuale. Nessun gruppo all'interno della società sarebbe stato in grado di raccogliere una maggiore percentuale di ricchezza da un gruppo più ricco. L'onere economico che affliggeva i ricchi avrebbe afflitto anche i poveri. Il re d'Israele avrebbe avuto una pari opportunità. Tuttavia le persone chiesero un re.

Era chiaro che la produttività del popolo d'Israele sarebbe scesa in presenza di un governo centrale con un solo re. Ogni anno un decimo della loro ricchezza sarebbe stato sottratto dal re, e quest'ultimo avrebbe preso servi e serve.

Questi servitori non avrebbero fatto più parte del sistema di produzione familiare. La ricchezza che avrebbero potuto produrre sarebbe stata trasferita al re e alla sua famiglia. Le famiglie non sarebbero state più produttive, perché le risorse a loro disposizione sarebbero finite al re. Tuttavia le persone chiesero un re.

Apprendiamo due lezioni. In primo luogo, le persone che perseguono una ribellione etica preferiscono la tirannia alla libertà. Questo non sorprese Samuele, perché Dio gli aveva detto che sarebbe accaduto.

«Geova disse quindi a Samuele: "Ascolta la voce del popolo riguardo a tutto ciò che ti dicono; poiché non hanno rigettato te, ma hanno rigettato me dall'essere re su di loro (v. 7).»

In secondo luogo, ignorano che tasse più alte riducono la loro ricchezza. Preferiscono vivere sotto l'incarnazione del potere piuttosto che godere di una maggiore produttività personale. Non ascoltarono la logica economica di Samuele. Aveva ragione, ma loro non prestarono attenzione.

Questo è il classico problema di quegli elettori che criticano il sistema erariale esistente. Non si oppongono alla tassazione in quanto tale. Sono felici di estendere il potere al governo centrale. Vogliono solo un sistema erariale diverso, in modo che qualcun altro dovrà sopportare un maggiore onere fiscale. Rifiutano il principio della decima: tassazione proporzionale. Pensano di poter usare la loro influenza affinché il governo centrale prenda maggiore ricchezza da coloro che hanno più reddito.

Il loro concetto di riforma fiscale è questo: "Non tassare me, non tassare te, ma tassa quella persona che qui non c'è."

1. Il Proprietario

La proprietà privata si basa su un nesso giuridico tra i diritti di proprietà -- immunità legale contro il furto -- e la responsabilità personale. Nella visione biblica del mondo, Dio concede la proprietà ad un individuo. In tal modo aumenta la sua responsabilità personale.

La proprietà offre una prova di prestazione: etica ed economica. Il nuovo proprietario ha la responsabilità di aumentare la sua ricchezza a nome di Dio, il proprietario originale. È questo che ci è stato insegnato da Gesù nella parabola dei talenti (Matteo 25:14-30). Il proprietario originale delega la responsabilità della gestione patrimoniale a tre uomini. Tornerà più in là nel tempo per un resoconto. Controllerà se ognuno di loro avrà aumentato la ricchezza iniziale. Due ci riusciranno; uno no. I primi otterranno una maggiore ricchezza -- ridistribuita dal secondo che invece aveva seppellito la sua moneta: un tasso di rendimento pari a zero.

Gesù usò questa parabola per far capire un punto importante: *l'aumento della produttività è un requisito etico.* È anche un requisito giuridico. Il modo migliore per aumentare la produttività di qualcuno è farlo diventare un proprietario. Dio quindi lo rende responsabile. Nella parabola Dio non consegna la proprietà a una commissione. La consegna agli individui.

2. La Finestra

La ricchezza è uno strumento della produzione. Nel caso degli avvertimenti di Samuele, l'attenzione si concentrava sulla produzione della terra e della famiglia: i semi, gli animali domestici e i servitori. Alcuni di questi beni fungevano da beni di consumo, ma potevano anche essere convertiti in beni di produzione: il capitale. Con la parabola dei talenti capiamo che Dio si aspetta un tasso di rendimento positivo sui suoi investimenti. Ciò significa che i proprietari devono mettere da parte una porzione della loro ricchezza da dedicare all'investimento.

Il libero mercato consente ai proprietari di aumentare la loro ricchezza per servire i clienti. I proprietari di beni -- i clienti -- fanno offerte per la produzione del capitale. Sono gli offerenti migliori per quando riguarda i beni. Possiedono il denaro, *il bene più commerciabile*. Il proprietario del capitale decide poi quale offerta accettare, inclusa la propria se dovesse decidere di non vendere. Può scegliere tra una vasta gamma di offerenti. Se ha successo nella produzione di beni e servizi desiderati dai clienti, allora allocherà la sua produzione in base alla regola generale di ogni asta: *l'offerta più alta vince*. Ciò consente ai proprietari delle risorse di fare un'offerta ed entrare in possesso di una proprietà, oppure di prenderne il controllo temporaneo.

I possessori del denaro (gli acquirenti) sono in competizione tra di loro. I proprietari dei beni (i venditori) sono in competizione tra di loro. Da queste competizioni nasce una certa gamma di prezzi. Il miglior offerente vince, prodotto dopo prodotto, asta dopo asta.

Questo *sistema giuridico di allocazione delle risorse* permette alle persone di scambiare qualunque loro proprietà con tutto ciò che vorrebbero possedere. Si tratta di un sistema giuridico basato sulla libertà. Produce un sistema economico di scambio. Cosa viene scambiato? Proprietà: immunità legali e gestione economica. In un sistema di libero mercato, i produttori più efficienti -- quelli che sprecano di meno -- guadagnano una quota crescente della ricchezza della società. Finché continuano a soddisfare le richieste dei clienti, continueranno ad accumulare ricchezza. Nel frattempo andranno in bancarotta quei produttori che non saranno efficienti nel soddisfare le richieste dei clienti. Eroderanno costantemente il loro capitale, il quale verrà trasferito, attraverso la competizione volontaria, ai produttori più efficienti. Gli arbitri di questo trasferimento sono i clienti, che, come detto, premiano i produttori più efficienti. Questo sistema incoraggia i proprietari di capitale a produrre. Questo sistema conduce all'accumulo di capitale: strumenti migliori. Conduce a clienti più ricchi: maggiore produzione/reddito superiore e più scelte. Questa sistema consegna i mezzi di produzione scarsi ai clienti attraverso i loro agenti economici: i produttori efficienti. I clienti sono i detentori dell'autorità in questo processo perché possiedono il denaro: la merce più commerciabile.

3. Il Sasso

In questo caso il sasso è rappresentato da un aumento delle tasse. Non esiste un modo facile per mascherare una nuova tassa e farla passare come un beneficio per la nazione o per il contribuente. Di solito viene vista per quella che è: una passività.

È raro che le persone si lascino convincere da un economista keynesiano quando dice: "Un aumento delle tasse creerà posti di lavoro." Creerà posti di lavoro tra gli esattori delle tasse. Tale incremento non fa colpo sugli elettori, anzi. In questo caso "ciò che non si vede" è chiaramente visibile. Un cucchiaio di zucchero keynesiano non farà ingoiare la pillola amara.

Il modo affinché i politici possano vendere un aumento delle tasse alla maggioranza degli elettori è quello di convincere la classe media che solo i ricchi pagheranno la nuova tassa. Gli elettori della classe media continueranno a stare al gioco. Viene detto loro che c'è troppa disuguaglianza economica oggi. Pensano che i ricchi possano permettersi di pagare. A quanto pare non sembrano porsi questa domanda banale: "Se i ricchi non hanno pagato la loro giusta quota di tasse sin dal 1914, perché dovrebbero farlo ora con questo nuovo aumento?" Prevale la gelosia. Accettano la nuova tassa, ma anche se non la pagano con i loro conti bancari, come vedremo la pagano lo stesso.

Lo stato entra quindi in possesso di una parte del denaro dei contribuenti. La proprietà del denaro viene trasferita dai proprietari, che sono responsabili davanti a Dio e che sono gli operatori economici dei clienti, ai burocrati, che sono agenti dello stato. I burocrati, al soldo dello stato centrale, utilizzano i soldi confiscati per soddisfare i vari concorrenti che gareggiano per la ricchezza dello stato. I politici hanno già approvato il sistema erariale. Ora sono i burocrati che raccolgono i soldi e li spendono. In un sistema democratico ci sono molti offerenti per i beni confiscati dallo stato. Fanno offerte usando la moneta politica: i voti. Inoltre fanno offerte sotto forma di contributi agli attivisti politici.

Possono anche fare offerte sotto forma di pagamenti sottobanco a legislatori specifici. Ci sono scambi, quindi. I politici decidono quanto devono pagare ai gruppi con interessi politici particolari.

In un'economia se c'è divisione del lavoro, c'è anche specializzazione. La politica non fa eccezione. I gruppi con interessi particolari ottengono favori speciali per i loro membri. I potenziali beneficiari della generosità statale si specializzano per mettere le mani sulla ricchezza confiscata dallo stato. Al contrario gli elettori, non avendo abbastanza tempo o interesse per studiare come viene usato il denaro confiscato loro, prestano molta meno attenzione ai dettagli dei trasferimenti statali di ricchezza. La popolazione cerca di competere con questi gruppi privilegiati votando ogni tot. anni, ma non sono così abili nel conservare la loro ricchezza come i gruppi con interessi particolari sono abili nell'ottenerla. L'unico modo in cui gli elettori possono competere è rifiutarsi di votare quei politici che votano per aumentare le tasse. Questo è quello che significa votare *no*. Pochi politici sviluppano quest'abilità. Sono troppo occupati nel comprare voti con i soldi confiscati. Così, il numero di tali candidati è molto limitato.

La differenza principale tra libero mercato e stato è questa: *nel libero mercato non esiste coercizione a norma di legge.* I proprietari hanno il diritto legale di rifiutare le offerte. Al contrario, quando un agente dello stato impone una certa cosa, i contribuenti non hanno il diritto di rifiutarla. L'offerta viene fatta accettare mediante una pistola. Qualcuno con un distintivo ha anche una pistola, ed è in grado di raccogliere la quota della ricchezza del proprietario come richiesto dallo stato.

Il proprietario di beni ha un incentivo diretto a non sprecare la sua ricchezza. Le agenzie burocratiche che la ridistribuiscono non hanno lo stesso interesse ad allocare la ricchezza in modo da aumentare la produzione futura. Il sasso rompe la finestra della creazione di ricchezza.

4. I Costi

A causa del trasferimento di proprietà dei beni dai singoli proprietari alle agenzie burocratiche che operano sotto la giurisdizione generale dei politici, l'enfasi del sistema economico cambia radicalmente: dall'aumentare la base di capitale soddisfacendo i clienti, a diminuire la base di capitale soddisfacendo i gruppi privilegiati.

I gruppi con interessi particolari non pagano un prezzo di mercato in diretta concorrenza con la popolazione in generale. Invece pagano un prezzo arbitrario ai politici per ricevere un vantaggio netto tramite la ricchezza confiscata dallo stato. Se la loro offerta avrà successo, allora si ritroveranno per le mani più ricchezza al termine del processo di ridistribuzione. I contribuenti avranno meno ricchezza.

Il singolo proprietario che desidera aumentare la propria ricchezza lo fa attraverso il risparmio, una previsione accurata, una produzione efficiente e il reinvestimento dei profitti. L'obiettivo di una burocrazia è quello di ottenere un budget più alto l'anno successivo. Questo denaro viene fornito dal legislatore. L'altro obiettivo principale della burocrazia è quello di aumentare la sua giurisdizione.

Quando le burocrazie hanno successo in questa duplice missione, il risultato è un aumento della quantità di ricchezza trasferita alle burocrazie e quindi una diminuzione del tasso di crescita. Il denaro viene trasferito dalle persone che hanno un incentivo ad investire il loro patrimonio personale, ad un altro gruppo di persone che ha un incentivo a spendere la ricchezza dello stato. I singoli burocrati non possono pretendere di rivendicare una quota di questa ricchezza confiscata, ma ricevono stipendi per distribuirla.

I proprietari sono specializzati nell'aumentare la produzione. I burocrati sono specializzati nel ridurre la produzione. Quindi il costo del sistema fiscale è una diminuzione della produzione. Gli specialisti nella distribuzione della ricchezza per mezzo della coercizione, arrivano ad ottenere un maggiore controllo sulla base di capitale della società. Questa è la divisione del lavoro in azione, in termini di coercizione statale. I produttori hanno una visione di lungo termine riguardo la crescita del capitale, perché loro stessi, o le loro famiglie, saranno i beneficiari di questa crescita. I politici hanno una visione di breve termine riguardo la tassazione e la spesa -- una visione che non va oltre le prossime elezioni. Quindi il sistema fiscale trasferisce il processo decisionale dalle persone che hanno un impegno di lungo termine (formare il capitale e aumentare la produttività), alle persone che hanno un impegno di breve termine (vincere le prossime elezioni). Una tassa ridurrà la ricchezza di tutti i cittadini. Avrebbero usato in modo più produttivo quei soldi da destinare al pagamento delle tasse. Ad un certo punto perderanno l'interesse a lavorare per lo stato. Smetteranno di assumersi dei rischi per guadagnare sempre più poco. Impareranno questa regola: "Vinci e lo stato vincerà con te. Perdi e perderai da solo."

5. Le Conseguenze

Le conseguenze di un aumento delle tasse dovrebbero essere ovvie. La produzione rallenta perché il capitale viene trasferito da specialisti nella produzione, a specialisti nella distribuzione politica. Gli specialisti nel trasferimento della ricchezza confiscata non conservano le risorse scarse, figuriamoci aumentarle. Hanno questo atteggiamento: "Ne arriveranno ancora di più." Questo perché possiedono l'autorità legale di sequestrare ricchezza dai membri produttivi della società. Gli elettori garantiscono loro quest'autorità.

L'ordine sociale ne paga il prezzo. In primo luogo, perde la libertà perché la ricchezza viene trasferita ad un'agenzia di coercizione. In secondo luogo, vi è una riduzione della produttività perché il capitale viene trasferito a coloro che non lo investono, ma lo trasferiscono a gruppi con interessi particolari che hanno fatto un'offerta politica vincente.

Le persone che hanno costruito la propria ricchezza finiranno per dedicarne di meno alla formazione di capitale. Perché? Perché i risultati dei loro sforzi e dei loro investimenti in un mercato governato dall'incertezza, in caso di successo, saranno tassati. Gli oligarchi politici, che sono abili a guadagnare denaro attraverso le pressioni politiche, incrementeranno la loro autorità nell'ordine sociale. I clienti, quindi, si vedranno ridurre le scelte a loro disposizione perché la produzione economica viene ridotta dal sistema fiscale. Finché la maggior parte di loro voterà per politici che supportano un aumento delle tasse, o per mantenerle al livello in cui si trovano, continueranno a diseredare sé stessi.

Conclusioni

Quando aumentano le tasse, il tasso di crescita della ricchezza personale diminuisce. Tale tasso diminuisce perché i clienti hanno una gamma ridotta di scelte a loro disposizione. Avrebbero potuto aumentare i loro risparmi per effetto di una più ampia gamma di scelte, ma non è andata così: lo stato ha confiscato il loro denaro.

E' difficile convincere gli elettori che la tassazione rappresenta una riduzione del tasso della crescita economica. Perché? Perché c'è stata una crescita economica senza precedenti nel mondo: dal 1800 fino ad oggi. L'unico decennio in cui non c'è stata una crescita economica costante in Occidente è stato il decennio della Grande Depressione: gli anni '30. La gente tende ad ignorare la connessione causa/effetto in economia. Inoltre non capisce questo principio morale: "Tu non ruberai, anche se avrai la maggioranza dei voti." Quindi continuano a votare per quei programmi di stato che redistribuiscono la ricchezza, sempre nella speranza che i ricchi paghino con una percentuale maggiore del loro reddito rispetto al contribuente comune.
Ma lo stato non è mai contento di tassare solo i ricchi. Lo stato vuole che ogni cittadino produttivo paghi la sua quota, il che significa sempre di più.

Il comportamento degli elettori non cambierà fino a quando non saranno intrappolati dal debito pubblico, ammassato in nome di entrate fiscali prevedibili. Ma le entrate fiscali non saranno sufficienti per soddisfare gli obblighi dello stato. Lo stato non sarà più in grado di prendere in prestito a tassi d'interesse bassi.

L'iperinflazione non funzionerà, perché lo stato ha fatto promesse di lungo termine e l'iperinflazione può durare solo pochi anni prima che la valuta venga distrutta. Ma le promesse politiche rimarranno. Gli elettori sono molto simili al popolo d'Israele al tempo di Samuele. Non ascoltano la tesi secondo cui lo stato confisca una gran parte della loro ricchezza. Pensano sempre che risulteranno vincitori nel processo di redistribuzione della ricchezza. Risulteranno perdenti, perché non si specializzano tra le elezioni. I vincitori sono gli specialisti nell'evasione fiscale e nella redistribuzione della ricchezza: le grandi aziende e le industrie che assumono avvocati altamente qualificati, commercialisti e lobbisti. Un elettore non può influenzare l'esito di un'elezione. Un lobbista può influenzare la formulazione di un disegno di legge fiscale da 1,000 pagine. Chi beneficia di più dalla specializzazione politica? Ci sono tre modi in cui gli elettori possono rinsavire. Il primo passa per una trasformazione morale. Possono decidere di non rubare per mezzo della cabina elettorale. In secondo luogo, possono capire la tesi economica secondo cui vengono resi più poveri dal sistema fiscale.

In terzo luogo, possono imparare la lezione così come la impararono gli ebrei sotto il re Roboamo: l'aumento delle tasse porterà ampio dolore a tutti quelli che sono diventati dipendenti dal processo di trasferimento statale della ricchezza. Quando l'asta per i voti infine indebolirà l'economia, gli elettori potranno decidere di affidarsi al processo del libero mercato: acquisire la proprietà dei beni altrui per mezzo dello scambio volontario, e non della coercizione. Potranno finalmente abbandonare questo comandamento: "Tu non ruberai, a meno che non avrai la maggioranza dei voti."

NEQCUTN: "Non esiste qualcosa come una tassa neutrale."

Murray N. Rothbard, *Power and Market* (1970):
https://mises.org/library/power-and-market-government-and-economy

Capitolo 6: Il Credito Devia la Produzione

Chi garantisce per un estraneo si troverà male, chi avversa le strette di mano a garanzia, vive tranquillo.
(Proverbi 11:15)

Il vecchio termine, *contratto fideiussorio*, non è tanto usato oggi. Il termine più usato è questo: *fideiussione*. Il seguente avvertimento è tanto valido oggi quanto lo era ai tempi di Salomone: non fare da garante per un estraneo. Ma Salomone si spinse oltre: non fare da garante nemmeno per un amico (Proverbi 6:1-5).

Quando si fa da garanti, si diventa la garanzia di un prestito. Un creditore ha deciso che un persona richiedente un prestito non possiede garanzie sufficienti. Il mutuatario non avrebbe modo di rimborsare il prestito, qualora i suoi piani andassero storti. Non ha beni negoziabili sufficienti. In altre parole, *ha un basso rating di credito*. Il creditore non vuole concedere il prestito in base a questi termini. Quindi il potenziale mutuatario cerca qualcuno che abbia le garanzie necessarie e che abbia un buon rating di credito. Di conseguenza chiede a questa persona di fare da garante per il prestito. Quindi se dovesse andare in bancarotta, il creditore si rivolgerà all'amico del debitore. Sarà l'amico del tipo insolvente che dovrà ripagare il prestito.

Salomone raccomandò che nessuno facesse da garante nemmeno per un amico.

Se è una cattiva idea fare da garante per un amico, è un'idea ben peggiore fare da garante per un estraneo.

Dovrebbe essere chiaro da questa coppia di proverbi che il credito distorce la produzione. Il capitale produttivo si sposta da un investimento ad un altro. L'aspirante mutuatario non aveva credito sufficiente per giustificare questo spostamento. Solo dopo che il suo amico gli fa da garante, il creditore è disposto a deviare la produzione (ovvero, beni capitali utilizzati nella produzione) dalla sua opportunità d'investimento considerata prioritaria ad una nuova. Non avrebbe deviato il suo capitale se non ci fosse stato nessuno che avrebbe fatto da garante. In questo modo viene ridotto il rischio di default per il creditore, la cui scala d'opportunità d'investimento vede salire in cima la concessione di un prestito.

Con questo in mente, consideriamo l'economia dei prestiti statali alle imprese.

1. Il Proprietario

Chi sono i proprietari e che cosa possiedono?

Ci sono due proprietari: il creditore e il mutuatario. Il creditore possiede il denaro. Questo è un bene capitale. Potrebbe essere usato per il consumo, ma il proprietario è un capitalista. Preferisce utilizzare i suoi soldi per guadagnare ancora più soldi in futuro. Va alla ricerca di quei mutuatari con buon rating di credito a cui concedere prestiti. Dato che il creditore possiede il denaro, ciò che possiede è facile da comprendere.

Ciò che non è facile da comprendere è quello che possiede il mutuatario: merito di credito (ad un certo tasso d'interesse). Questo è ciò che non si vede. Henry Hazlitt si espresse così:

«Aleggia una strana idea all'estero, nella mente di tutti quegli scroccati monetari: il credito è qualcosa che un banchiere dà ad un uomo. Il credito, al contrario, è qualcosa che un uomo ha già. Ce l'ha, forse, perché possiede già beni negoziabili di un valore monetario superiore al prestito che vuole accendere. O ce l'ha perché l'ha guadagnato col suo carattere e le sue azioni passate. Poi lo porta con sé in banca. È per questo che il banchiere gli concede il prestito. Il banchiere non sta dando via qualcosa in cambio di niente. Percepisce che verrà rimborsato. Sta semplicemente scambiando un bene più liquido con uno meno liquido. A volte commette un errore, e allora non è solo il banchiere che ne soffre, ma l'intera comunità; i valori che avrebbero dovuto essere prodotti dal creditore, non vengono prodotti e le risorse vengono sprecate.»

In ogni transazione economica c'è uno scambio. Lo scambio è *uno scambio di proprietà*, in modo permanente o temporaneo. Nel nostro caso, si tratta di uno scambio temporaneo di proprietà. Il possessore del denaro lo presta ad un mutuatario. Che cosa riceve in cambio? Riceve una promessa di rimborso, più un pagamento supplementare. Il tasso d'interesse -- il prezzo del prestito -- è compreso nel contratto. C'è specificata anche la durata del prestito: il termine per il rimborso.

Il creditore sa bene di non dover dare via qualcosa in cambio niente. Allora che cosa fa? Stipula una promessa scritta di rimborso. Cerca qualcuno che possieda un buon rating di credito.

È tale rating il bene che sta alla base della promessa scritta di rimborso. Pertanto il mutuatario è una persona con il capitale. Questo capitale rappresenta la sua reputazione come partecipante affidabile al mercato.

Poiché entrambi i partecipanti allo scambio sono proprietari di capitale, ciò rende il loro scambio economicamente razionale. Poiché ognuno di loro è un proprietario, ognuno di loro avrà la sovranità legale per fare lo scambio. Ognuno di loro possiederà i diritti di proprietà nelle loro rispettive forme di capitale. I diritti di proprietà significano immunità contro la coercizione, sia contro quella degli altri cittadini sia contro quella dello stato. La minaccia è questa: lo stato può revocare alcuni, o tutti, questi diritti di proprietà.

2. La Finestra

Poiché ognuno dei partecipanti ha il diritto di fare uno scambio, ognuno di loro può agire per raggiungere i propri obiettivi. Ognuno di loro cerca di migliorare la sua situazione. Il possessore del denaro vuole più soldi in futuro. Il proprietario di un buon rating di credito vuole usare quel denaro nel corso di un determinato periodo di tempo. Quindi prende in prestito quel denaro e lo utilizza secondo questi termini: ripagherà il creditore in futuro. Ciò consente ad un mutuatario di comprare beni di consumo o beni di produzione. È in grado di utilizzare questo denaro per raggiungere i suoi obiettivi.

Se è un capitalista, comprerà beni strumentali, materie prime, lavoro e forse terra dove potrà gestire un'attività.

Lo fa nella speranza di produrre un prodotto, o servizio, che i clienti in futuro riterranno utile. Pensa che saranno disposti a pagarlo più di quanto egli abbia pagato l'acquisto, o l'affitto, dei beni e servizi necessari alla produzione. In altre parole, compra ad un prezzo basso e vende ad un prezzo alto. Il prestito che riceve dal capitalista gli consente di servire meglio le esigenze dei clienti. Se i suoi piani avranno successo, raccoglierà un profitto e poi rimborserà il prestito con gli interessi. Il creditore otterrà ciò che vuole. Il mutuatario otterrà ciò che vuole. I clienti otterranno ciò che vogliono. L'investimento iniziale porterà ad una maggiore produzione, che a sua volta porterà ad una maggiore soddisfazione dei clienti.

In ogni caso, il proprietario dei beni agisce per conto dei clienti, vale a dire, i proprietari del denaro. Ogni proprietario di beni è un rappresentante, economicamente parlando, di questi clienti. Naturalmente questi clienti possono decidere di astenersi dal consumo. Hanno il diritto legale di non acquistare beni e servizi. Ma, da un punto di vista economico, i capitalisti devono operare come agenti dei clienti. Dato che i clienti hanno il denaro, e il denaro è il bene più commerciabile, i clienti sono l'autorità.

3. Il Sasso

In questa serie di accordi volontari arriva lo stato che tassa gli individui e le imprese al fine di ottenere entrate. Contrae anche prestiti con determinati creditori. In alcuni casi, prende in prestito denaro dalle banche centrali, le quali creano nuovo denaro dal nulla per acquistare i Pagherò dello stato.

Poi lo stato mette questi soldi a disposizione delle imprese. Concede prestiti ad un tasso d'interesse che è inferiore a quello che il mutuatario avrebbe dovuto pagare nel mercato dei capitali privati. C'è una ragione per cui il mutuatario dovrà pagare di più nei mercati dei capitali privati: ha un basso rating di credito.

Questo è un altro modo per dire che il rischio del mutuatario è più elevato rispetto a quello di altri mutuatari nel mercato dei prestiti. Banchieri e altri potenziali finanziatori hanno esaminato il passato creditizio di questa persona e hanno stabilito che ha un cattivo rischio di credito ad un tasso d'interesse basso. Affinché possa essere degno di un prestito, deve pagare un tasso d'interesse superiore per compensare i creditori. Quindi gli conviene provare la carta dello stato.

Lo stato poi determina che questo mutuatario è meritevole di un prestito. Lo stato prende una parte del denaro che ha confiscato ai contribuenti e lo consegna nelle mani del mutuatario. Lo fa ad un tasso d'interesse inferiore a quello di mercato. I creditori privati avrebbero chiesto di più al mutuatario, dato il suo basso rating di credito.

Lo stato si comporta così per un motivo: tali prestiti sono popolari tra gli elettori. Inoltre non è il denaro dello stato quello a rischio. L'anno fiscale successivo raccoglierà più soldi. Fino a quando i politici ritengono positivo finanziare l'apparato statale con più soldi confiscati, avranno una fonte sicura di finanziamenti da cui attingere. In altre parole, lo stato non agisce in modo economico; agisce in modo politico.

4. I Costi

Non otteniamo mai niente per niente. Pertanto dobbiamo seguire il denaro. Dobbiamo cercare ciò che non si vede.

Ecco ciò che la maggior parte delle persone non vede. In primo luogo, quel denaro che sarebbe stato prestato a mutuatari con un rating di credito elevato, viene confiscato dallo stato. In secondo luogo, quei mutuatari che avrebbero ottenuto i prestiti in base al loro rating di credito elevato, non li ottengono perché lo stato dà il denaro a mutuatari con un alto rischio di credito a tassi d'interesse al di sotto di quelli di mercato.

Poi ci sono i clienti futuri di quei mutuatari che avrebbero utilizzato il denaro preso in prestito per produrre. Inutile dire che tale produzione non ci sarà, perché non hanno avuto accesso al credito. Poiché c'è meno denaro a disposizione dei finanziatori privati a causa della confisca statale, i creditori non sono in grado di prestare i soldi ai mutuatari meritevoli. I clienti futuri di questi mutuatari ne pagano il prezzo. Non ne percepiscono la gravità perché non vedono quei prodotti che altrimenti sarebbero stati creati. Questo è ciò che non si vede.

Poiché i mutuatari a cui lo stato presta denaro hanno un rischio di credito più elevato, questi prestiti sono sottoposti ad un alto tasso di default. Chi paga per questi prestiti? Chi fa da garante? I contribuenti. Non sanno di esserlo, ma è così. Lo stato che ha confiscato il denaro ai contribuenti, non persegue i mutuatari ormai in bancarotta. Si limita semplicemente a cancellare i prestiti. Questo è uno spreco di capitale. Ma poi, come un orologio svizzero, l'anno fiscale successivo lo stato rimpolpa questi fondi perduti. Chi ci perde sono i contribuenti.

Lo stato concede questi prestiti ponendo i contribuenti come garanti, ma senza che quest'ultimi lo sappiano. I contribuenti pagano lo stato l'anno fiscale successivo.

Poiché i clienti si ritrovano una gamma ridotta di scelte, sono più poveri. Non lo percepiscono chiaramente, perché non comprendono ciò che non si vede: beni e servizi che altrimenti sarebbero stati offerti loro, ma che invece non sono stati prodotti. Perché? Perché lo stato ha confiscato la ricchezza ai potenziali creditori e perché poi l'ha prestata a produttori senza esperienza e senza un buon rating di credito, ma che si sono qualificati in termini di criteri politici piuttosto che criteri economici. Da un punto di vista politico, erano i mutuatari giusti.

Naturalmente ci sono alcuni clienti che ne traggono beneficio. Questi sono i clienti di quelle aziende che non sono andate in bancarotta grazie ai prestiti dello stato. Questi clienti hanno potuto soddisfare i loro bisogni, ma se lo stato non avesse confiscato i soldi ai contribuenti, suddetti clienti avrebbero dovuto pagare di più quei beni e servizi da loro desiderati. Questo perché ci sarebbero stati meno beni e servizi offerti loro. Gli imprenditori e i capitalisti che avrebbero preso in prestito i soldi nei mercati privati, avrebbero prodotto un insieme diverso di prodotti e servizi. Avrebbero servito altri clienti.

Quindi c'è una redistribuzione di ricchezza tra alcune categorie di clienti. Né i politici, né i clienti lo percepiscono, ma questo è il risultato inevitabile dell'intervento sul mercato da parte dello stato.

Conduce alla riduzione della produzione e al sovvenzionamento artificiale di determinati gruppi di clienti. Questi ultimi sono sovvenzionati da quei clienti che non hanno trovato i beni e servizi che sarebbero stati disposti ad acquistare in assenza dell'intervento dello stato.

5. Le Conseguenze

Il risultato di tale intervento, come sempre, riduce la crescita economica. I produttori presenti sul mercato che hanno un buon rating di credito e che erano disposti a prendere in prestito denaro dai creditori, non ottengono l'accesso al denaro di cui hanno bisogno. Questo riduce la produzione. Allo stesso tempo, quei mutuatari che si sono qualificati politicamente affidabili per ottenere i prestiti statali, hanno prodotto qualcosa; ma a causa del loro rischio di credito più elevato, il tasso d'insolvenza supera quello più comune tra i creditori privati. Questo capitale viene sprecato. Non può essere prestato l'anno successivo, perché non ritorna mai allo stato. Invece, il mutuatario va in default per il prestito.

Il credito fornito dallo stato sottrae linfa vitale ai produttori con alti rendimenti, i quali avrebbero potuto soddisfare le richieste dei loro clienti. Viene, quindi, stimolata la produzione dei produttori ad alto rischio. Questo è una sorta di sovvenzionamento a quei produttori ad alto rischio affinché non vadano in default per i loro prestiti. In altre parole, il capitale viene deviato dai produttori a basso rischio e con alti rendimenti, verso produttori ad alto rischio e con bassi rendimenti. Questo riduce la produzione. Conduce a tassi ridotti di crescita economica.

Conduce ad una riduzione dell'apporto di capitale. Conduce, quindi, ad una riduzione della ricchezza pro-capite della società.

Conclusioni

L'esistenza di vari tipi di sussidi alle imprese, in particolare quelle orientate all'esportazione, è una vecchia storia. Risale al mercantilismo nel XVI secolo. Nel 1776 Adam Smith fece del suo meglio per confutare gli errori del mercantilismo, ma quegli errori ancora persistono. In generale i soldi deviati dallo stato finiscono nelle tasche delle grandi imprese, ma la giustificazione politica è sempre la stessa: aiutare le piccole imprese con prestiti statali. Questa giustificazione è paragonabile a quella per le sovvenzioni agricole. Una percentuale schiacciante dei sussidi agricoli finisce nelle tasche delle grandi organizzazioni agroalimentari, ma la giustificazione ufficiale è sempre quella di salvare i piccoli agricoltori che rappresentano circa il 2% della popolazione americana. Le grandi imprese sono molto più brave a fare lobby rispetto alle piccole imprese. Hanno più soldi da spendere. Gli elettori sentono parlare di prestiti alle piccole imprese, in modo che accettino l'idea dei prestiti statali. Ciò fornisce copertura politica. Ciò che non si vede è questo: la maggior parte del denaro finisce alle grandi imprese. Lo stato fa letteralmente da garante, cosicché le grandi imprese poi possano prendere in prestito denaro da tale istituzione. I creditori ne traggono beneficio, perché credono di avere un garante solvibile. Le grandi banche, le grandi imprese e i grandi governi succhiano i soldi dalla popolazione, e l'agenzia di questa confisca fa da garante.

Seguite il denaro.

Henry Hazlitt, "Will Foreign Loans Make Us Rich?" (1947): https://mises.ca/posts/articles/will-foreign-loans-make-us-rich

Gary North, "Spiazzare la Nostra Ricchezza Futura" (2010): https://francescosimoncelli.com/2010/10/spiazzando-la-nostra-ricchezza-futura.html

Gary Galles, "Why the Cost of Government Is Higher Than You Think" (2014): https://mises.org/library/why-cost-government-higher-you-think

Capitolo 7: La Maledizione dei Macchinari

E quello stesso giorno il Faraone dette quest'ordine agli ispettori del popolo e ai suoi sorveglianti: "Voi non darete più, come prima, la paglia al popolo per fare i mattoni; vadano essi a raccogliersi della paglia! E imponete loro la stessa quantità di mattoni di prima, senza diminuzione alcuna; perché son de' pigri; e però gridano dicendo: Andiamo a offrir sacrifizi al nostro Dio! Sia questa gente caricata di lavoro; e si occupi di quello senza badare a parole di menzogna".
(Esodo 5:6-9)

Ci sono tre questioni da considerare: teologica, giudiziaria ed economica. Dal punto di vista teologico c'è questa domanda: "Chi è Dio? Gli dèi d'Egitto o il Dio di Mosè?" Dal punto di vista giudiziario c'è questa domanda: "Chi ha rappresentato Dio nella storia, il Faraone o Mosè?" Dal punto di vista economico c'è questa domanda: "Una diminuzione della divisione del lavoro rende gli uomini più poveri?"

Secondo la teologia politeista dell'Egitto, il Faraone era un dio. Era il collegamento primario tra il regno degli dèi e quello degli uomini. Lo stato egiziano era quindi divino. Il Faraone era all'apice della piramide del potere terreno. Mosè mise in discussione questa teologia. Il Faraone lo capì. "E il Faraone disse, chi è questo Signore a cui debba ubbidire e lasciar andare Israele? Non conosco questo Signore, né lascerò partire Israele!" (v. 2).

Mosè, in quel momento del confronto, non stava chiedono l'esodo. Stava esigendo -- non chiedendo -- che agli ebrei fossero concesse tre giornate di vacanza dai loro lavori forzati per partecipare ad una festa d'alleanza, e poi tornare. Il Faraone riconobbe che si trattava di un attacco alla sua divinità e quindi alla legittimità dello stato egiziano. Quella sarebbe stata una festa di liberazione. Si rifiutò di lasciarli andare. Questo innescò il confronto pubblico tra le due culture. Una era completamente statalista, l'altra no.

Il Faraone impose sanzioni negative agli ebrei, ma non su Mosè. Cercava di indebolire la figura di Mosè agli occhi della gente. La punizione era economica: il rifiuto del faraone di fornire paglia agli schiavi ebrei. La paglia era un componente necessario per i mattoni. Questa nuova regola imponeva un compito in più sugli schiavi: la raccolta della paglia. Questo diminuiva la divisione del lavoro. Aumentava i costi di produzione. Aumentava quindi il carico di lavoro degli schiavi. Era questo l'obiettivo dell'editto. Il Faraone comprendeva bene l'economia di base. Cosa sarebbe successo se un inventore dopo questo editto avesse inventato un modo per aumentare la produzione dei raccoglitori di paglia? Cosa sarebbe successo se avesse inventato una lama in grado di dimezzare il lavoro dei raccoglitori? Questa invenzione avrebbe aumentato la divisione del lavoro tra gli ebrei? Naturalmente. Avrebbe diminuito il carico di lavoro degli schiavi? Naturalmente. Avrebbe rappresentato un vantaggio per gli schiavi? Naturalmente. Il Faraone ne avrebbe bandito l'uso? Naturalmente.

Un problema che dobbiamo affrontare oggi è il seguente: i politici moderni imitano il Faraone.

Adottano una politica simile: limitare l'introduzione di strumenti che aumentano la divisione del lavoro e quindi aumentano la produttività dei lavoratori. Lo fanno per la stessa ragione per cui l'avrebbe fatto il Faraone: aumentare la quantità di lavoro necessario per completare compiti specifici. C'è una differenza: i politici giustificano questa disposizione come misura umanitaria. Il Faraone lo sapeva bene. Era un economista migliore dei politici di oggi.

Consideriamo l'economia che sta dietro all'avversità nei confronti di quelle macchine che permettono di risparmiare lavoro.

1. Il Proprietario

Chi sono i proprietari, e che cosa possiedono?

Ci sono diversi proprietari: un inventore di un'idea, un cliente con soldi da spendere, un capitalista con soldi da investire, un uomo d'affari con capacità organizzative, un proprietario di materie prime o terreni, e un operaio con il proprio lavoro. Ognuno di loro è il titolare legale di qualsiasi bene in proprio possesso. Possiedono il diritto legale di escludere gli altri -- l'essenza della proprietà. Ognuno di loro vuole trarre vantaggio dalla sua proprietà. Ciascuno di loro ha bisogno della cooperazione degli altri. Hanno il potenziale di aumentare la loro ricchezza attraverso la cooperazione.

Tutti beneficiano da un ordinamento giuridico basato sulla proprietà privata. Ciò significa che il libero mercato è di per sé un bene economico.

I diritti legali di proprietà sono beni, ma tali beni sono giuridicamente diversi dalle altre forme di proprietà: non possono essere acquistati e venduti sul mercato. Prendete in considerazione i lavoratori, dal momento che la perdita di un posto di lavoro è il cuore del risentimento nei confronti delle macchine. I lavoratori possiedono il diritto di affittare le loro prestazioni lavorative. Alcune tecniche di produzione nuove possono, o non possono, portare ad un reddito maggiore per tutti loro. Se diventano abili a sfruttare le nuove macchine, potranno beneficiare di un aumento dei salari. Ma potranno essere licenziati se il costo della produzione marginale delle macchine sarà inferiore ai loro servigi. Le macchine non interferiscono con il diritto legale dei lavoratori di fare offerte ai datori di lavoro. Non possiedono i loro posti di lavoro; possiedono solo il diritto di fare un'offerta per un posto di lavoro. *Nessuno possiede un lavoro.* Quest'ultimo è il risultato di offerte reciproche: datori di lavoro contro datori di lavoro, e lavoratori contro lavoratori. I lavoratori non sono gli unici proprietari coinvolti nell'introduzione di nuovi macchinari. Tutti i proprietari possono esserne influenzati. Ma la questione giuridica e morale è il diritto di tutti i proprietari di fare offerte.

2. La Finestra

L'imprenditore, l'inventore della nuova macchina, il proprietario delle risorse, il proprietario del capitale e il lavoratore agiscono tutti come agenti economici dei clienti futuri. I clienti detengono l'autorità perché possiedono la merce più commerciabile: il denaro. Le loro decisioni future determineranno quali imprese, quali inventori e quali lavoratori avranno soddisfatto con successo i loro desideri.

Il sistema delle sanzioni economiche in un'economia di libero mercato, induce i produttori a servire le esigenze dei clienti. Quindi, dal punto di vista dei clienti, è irrilevante se sia una macchina o un essere umano a produrre ciò che vogliono acquistare. I clienti vogliono staccare il miglior affare possibile. Se l'uso delle macchine porta ad una diminuzione dell'occupazione per alcuni lavoratori, i clienti ne saranno probabilmente a conoscenza e ciononostante non se ne preoccuperanno. Sono solamente interessati a loro stessi. A questo proposito, non sono diversi dall'uomo d'affari che decide di comprare una macchina, dall'inventore che vende la macchina e dagli operai che utilizzeranno le macchine per aumentare la loro produzione personale e, quindi, conservare il loro lavoro.

Se la macchina diminuisce il costo del lavoro per le imprese, allora con ogni probabilità l'uomo d'affari deciderà di aumentare la produzione totale per vendere ad un numero maggiore di clienti. Per farlo, l'azienda dovrà abbassare i prezzi dei prodotti finali. Questo è un vantaggio per i clienti, anche se non sarà un vantaggio per le imprese rivali, i lavoratori rivali e i venditori rivali di macchinari. Ma il sistema di libero mercato non è strutturato in modo da avvantaggiare i produttori a scapito dei clienti; esso è il risultato di un sistema di proprietà privata che va a beneficio dei clienti. Questi ultimi gridano: "Che vinca il migliore -- scelto da noi."

3. Il Sasso

Il sasso viene lanciato contro le macchine. I politici lo lanciano dicendo di voler proteggere i posti di lavoro.

I politici ignorano i clienti. Ignorano i lavori futuri. Questo è ciò che non si vede. "I lavoratori possiedono i posti di lavoro!" Invece non è così.

Solo raramente gli stati vietano l'uso dei macchinari in maniera diretta, vale a dire, approvando una legge contro una particolare macchina. Invece gli stati concedono un monopolio d'autorità a certi gruppi, i quali possono limitare l'uso di nuove attrezzature.

Se una nuova tecnica di produzione prevede l'uso di nuovi macchinari, allora è possibile che riceva numerose critiche, soprattutto da parte dei membri dei sindacati. I sindacati godono di particolari privilegi concessi dallo stato. Quando un sindacato riceve la maggioranza dei voti tra i dipendenti di un'attività, da quel momento in poi rappresenterà tutti i lavoratori e lo stato non permetterà all'azienda di licenziare i dipendenti per poi assumere dei sostituti. Si tratta di un privilegio monopolistico. Quindi l'azienda può esitare nell'introdurre nuovi macchinari. Non vuole che i lavoratori scioperino. I lavoratori possono opporsi all'uso dei macchinari, a meno che il datore di lavoro non garantisca l'assenza di licenziamenti in risposta alla maggiore produttività. Per il datore di lavoro diviene più costoso utilizzare i nuovi macchinari.

Spesso gli stati non introducono nuovi macchinari, o tecniche di produzione, per aumentare la propria produttività. I loro dipendenti si oppongono. Questo è un vantaggio per il settore privato, perché può introdurre nuove tecniche di produzione che tendono a sfuggire alla struttura di regolamentazione statale.

Un modo per contrastare l'ostilità nei confronti dei nuovi macchinari, è quello di porre questa domanda: "Sarebbe saggio vietare l'uso delle pale e obbligare l'uso di cucchiai per la costruzione di nuove autostrade" No? "Sarebbe saggio vietare l'uso di bulldozer e quindi assumere più lavoratori che possono utilizzare solo pale?" No? "Allora perché vietare i nuovi macchinari?"

Il sasso distrugge anche il sistema legale della proprietà. La minaccia alla proprietà privata rappresentata dall'intervento statale, riduce la ricchezza di tutti gli attori di mercato. Il valore della proprietà privata scende perché aumenta il costo di difenderla dagli attacchi dello stato.

4. I Costi

Ogni volta che le normative statali limitano l'uso di nuovi macchinari, o di nuove tecniche di produzione, si violano i diritti di proprietà di imprenditori, inventori e clienti che si ritrovano a pagare prezzi più elevati per qualunque cosa vogliano acquistare, quando invece avrebbero potuto beneficiare di prezzi inferiori grazie ai nuovi macchinari.

C'è il costo base di tutte le interferenze statali, vale a dire, la violazione dei diritti di proprietà. Questo irrita le vittime. Questo costo non dovrebbe mai essere ignorato. Però di solito lo è, e quando non viene ignorato è respinto come un'apologia in favore dei ricchi.

In ogni caso, è chiaramente una negazione dello stato di diritto. Anche questo rappresenta un costo d'esercizio.

È vero che alcuni lavoratori potrebbero non perdere il posto di lavoro a seguito del divieto d'uso dei nuovi macchinari, ma questo vale solo per un breve periodo di tempo. Le aziende rivali hanno quindi la possibilità di acquistare i macchinari e iniziare la produzione. Tali imprese sono in grado di battere sul prezzo quelle a cui è stato impedito l'uso dei nuovi macchinari.

Se il divieto è nazionale, allora le imprese straniere potranno comprare i macchinari, aumentare la produzione e battere sul prezzo i produttori nazionali a cui era stato precluso l'uso dei nuovi macchinari, o delle nuove tecniche di produzione. La concorrenza è internazionale. I sassi lanciati dentro i confini di una nazione indeboliscono la competitività dei lavoratori e degli imprenditori interni. I dipendenti di queste imprese perderanno il lavoro in ogni caso, perché le aziende si troveranno ad affrontare mercati in contrazione. L'azienda potrebbe anche andare in bancarotta.

5. Le Conseguenze

Il risultato delle restrizioni statali all'uso di nuovi macchinari, o di nuovi processi di produzione, riduce inevitabilmente la ricchezza di quei clienti che ne avrebbero acquistato i prodotti, ma che si rifiutano di comprare perché i prezzi restano alti. Rimangono elevati perché non è stato permesso l'uso dei nuovi macchinari. Clienti che hanno risparmiato denaro avrebbero speso tali soldi per altre cose. Avrebbero potuto acquistare altri beni di consumo. Avrebbero potuto investirli in beni di produzione, che a loro volta avrebbero portato alla produzione di più beni e servizi. Ma questo non accade quando i governi limitano l'uso dei macchinari.

Il risultato complessivo dei divieti statali è quello di aumentare i costi di produzione e quindi diminuirne la produzione stessa. Questo rallenta il tasso della crescita economica per la popolazione in generale. Questo nel lungo periodo riduce la ricchezza delle persone.

Conclusione

L'ostilità nei confronti di strumenti in grado di ridurre il lavoro, si concentra tra i dipendenti di aziende specifiche che contemplano l'acquisto di tali attrezzature. Di solito la popolazione non se ne preoccupa più di tanto. In realtà, alla popolazione non importa come vengono prodotti beni e servizi.

I clienti agiscono nel loro interesse personale. Sono sempre alla ricerca di affari migliori. Non chiedono che tipo di macchinari abbia reso possibile questi affari. Non chiedono quanti dipendenti sono stati assunti o licenziati a seguito dell'uso di questi macchinari. In questo caso, ciò che non si vede -- i lavoratori disoccupati -- sono dalla parte di coloro che favoriscono il libero mercato. Negli ultimi 250 anni gli stati occidentali non hanno avuto successo nel limitare l'uso di nuove attrezzature in grado di ridurre il lavoro.

È per questo che l'occidente ha sperimentato un notevole sviluppo economico, decennio dopo decennio. I dipendenti sono preoccupati per l'uso di tali attrezzature, ma a meno che non siano membri di sindacati, probabilmente non avranno successo nel persuadere lo stato a limitare l'introduzione di un macchinario specifico, in un settore specifico, in una società specifica.

I politici non rispondono a meno che i lavoratori non riescano a convincere un sacco di elettori alle elezioni successive. Le aziende in un settore specifico hanno maggiori probabilità di mobilitare grandi quantità di denaro per le campagne elettorali rispetto ai lavoratori.

C'è un altro fattore economico importante che ostacola l'introduzione di grandi restrizioni all'uso di nuovi macchinari: la maggior parte degli aumenti di produzione non deriva dall'uso di nuovi macchinari; proviene dall'aumento dell'efficienza di computer e software. È molto più economico migliorare i software piuttosto che inventare, brevettare, produrre, vendere e distribuire un macchinario. Al distanziarsi della produzione dalla manifattura e all'avvicinarsi ai servizi, le restrizioni all'uso dei macchinari diventano sempre meno rilevanti. Non esiste quasi più resistenza politica contro l'introduzione di un software specifico in un'attività imprenditoriale specifica. Questa è una buona notizia.

Ci viene detto che l'uso della robotica computerizzata porterà ad una disoccupazione di massa. Finora non ci sono prove a sostegno di quest'affermazione. In ogni caso, che cosa può fare lo stato a questo proposito? Come può limitare l'implementazione di aggiornamenti dei software?

Capitolo 8: Programmi per Creare Lavoro

Non m'è lecito far del mio ciò che voglio? O vedi tu di mal occhio ch'io sia buono?
(Matteo 20:15)

Questa rappresenta la difesa più potente a sostegno della proprietà privata nel Nuovo Testamento. L'unica affermazione più autorevole si trova nel Vecchio Testamento quando Dio limita l'accesso all'albero proibito (Genesi 2:17).

Mediante queste due domande retoriche, Gesù contestava l'idea che un attore di mercato subente un danno in una transazione -- un lavoratore mattiniero -- avesse un diritto morale con effetto retroattivo nei confronti del datore di lavoro, il quale aveva raggiunto un accordo con il lavoratore e che quindi aveva rispettato i termini del contratto iniziale.

Il contesto di questa difesa dei diritti di proprietà era una parabola. Gesù descrisse un uomo che possedeva una vigna. Siffatto proprietario voleva creare lavoro. Voleva portare il maggior numero di lavoratori che poteva nella vigna, dimodoché avessero avuto un'occupazione. Ovviamente anche tale proprietario aveva i suoi obiettivi. Voleva assicurarsi che la vigna sarebbe stata curata e resa più produttiva, ma la sua motivazione iniziale era quella di aiutare gli altri a ottenere un impiego. Così, un bel mattino, andò da un gruppo di lavoratori disoccupati e fece loro un'offerta.

Li avrebbe assunti per un giorno al costo di un centesimo.[5] Nella terza ora, il che significava alle 9:00, andò di nuovo in cerca di altri lavoratori. Ne trovò alcuni che erano inattivi, in attesa di lavoro. Li assunse e promise loro un salario onesto per una giornata di lavoro onesta. Si fidarono, così si recarono presso la vigna a lavorare. Il proprietario ripeté la stessa operazione alla sesta ora, alla nona ora e all'undicesima ora. In ogni caso, promise ai lavoratori di pagarli in modo equo.

Alla fine della giornata di lavoro, pagò un centesimo ad ogni uomo. Questo era quello che aveva offerto a coloro che erano stati assunti al mattino presto. Coloro che erano stati assunti in seguito non si lamentarono, perché sarebbero stati pagati tanto quanto quelli che erano arrivati prima.

Invece si lamentarono coloro che erano stati assunti prima. La loro paga era uguale a quella di tutti gli altri, ma questi ultimi avevano lavorato meno ore. Gli altri non si lamentavano, anche se la maggior parte di loro aveva lavorato più dell'ultimo gruppo, che era stato assunto all'undicesima ora e stava per essere pagato con lo stesso ammontare. Gli ultimi arrivati sapevano che si trattava di un buon affare, perché sarebbero stati pagati di più rispetto a quelli che erano stati assunti all'inizio della giornata lavorativa. Perché lamentarsi?

Il primo gruppo si lamentava. Il padrone della vigna aveva pronta una risposta specifica: "Ma egli, rispondendo a uno di loro, disse: Amico, io non ti faccio torto: Non hai forse convenuto con me per un soldo?

---

5   Il contesto in cui venne raccontata questa parabola era precedente alla comparsa di una qualsiasi banca centrale; l'offerta sembrava plausibile a Gesù.

Prendilo, è tuo, e poi vattene; io darò a tutti quanto ho dato a te" (vv. 13-14). Poi rimarcò la sua vera proprietà: aveva il diritto di fare quello che voleva con ciò che possedeva.

Il suo obiettivo era quello di creare lavoro. Voleva assumere quanta più gente che poteva ad un salario competitivo. Ciò andava a beneficio della comunità e degli individui assunti. Anch'egli ne beneficiava. Questo era un accordo vincente per tutte le parti in gioco. Ciononostante sorsero lamentele. "Non è giusto!"

La lezione della parabola è duplice. In primo luogo, il modo migliore per creare lavoro è quello di consentire una negoziazione volontaria. In secondo luogo, *il salario appropriato è quel salario pulente il mercato*. Al di sopra di tale numero non ci sono lavoratori disposti a lavorare e non ci sono datori di lavoro disposti ad assumere. Durante tutta la giornata, il datore di lavoro nella parabola si era offerto d'assumere tutti gli uomini disponibili a quell'ora. La sua offerta ripuliva il mercato ogni volta. Solo i primi dipendenti si lamentavano.

1. Il Proprietario

Nella parabola c'erano uomini disposti a lavorare e c'era un uomo disposto a pagarli. Era, quindi, possibile un accordo. Tutti i lavoratori avevano ottenuto ciò che era stato pattuito, ora dopo ora. Il contratto era stato onorato in tutte le sue parti. Se i lavoratori non avessero trovato un datore di lavoro disposto a pagarli quanto chiedevano, non avrebbero guadagnato nulla.

Non avrebbero contribuito ad aumentare la produttività a vantaggio dei clienti futuri e della comunità in generale. Le loro competenze sarebbero state sprecate. La loro produttività sarebbe stata nulla. Questo avrebbe portato ad una produzione economica ridotta, il che avrebbe ridotto la ricchezza dei clienti futuri. Questi ultimi avrebbero avuto una gamma più piccola di merci tra cui scegliere.

Il proprietario della vigna aveva usato bene il suo capitale. Aveva terra, piante di vite e denaro. Aggiungendo il lavoro alla sua terra, sarebbe stato in grado di aumentare la produzione. Questo era uno dei suoi obiettivi. Avrebbe anche incamerato maggiori entrate in futuro, intuendo che i clienti futuri sarebbero stati disposti a pagare per la produzione della sua terra e del lavoro salariato.

La stessa analisi vale per ogni contratto di lavoro. Qualcuno vuole assumere qualcun altro ad un certo prezzo, e il primo ha il diritto di fare un'offerta per coloro che potrebbero essere disposti a fornirgli servizi lavorativi ad un prezzo specifico. Anche i lavoratori possiedono lo stesso diritto di fare un'offerta.

2. La Finestra

Un sedicente datore di lavoro arriva da un gruppo di possibili dipendenti e propone loro un'offerta: tot. ore di lavoro in cambio di una specifica quantità di denaro. Ecco ciò che talvolta viene frainteso. Questo non è un lavoro. Si tratta di un'offerta di lavoro. Troppo spesso le persone confondono le due cose.

Non commettono mai quest'errore concettuale quando parlano di matrimonio. Un uomo può proporre di sposare una donna, ma questo non è un matrimonio. Non c'è matrimonio fino a quando le due parti non si uniscono in uno sforzo comune. Lo stesso vale per un lavoro. Allo stesso modo, un aspirante dipendente può proporre un lavoro ad un aspirante datore di lavoro. La sua offerta ad un potenziale datore di lavoro è giuridicamente valida come quella di un datore di lavoro a degli aspiranti lavoratori. Si tratta di un'offerta. Può anche essere respinta.

Il diritto legale di fare un'offerta è la fonte dei posti di lavoro in una società libera. Questo diritto legale rende possibile la divisione del lavoro. Qualsiasi interferenza da parte dello stato, con il diritto di fare un'offerta, diminuirà il numero delle offerte legali. Questo è l'inevitabile risultato dell'interferenza dello stato nel mercato: diminuire il numero delle offerte legali. Questa legge ridurrà il numero di posti di lavoro, perché riduce il numero di offerte legali. Naturalmente non sto parlando delle offerte di lavoro nel mercato nero. Queste sono illegali e si portano dietro un rischio elevato. Poi ci sono gli aspiranti clienti futuri. Avranno soldi. I clienti di oggi si aspettano un'offerta crescente di beni e servizi d'acquistare domani. Sognano la crescita economica. Il libero mercato è il mezzo attraverso il quale le società permettono ai clienti di unire la loro domanda e offerta.

3. Il Sasso

I politici lanciano un sasso contro una finestra. Lo fanno dopo una promessa politica: ci saranno molti più posti di lavoro.

In primo luogo, i politici dicono che ci sono persone che sono disposte ad accettare offerte di lavoro, ma non c'è chi gliele possa offrire. I politici dicono che una determinata legge creerà posti di lavoro. In secondo luogo, i politici dicono che se lo stato costringe le attività imprenditoriali a pagare salari più alti a qualsiasi dipendente che lavora più di una settimana lavorativa normale, esse potranno assumere nuovi lavoratori al normale salario settimanale. Ovviamente questo rappresenta un sussidio sborsato da coloro che lavorano 40 ore a settimana, e che vorrebbero fare gli straordinari alla stessa paga oraria per guadagnare più soldi. Sono quindi penalizzati. Le loro offerte sono dichiarate illegali. Altri lavoratori, che non sono ancora arrivati a lavorare 40 ore a settimana, hanno il diritto di fare un'offerta per le rimanenti ore della settimana lavorativa.

Si tratta di una legge sul salario minimo. È raro che venga discussa in questi termini, ma le cose stanno così. Influenza tutti i lavoratori che lavorano 40 ore in una settimana. In questo caso i politici colgono con precisione l'effetto inevitabile di questa legge: occupazione ridotta. Capiscono che la legge ridurrà il numero di posti di lavoro per un determinato gruppo di lavoratori: quelli che lavorano 40 ore a settimana e che vogliono lavorare più a lungo per lo stesso salario orario. I politici sostengono che questa legge costringerà le imprese ad assumere lavoratori *part-time* allo stesso salario orario pagato ai lavoratori di 40 ore la settimana. Questi lavoratori *part-time* saranno assunti per fare il lavoro supplementare. I politici sostengono che il lavoratore *part-time* sarà più conveniente d'assumere, poiché le imprese saranno costrette a pagare di più quei lavoratori che già lavoravano 40 ore la settimana. Aumentando il costo degli straordinari, dicono i politici, il salario minimo aumenterà i posti di lavoro.

E l'uomo d'affari che è disposto a pagare un lavoratore che vuole lavorare più ore alla stessa paga oraria? E il lavoratore che è disposto a fare gli straordinari per guadagnare più soldi? Ognuno di loro si pone questa domanda: "Non è lecito che io possa gestire ciò che è mio?" I politici che votano per il salario minimo rispondono: "No".

4. I Costi

Se l'imprenditore decide di pagare di più un lavoratore che vuole lavorare più delle canoniche 40 ore a settimana, stringerà tale accordo solo con i suoi lavoratori più produttivi. Questi lavoratori sono sempre pochi. Valgono i soldi spesi, e li ricevono solo perché lo stato interviene e impedisce all'imprenditore e agli altri membri della forza lavoro di stringere un accordo al salario normale. Il salario minimo incrementa i costi per l'impresa. Le aziende devono quindi ridurre la produzione. L'unica alternativa è quella di assumere lavoratori *part-time*, che sono ovviamente meno efficienti rispetto ai lavoratori a tempo pieno.

Pertanto, tutti i lavoratori che lavorano 40 ore a settimana e vorrebbero fare gli straordinari, dovranno desistere. Dovranno accontentarsi di meno reddito. L'imprenditore può decidere di assumere lavoratori *part-time* al salario normale, ma questi ultimi sono meno produttivi rispetto ai lavoratori a tempo pieno che sono già sul suo libro paga. Si tratta di lavoratori marginali. Questo è il motivo per cui nessuno li ha assunti a tempo pieno. Quindi, anche in questo caso, aumentano i costi di produzione. La produzione cala e i clienti ci perdono.

Ora i produttori esteri e i lavoratori stranieri possono aumentare la loro produzione, mantenendo i prezzi bassi. Diventano più competitivi sul mercato perché non sono soggetti ad una restrizione legale simile. Gli stranieri ricevono un vantaggio; le imprese e i lavoratori interni no. Il salario minimo crea lavoro -- non ci sono dubbi. Crea lavoro per i lavoratori stranieri, ma questo non è ciò che i politici avevano promesso.

A causa di questa legge, tutti nel mercato del lavoro subiscono una perdita di libertà, il che significa una riduzione del valore dei diritti di proprietà legati al lavoro. È raro che i difensori del salario minimo riescano a capire quanto detto finora. Questa legge, quindi, rende la società più povera. Riduce gli accordi volontari che sono reciprocamente vantaggiosi sia per i datori di lavoro sia per i dipendenti.

5. Le Conseguenze

Nel 1946 Hazlitt non comprese quello a cui avrebbe portato le legge sugli straordinari: la progressiva riduzione dei posti di lavoro tra i colletti blu. In primo luogo, le aziende cominciarono a comprare macchinari per sostituire il lavoro degli operai. I macchinari erano diventati redditizi perché lo stato aveva interferito con il mercato del lavoro, causando un aumento del prezzo degli straordinari. Ai macchinari non venivano pagati gli straordinari. Ciò ridusse la capacità del governo federale di diffondere le retribuzioni a prezzo.

In secondo luogo, gli uomini d'affari importavano componenti parzialmente assemblati.

I lavoratori fuori dagli Stati Uniti ottenevano posti di lavoro che i lavoratori interni non potevano più ottenere: la legge limitava la loro capacità di fare straordinari. Ciò ridusse la capacità del governo federale di diffondere le retribuzioni a prezzo.

In terzo luogo, le imprese in tutti gli Stati Uniti iniziarono a ridefinire i lavori manuali come lavori impiegatizi. Ciò ridusse la capacità del governo federale di diffondere le retribuzioni a prezzo. Bisognava pagare gli stipendi a manager. Non venivano pagati a ore. Quindi le aziende spostarono la produzione dal settore manifatturiero al cosiddetto settore dei servizi. I lavoratori dipendenti potevano essere spinti dalla concorrenza degli altri lavoratori a lavorare più di 40 ore settimanali. Poiché lo stipendio dei colletti bianchi era pressoché piatto, ogni ora aggiuntiva di lavoro abbassava il loro tasso di retribuzione oraria. Questo era completamente legale.

I sindacati negli Stati Uniti hanno avuto poco successo nell'organizzare i lavoratori nelle posizioni dirigenziali. In generale, hanno avuto poco successo nell'organizzazione dei colletti bianchi. Invece in Europa occidentale, grazie al loro potere politico, i sindacati hanno avuto maggior successo nel controllo del mercato del lavoro. Però sin dal 1955, in ogni nazione occidentale, è diminuito il contributo alla produzione da parte del settore manifatturiero. Ancora oggi tale contributo non ha smesso di diminuire. I sindacati, con l'appoggio dello stato, hanno aumentato all'inverosimile il costo dei colletti blu; la loro presenza nel mondo del lavoro è diminuita costantemente. Anche l'influenza dei sindacati è diminuita costantemente.

Conclusione

La parabola di Gesù sul padrone della vigna e i relativi lavoratori, era perfetta. Il modo per ottimizzare l'occupazione è quello di permettere ai lavoratori e ai datori di lavoro di stilare le condizioni di lavoro che riterranno reciprocamente vantaggiose. Queste negoziazioni incarnano un sano processo di pulizia del mercato del lavoro. I lavoratori che sono disposti a lavorare a determinati salari, possono trovare un impiego; i datori di lavoro che sono disposti a pagare questo salario, possono assumere tutti i lavoratori che vogliono.

L'economia cristiana ha una risposta alla seguente domanda: "Non è lecito che io possa disporre della mia proprietà come voglio?" La risposta dell'economia cristiana è questa: "Sì".

Negli Stati Uniti il più importante di questi programmi è il pagamento obbligatorio di un bonus per gli straordinari.

Lawrence Vance, "Overtime Pay and a Free Society" (2015): http://fff.org/explore-freedom/article/overtime-pay-free-society/

Christopher Westly, "Working Overtime to Ruin Lives" (2014): https://mises.org/library/working-overtime-ruin-lives

Capitolo 9: Smobilitare Eserciti e Burocrati

Egli sarà giudice fra molti popoli, e sederà come arbitro fra nazioni potenti e lontane. Delle loro spade fabbricheranno vomeri, delle loro lance, roncole; una nazione non leverà più la spada contro l'altra, e non impareranno più la guerra. Sederanno ciascuno sotto la sua vigna e sotto il suo fico senza che alcuno li spaventi; poiché la bocca dell'Eterno degli eserciti ha parlato.
(Michea 4:3-4)

Questa è una profezia riguardante "gli ultimi giorni" (v. 1). La pace -- spade in roncole -- è uno dei temi più familiari nella cultura occidentale. È un giorno che gli uomini dicono di sognare. Supponiamo che arrivi quel giorno. Riuscite ad immaginare un gruppo di economisti che chiede la prosecuzione dell'industria delle spade? Utilizzerebbero questi argomenti: "Se ci ritiriamo prematuramente dalla produzione di spade, ci sarà disoccupazione. Ciò condurrebbe l'economia del dopoguerra ad una brusca frenata. Quello che ci serve è un programma di riduzione sequenziale della produzione di armi, in modo che non disturbi il mercato del lavoro." Per quanto riguarda la possibilità di far tornare a casa gli eserciti, suggerirebbero questa risposta: "L'aumento della disoccupazione sarebbe devastante per l'economia del dopoguerra. La maggior parte delle nostre truppe dev'essere mantenuta in servizio attivo finché l'economia non tornerà al suo livello produttivo in tempo di pace."

Quanto tempo ci vuole per trasformare le spade in roncole in queste condizioni post-belliche? Quanto tempo dovrebbero attendere le truppe affinché possano essere smobilitate e poter tornare a casa? La risposta avrebbe un orizzonte temporale indeterminato. Nessuno lo saprebbe. Lo deciderebbe la politica.

Se la definizione di "pace" è "mantenere le truppe in uniforme finché non sarà chiaro che potranno ottenere buoni posti di lavoro nel settore privato", allora la pace sembra proprio una preparazione alla prossima guerra.

Questo era ciò che l'economia degli Stati Uniti si trovò di fronte alla fine del 1945. Il Giappone si arrese ad agosto. La Germania si era arresa a maggio. Quando il presidente Truman diede il suo discorso sullo Stato dell'Unione nel gennaio 1946, aveva smobilitato la metà dei 12 milioni di soldati che fino ad allora era stata in servizio attivo. Nel suo discorso promise che il resto di loro sarebbe stato smobilitato il giugno successivo. Hazlitt scrisse questo capitolo quando Truman pronunciò il suo discorso.

Le famiglie americane volevano lo smobilitazione delle truppe. Volevano che i loro figli e i loro mariti togliessero l'uniforme e tornassero a casa. Anche Truman lo capì. Le preoccupazioni per la disoccupazione non erano sufficienti da impedirgli di riportarli a casa e smobilitarli. Quindi tornarono a casa. Appesero le loro uniformi nell'armadio. Ben presto le piegarono e le riposero in qualche baule. Le uniformi iniziarono a puzzare di naftalina, così come coloro che avevano offerto loro un posto di lavoro nell'esercito. Le truppe furono integrate di nuovo nel settore privato.

Il tasso di disoccupazione nel 1946 era basso: 3.9%. Rimase così per il resto del decennio. La previsione di Hazlitt nei primi mesi del 1946 era molto precisa:

> «*I soldati sostenuti dai civili non diventeranno civili sostenuti da altri civili. Diventeranno civili in grado di mantenersi da soli. Se si presume che quegli uomini che sarebbero stati trattenuti nelle forze armate non sono più necessari per la difesa, allora la loro permanenza nell'esercito sarebbe stata un puro spreco. Sarebbero stati improduttivi. I contribuenti, in cambio del loro sostegno, non avrebbero ottenuto nulla. Ma ora i contribuenti cedono loro una parte dei loro fondi in cambio di beni o servizi. La produzione nazionale totale, la ricchezza di tutti, è più alta.*»

Ma per quanto riguarda i burocrati assunti in tempo di guerra? Ecco la domanda che si pone: "Il settore privato può assorbirli?" Hazlitt disse di sì. Ma c'era una seconda domanda: "È una buona idea di licenziarli?" Hazlitt disse di sì.

Ma la stragrande maggioranza di questi dipendenti è rimasta sul libro paga. In realtà, anno dopo anno ne sono stati assunti di più. La tesi che quasi tutti hanno applicato alle truppe, non sono state applicate ai burocrati assunti in tempo di guerra: "Riportate i ragazzi a casa. Lasciate che vivano la loro vita."

I politici, i burocrati e gli elettori hanno concluso che la logica applicata a uomini in divisa, non si applicava ai burocrati che non erano andati in guerra. Con questo come sfondo, consideriamo il mantenimento dei burocrati assunti in tempo di guerra a libro paga del governo federale.

1. I Proprietari

La guerra è una questione di coercizione. Non è un fenomeno di mercato. Nel 1944 Ludwig von Mises scrisse quanto segue: "La storia ha assistito al fallimento di molti sforzi per imporre la pace con la guerra, la cooperazione con la coercizione, l'unanimità con l'uccisione dei dissidenti."

Prima dell'inizio di una guerra, i cittadini sono i proprietari. Il loro bene principale è la loro vita. Sono amministratori della loro vita per concessione di Dio.

Fatta eccezione per una manciata di dipendenti dello stato, i cittadini si guadagnano da vivere attraverso lo scambio volontario. Hanno un lavoro. Non possiedono il loro lavoro. I lavori sono prodotti temporanei di offerte competitive. Ma gli offerenti possiedono le abilità che possiedono. In un libero mercato, possiedono il diritto di fare offerte agli altri. Comprano e vendono. Tra le cose che comprano e vendono ci sono le capacità occupazionali. Possiedono inoltre quella parte del loro reddito che non viene sequestrata dalle tasse, comprese le perdite imposte dall'inflazione monetaria e dalla regolamentazione statale dell'economia.

2. La Finestra

A differenza degli altri capitoli del libro di Hazlitt, qui la finestra è il periodo antecedente la guerra. La finestra è la pace. È il diritto delle persone di stringere accordi volontari tra di loro per raggiungere i propri obiettivi in quanto proprietari della loro vita, delle loro capacità e del loro denaro.

In tempo di pace, le persone decidono dove lavorare e a quale retribuzione. I datori di lavoro competono con altri datori di lavoro. I dipendenti competono con altri dipendenti. Da queste competizioni nascono una serie di salari. Ad un certo prezzo, un mercato del lavoro allinea domanda e offerta: nessun disoccupato disposto a lavorare a quel salario, e nessun datore di lavoro in grado di assumere lavoratori a quel salario.

Questo non accade in tempo di guerra.

3. Il Sasso

Il sasso è la guerra. I governi civili cercano d'imporre la coercizione sui cittadini stranieri e anche sui cittadini nazionali. Ciò interrompe le priorità pre-belliche dei cittadini, alterando anche il mercato del lavoro.

Durante la guerra, gli elettori acconsentono a livelli di tassazione, debito pubblico e inflazione monetaria più elevati. Acconsentono inoltre a controlli dei prezzi e dei salari.

I mercati del lavoro si adeguano alle nuove condizioni di domanda e offerta di lavoro. Questo aggiustamento è sempre amministrato dai burocrati, i quali impongono tetti a prezzi e salari. In realtà la frase "controlli dei prezzi e dei salari" significa questo: *controlli delle persone*. I burocrati dello stato minacciano di violenza quelle persone che comprano o vendono a prezzi superiori ai massimi di legge. Questo intervento produce sempre carenze. Quindi lo stato introduce il razionamento.

Questo sistema di mobilitazione del lavoro può anche essere accompagnato da coscrizione militare: chiamata alle armi. I mercati del lavoro in tempo di guerra non sono mercati liberi. *In tempo di guerra la coercizione dello stato diventa fondamentale per la compensazione dei mercati del lavoro.* Questa costrizione interna è giustificata sventolando il feticcio della guerra. Si dice che questo sia il prezzo della vittoria. Negli Stati Uniti questa è stata la tipica frase in risposta alle carenze: "Non sapete che c'è una guerra?"

Ecco la questione economica sollevata in questo capitolo: "Il governo nazionale dovrebbe smettere di lanciare sassi contro i mercati del lavoro dopo che la guerra è finita?" Per quanto riguarda il servizio militare, è probabile che lo stato riduca il numero e la dimensione di questi sassi; lo stesso non accade per quanto concerne i burocrati assunti in tempo di guerra. I politici offrono nuove giustificazioni per mantenerli sul libro paga.

Gli uomini che sono stati costretti con la minaccia della violenza ad unirsi alle forze armate -- coscrizione -- non possiedono il loro posto di lavoro. Probabilmente non lo volevano nemmeno. Si erano rifiutati d'andare volontari, così sono stati coscritti.

Nella seconda guerra mondiale la maggior parte dei soldati è stata coscritta nelle forze armate, nonostante alcuni siano andati volontari. La minaccia della coscrizione ha sempre fatto da ombra ai volontari. Al contrario, i burocrati assunti in tempo di guerra erano tutti volontari. Sono rimasti al sicuro in patria.

La maggior parte dei burocrati rimane in patria in ogni guerra.

Non esiste alcuna organizzazione nota come BGE: Burocrati in Guerre Estere.

La giustificazione legale per il massiccio deturpamento degli schemi occupazionali pre-bellici, si basa sul fondamento morale della guerra. Quando finisce, decade anche la giustificazione morale per il proseguimento di questi lavori. Lo stato consente ai superstiti di recuperare le loro proprietà. Il governo nazionale smobilita le truppe. Al contrario, i burocrati vengono riassegnati a nuove posizioni. Le giustificazioni morali e legali per il loro impiego originale scompaiono, e vengono sostituite da una giustificazione economica: "Se li licenziamo, smetteranno di spendere. Ciò deprime l'economia." Questa è una tesi keynesiana. I contribuenti devono pertanto continuare ad essere tassati per mantenere questi burocrati sul libro paga. La titolarità del loro reddito è ridotta dalle tasse.

4. I Costi

Alcuni dei costi della guerra scompaiono quando il conflitto finisce. Per la maggior parte degli uomini non c'è più coscrizione. È possibile che le tasse scendano. È possibile che la banca centrale smetta d'inflazionare. È possibile che possano terminare controlli dei prezzi e dei salari.

Nel caso dei burocrati assunti in tempo di guerra, i loro stipendi continuano ad essere pagati. Sebbene i loro compiti si siano conclusi con la fine della guerra, ne vengono inventati di nuovi. Il governo federale continua a tassare, a prendere in prestito e a spendere.

Quel denaro che in tempo di pace sarebbe rimasto in possesso dei contribuenti e degli investitori, continua ad essere trasferito al governo federale. Questo denaro viene utilizzato per mantenere i burocrati sul libro paga.

Siamo tornati ancora una volta alla differenza di Bastiat tra ciò che si vede e ciò che non si vede -- il cuore dell'analisi di Hazlitt. I burocrati sono ciò che si vede. I beni e i servizi che acquistano sono ciò che si vede. Ciò che non si vede sono i beni e i servizi che sarebbero stati acquistati dai contribuenti se i burocrati fossero stati licenziati. I contribuenti non possono comprare queste cose. I produttori che avrebbe fornito queste cose non possono assumere i lavoratori per la loro produzione. Gli investitori che avrebbero fornito il capitale per tali imprese, decidono invece di acquistare titoli di stato. Hazlitt descrisse così questo risultato:

«Ancora una volta si commette l'errore di guardare gli effetti del licenziamento di questi burocrati e quei commercianti specifici che dipendono da loro. Ancora una volta si dimentica che, se questi burocrati venissero licenziati, ai contribuenti sarebbe consentito spendere il loro denaro laddove lo riterrebbero più opportuno. Ancora una volta si dimentica che il reddito dei contribuenti e il loro potere d'acquisto salirebbero tanto quanto scenderebbero il reddito e il potere d'acquisto dei burocrati.»

Se ritornassero al settore privato, i burocrati diventerebbero cittadini produttivi -- come determinato dai clienti. Il lavoro svolto dai burocrati durante la guerra viene giustificato politicamente in nome della vittoria militare.

Ma dopo la guerra, i contribuenti non sono più disposti a pagare le tasse in nome di un presunto sacrificio nazionale. Vogliono perseguire i propri affari. In queste circostanze, come possono essere persuasi a consegnare il denaro allo stato affinché paghi gli stipendi dei burocrati?

Se i burocrati di guerra rimangono sul libro paga dello stato, i contribuenti devono rinunciare ad alcuni dei loro obiettivi. Questo è il costo di mantenere i burocrati sul libro paga. Per nascondere questo costo, gli economisti keynesiani avanzano questo argomento: "Se il governo federale li tiene sul libro paga, spenderanno soldi. Ciò stimolerà l'economia. I contribuenti non starebbero meglio se i burocrati venissero licenziati e il loro lavoro finisse per puzzare di naftalina." Hazlitt scrisse questo in risposta: "Quando l'unica motivazione per mantenere in carica uno stuolo di burocrati è quella di conservare il loro potere d'acquisto, è giunto il momento di sbarazzarsi di loro." Nessuna autorità statale credeva a Hazlitt. Alla maggior parte degli elettori non importava.

5. Le Conseguenze

La crescita della burocrazia federale continuò anche dopo il 1945. Quei burocrati assunti in tempo di guerra rimasero sul libro paga dello stato, vennero assegnati loro nuovi compiti e questi ultimi divennero permanenti, a differenza dei compiti militari della seconda guerra mondiale.

La Germania Ovest e il Giappone hanno sperimentato un boom economico senza precedenti dopo il 1949. I loro controlli in tempo di guerra si conclusero.

Il libero mercato antecedente la guerra era stato sostituito da regolamenti economici. A queste due nazioni non venne autorizzato il riarmo, quindi alle loro popolazioni venne risparmiato il carico fiscale dei militari. Questo fu particolarmente vero per il Giappone. Questi boom costituirono il "dividendo della pace" di un anti-militarismo imposto da una forza straniera. Tale esenzione dal militarismo permise ad entrambe le economie di diventare potenze economiche dopo il 1949. Le loro imprese orientate all'esportazione divennero concorrenti economici formidabili dei vincitori della seconda guerra mondiale.

Conclusioni

La spesa pubblica e l'occupazione statale sono due gemelli. Non diminuiscono a meno che lo stato non vada in bancarotta.

Negli Stati Uniti i controlli economici in tempo di guerra terminarono alla fine del 1946. Non accadde la stessa in Gran Bretagna, dove gli inglesi hanno dovuto subire controlli dei prezzi, dei salari e razionamenti fino a quando il governo laburista venne sconfitto alla fine del 1951.

La giustificazione della coscrizione e dei controlli economici in tempo di guerra è la guerra stessa. Quando finisce, la giustificazione deve terminare. Ma la burocrazia nel ventesimo secolo è diventata un modo di vivere. Si è espansa.

Una volta che lo stato spende soldi per assumere burocrati, i politici possono spaventare gli elettori affinché suddetti burocrati non vengano licenziati.

I politici usano questa tesi: "L'occupazione statale riduce la disoccupazione." I politici non credono che il libero mercato possa regolare i salari, in modo che tutti coloro che vogliono un'occupazione ad un salario di mercato possano ricevere un'offerta di lavoro. Gli economisti keynesiani fanno eco a questo punto di vista. Gli elettori scrollano le spalle, e poi pagano le tasse per mantenere i burocrati sui libri paga. Ciò che non si vede rimane tale, inclusa la ricchezza ridotta della maggior parte dei contribuenti . . . ma non quella dei burocrati.

Il presidente Truman ha smobilitato le truppe. Non ha smobilitato i burocrati.

"Demobilization of United States Armed Forces After World War II" (Wikipedia): https://en.wikipedia.org/wiki/Demobilization_of_United_States_armed_forces_after_World_War_II

La burocrazia negli Stati Uniti ha raggiunto un picco nel 1945: https://www.opm.gov/policy-data-oversight/data-analysis-documentation/federal-employment-reports/historical-tables/executive-branch-civilian-employment-since-1940/. Oggi annovera tra le sue fila circa due milioni d'impiegati.

Loyd S. Pettegrew and Carol A. Vance, "The Seven Rules of Bureaucracy" (2012): https://mises.org/library/seven-rules-bureaucracy

Capitolo 10: Il Feticcio della Piena Occupazione

> *E quello stesso giorno il Faraone dette quest'ordine agli ispettori del popolo e ai suoi sorveglianti: "Voi non darete più, come prima, la paglia al popolo per fare i mattoni; vadano essi a raccogliersi della paglia! E imponete loro la stessa quantità di mattoni di prima, senza diminuzione alcuna; perché son de' pigri; e però gridano dicendo: Andiamo a offrir sacrifizi al nostro Dio! Sia questa gente caricata di lavoro; e si occupi di quello senza badare a parole di menzogna".*
>
> *(Esodo 5:6-9)*

Questo passaggio dovrebbe esservi familiare. L'ho usato per introdurre il Capitolo 7: "La Maledizione dei Macchinari". Lo utilizzo ancora una volta per un semplice motivo: il Capitolo 10 serve a ricapitolare quanto detto nel Capitolo 7. Nel Capitolo 10 Hazlitt presentò una variazione della tesi esposta nel Capitolo 7. In quest'ultimo egli andava a rispondere a quei critici che si opponevano alla meccanizzazione dei mercati del lavoro, perché supponevano che questo avrebbe lasciato a spasso i lavoratori. Utilizzò questa stessa linea di ragionamento per confutare quei critici che chiedevano al governo federale d'intervenire nei mercati del lavoro e garantire la piena occupazione (che, secondo suddetti critici, il libero mercato non poteva raggiungere). Il faraone aveva tre obiettivi economici. In primo luogo, voleva la piena occupazione per Israele -- una vita senza tempo libero.

In secondo luogo, voleva la stessa produzione di mattoni. In terzo luogo, voleva una riduzione dei costi: i costi associati alla produzione di paglia che in precedenza si accollavano i sorveglianti egiziani. La paglia veniva utilizzata nella fabbricazione dei mattoni. Assegnò agli israeliti il compito di raccogliere la paglia. Insomma, voleva qualcosa in cambio nulla: la stessa quantità di mattoni, ma ad un prezzo più basso. Ma il faraone era un economista migliore di qualsiasi keynesiano di oggi. Sapeva che era impossibile ottenere qualcosa in cambio di nulla mediante un decreto di stato. Gli israeliti sarebbero stati costretti a lavorare di più. Ci sarebbe stata più piena occupazione: più lavoro per gli israeliti. Qualunque fosse l'entità del tempo libero di cui godevano prima che Mosè e Aronne sfidassero l'autorità del faraone, ormai era svanita. Il faraone li punì per le "parole vane" che i loro rappresentanti avevano proferito in sua presenza. Avrebbe ricordato loro chi fosse al comando. Gli israeliti avrebbero dovuto sopportare la sanzione negativa dell'occupazione aggiuntiva. L'implicazione era chiara: ulteriori richieste di una settimana di vacanza per pregare Dio sarebbero state seguite da ulteriori sanzioni negative.

Il faraone considerava la piena occupazione come una sanzione negativa. Anche gli israeliti la consideravano allo stesso modo. Al contrario, i sostenitori moderni dell'intervento statale nei mercati del lavoro, considerano la piena occupazione come una sanzione positiva. È così positiva, sostengono, che i contratti volontari tra datore di lavoro e dipendenti devono essere vietati per legge. Lo stato deve lanciare un sasso. Un grande vantaggio del libero mercato è questo: permette la piena occupazione di coloro che desiderano lavorare per un salario, e permette di oziare a coloro che non desiderano lavorare.

L'unico modo in cui una qualsiasi società possa ottenere entrambi i risultati, è con l'assenza di norme statali riguardo i mercati del lavoro. Questo è il "miracolo del mercato" -- nel mercato del lavoro, come in tutti gli altri mercati. "Ma aspettate! C'è di più!" Il libero mercato promuove anche il pieno impiego di tutte le risorse conosciute, e non solo del lavoro: terreni, materie prime, strumenti e informazioni precise sulle condizioni economiche: passato, presente e futuro.

1. Il Proprietario

Ci sono diversi proprietari. Il primo proprietario è una persona che possiede un patrimonio. Questo include anche una previsione riguardo ciò che i clienti saranno disposti a pagare in futuro per un determinato bene o servizio. Egli è un imprenditore, perché possiede il denaro, una previsione e un piano per realizzare tale previsione.

Il secondo proprietario è un operaio che possiede le competenze associate alla produzione di questo bene o servizio. Il terzo proprietario possiede risorse scarse (oltre alle proprie capacità lavorative) -- risorse che sono cruciali per il piano dell'imprenditore. Il quarto proprietario è il potenziale cliente futuro che avrà il denaro al momento in cui il servizio o il bene verrà messo sul mercato.

Ognuno possiede risorse. Ognuno ha degli obiettivi che possono essere raggiunti attraverso un'applicazione giudiziosa dei loro diritti individuali di proprietà. In breve, possiedono l'opportunità di cooperare mediante la divisione del lavoro.

2. La Finestra

Questi proprietari di risorse si riuniscono in una complessa serie di *joint venture*. Non esiste un piano centrale. Il datore di lavoro cerca collaboratori ad un certo stipendio, i quali a loro volta cercano occupazione ad un certo stipendio. Se il salario viene regolato attraverso varie offerte in concorrenza, non ci saranno ulteriori dipendenti disposti a lavorare oltre quel salario. Non ci saranno neanche ulteriori possibilità d'aumentare il tasso atteso di profitto assumendo altri lavoratori. Questi sono i salari che compensano il mercato. Poi il datore di lavoro li mette al lavoro. Inoltre fornirà loro fattori complementari di produzione: terreno commerciale, strumenti e materie prime. Ci mette il proprio denaro, o quello che ha raccolto dagli investitori e dai finanziatori, affinché possa rendere possibile tutto questo.

Quanto descritto, è il prodotto di una serie di contratti del tutto volontari. Tali accordi non sono aspetti di un piano economico centrale che è stato redatto da un funzionario statale o da un'agenzia statale. I proprietari di beni si riuniscono sfruttando la divisione sociale del lavoro. Ognuno porta una risorsa unica per il processo di produzione. Ognuno è alla ricerca del proprio interesse.

C'è piena occupazione, ma non riguarda solo l'impiego della manodopera. Riguarda un progetto, il denaro, il capitale, il lavoro, gli strumenti, le materie prime e la terra.

Tutto questo è una questione di offerte competitive. I datori di lavoro competono contro altri datori di lavoro. I lavoratori competono contro altri lavoratori.

I proprietari di risorse competono contro altri proprietari di risorse. Nel frattempo, i clienti restano in attesa per vedere chi offrirà loro le migliori offerte quando decideranno di andare a fare shopping. C'è piena occupazione. . . a prezzi specifici. Perché? *Perché qualcosa è meglio di niente.* Tutti vogliono un affare migliore, ma arriva un momento in cui un qualsiasi affare è meglio di nessun affare. L'intero sistema del libero mercato è governato, e motivato, dalla frase più produttiva nella storia dell'uomo: "Facciamo un affare".[6]

La finestra del libero mercato ci permette di vedere al di là del vetro. Siamo tutti alla ricerca di un affare migliore. . . ad un certo prezzo.

3. Il Sasso

Anche i politici in carica sono alla ricerca di un affare. Vogliono che gli elettori li ri-eleggano. Quindi fanno promesse che possano convincere gli elettori a votare per loro alle prossime elezioni.

Una promessa interessante è questa: il governo federale può garantire un sacco di posti di lavoro. Il libero mercato, sostengono, non è in grado di fornire una piena occupazione. Ma c'è un asterisco: "ad un salario di sussistenza". Questo salario è superiore a quello che i datori di lavoro sono disposti a pagare. Quindi ci sono lavoratori disoccupati. Ci sono anche materie prime, strumenti e terreni commerciali disoccupati, ma pochi politici guardano con attenzione a questi mercati.

---

6   Questo è stato lo slogan non ufficiale degli Stati Uniti sin dal 1625.

Sono interessati a promuovere la piena occupazione per i lavoratori, i quali sono di gran lunga più numerosi dei proprietari di materie prime, strumenti e terreni commerciali.

La Grande Depressione degli anni '30 fu il risultato dell'inflazione delle banche centrali negli anni '20, in particolare degli Stati Uniti, della Gran Bretagna e dell'Europa occidentale. Quando questo boom si trasformò in un *bust*, gli stati adottarono politiche keynesiane – un lustro prima che Keynes le giustificasse sotto forma di prosa contorta nella *Teoria Generale* (1936). A questo proposito, Herbert Hoover e il Congresso Repubblicano anticiparono il New Deal. I governi occidentali interferirono con il prezzo del lavoro, dei mercati dei capitali e del commercio internazionale. Tutti lo fecero in nome della piena occupazione. Tuttavia, la disoccupazione rimase elevata laddove non venne imposto il lavoro forzato da tiranni socialisti, i quali adottarono sia il lavoro da schiavi (URSS) sia il lavoro irreggimentato (Germania nazista).

Poi, dopo quasi un decennio di alta disoccupazione, il primo settembre 1939 i politici europei trovarono un modo politicamente efficace per superare la disoccupazione della Grande Depressione: la Seconda Guerra Mondiale. Questa guerra portò l'irreggimentazione nel mondo del lavoro ad un livello mai visto prima nella storia dell'umanità. Gli stati coscrissero decine di milioni di uomini nelle forze armate. Incoraggiarono decine di milioni di donne a sostituire questi ultimi nelle fabbriche di munizioni. Poi tassarono tutti gli adulti che non erano nelle forze armate. Gli elettori erano disposti a sopportare tali imposte e tale irreggimentazione in nome della vittoria militare. Si trattava di "lavoro per tutti".

Ognuno aveva un salario di sussistenza. . . fino a quando le bombe non scesero dal cielo. I salari cessarono per coloro che finirono sotto le bombe.

I banchieri centrali inflazionarono le varie offerte di denaro. Questo avrebbe aumentato i prezzi e i salari, ma tutti gli stati imposero controlli dei prezzi e dei salari -- controllo delle persone -- e razionamenti. Ciò ridusse i salari reali, aumentando così la domanda di lavoro.[7] Ben preso la disoccupazione diventò un ricordo.

Poi le morti sul campo di battaglia ridussero la forza lavoro. C'erano più posti di lavoro per i sopravvissuti. "Lavoro per tutti!" Poi arrivarono i bombardamenti. Rasero al suolo le città. Ci sarebbe stato più lavoro durante la ricostruzione. "Lavoro per tutti!"

La seconda guerra mondiale fu il più grande programma di piena occupazione del XX secolo. La piena occupazione in periodo di guerra è una carta che lo stato può giocare sempre. Tutto quello che devono fare gli elettori, è riconoscere la realtà di tre parole non dette: "Ad un certo prezzo". Il prezzo della seconda guerra mondiale fu 65 milioni di morti -- una riduzione significativa della forza lavoro e una maggiorazione dei tassi d'occupazione.

Quando Hazlitt scrisse il suo manoscritto, si temeva che sarebbero riapparsi i tassi di disoccupazione pre-bellici. Il Full Employment Act venne approvato nel 1946, mentre lui stava scrivendo il suo libro.

---

7   Ricordate questa legge fondamentale dell'economia: "Ad un prezzo più basso, la domanda aumenta".

Definì la piena occupazione un feticcio, soprattutto per due motivi. In primo luogo, c'era la paura diffusa di un'altra depressione: "Niente guerra, niente piena occupazione". In secondo luogo, c'era il timore degli economisti keynesiani e dei loro discepoli che senza la pianificazione centrale associata alla guerra, che la popolazione tollerò solo per il raggiungimento della vittoria militare, i mercati del lavoro non si sarebbero ripuliti attraverso lo scambio volontario. Questo è l'onnipresente timore degli economisti keynesiani e definisce che tipo di individui siano. Scrisse Clausewitz: "La guerra non è altro che la continuazione della politica con altri mezzi". *Il keynesismo non è altro che la continuazione della pianificazione centrale in tempo di guerra con altri mezzi.* I keynesiani sanno che la popolazione non accetterà il controllo dei prezzi e il razionamento in tempo di pace, quindi promuovono le altre politiche di guerra: deficit pubblici e monetizzazione del debito mediante la banca centrale.

I politici, allora come oggi, si preoccupano dei voti. Gli elettori disoccupati potrebbero non votarli. I politici si preoccupano profondamente della produttività, ma solo di una in particolare: quella che genera voti. La piena occupazione genera voti meglio di qualsiasi altra condizione, economica o di altra natura. Infatti la piena occupazione è un feticcio -- per gli elettori e per i politici.

4. I Costi

L'intervento politico nell'economia comporta una perdita di libertà. Questo è sempre il costo più alto. È raro che venga menzionato. È la più invisibile tra le cose che non si vedono.

La gente vuole arricchirsi tramite il proprio lavoro. Ciò richiede strumenti -- capitale. Richiede una migliore informazione. Richiede, in breve, più investimenti pro-capite, cosa che a sua volta richiede ulteriori investimenti pro-capite. La gente vuole lavorare di più durante una parte della propria vita, ma più tardi vuole lavorare di meno quando il proprio reddito aumenta. Preferisce consumare del tempo libero rinunciando al reddito di un'ora di lavoro. Il tempo libero è un bene di consumo prezioso, come capirono anche gli israeliti in Egitto. Il faraone conosceva il segreto della piena occupazione: la tirannia. Lo capì anche Hazlitt.

«Nulla è più facile da raggiungere della piena occupazione. Soprattutto quando viene divisa dall'obiettivo della produzione e considerata come un fine di per sé. Hitler fornì la piena occupazione con un enorme programma di armamento. La guerra fornì la piena occupazione ad ogni nazione coinvolta. Il lavoro degli schiavi in Germania era piena occupazione. Le prigioni e i lavori forzati rappresentavano piena occupazione. La coercizione può sempre fornire la piena occupazione.»

Questo è ciò che non si vedeva nel 1946. Eppure era proprio sotto il naso degli elettori. George Orwell aveva ragione: "C'è bisogno di una lotta continua affinché qualcuno veda quello che si trova proprio sotto il suo naso". Noi non vogliamo la piena occupazione. Vogliamo un'occupazione più produttiva: maggiore produzione oraria. Vogliamo un'occupazione più facile. Anche in questo caso, lasciate che vi citi Hazlitt:

«Il progresso economico dell'umanità è consistito nell'ottenere una maggiore produzione con la stessa quantità di lavoro.

È per questo motivo che gli uomini cominciarono ad usare i muli per trasportare i pesi piuttosto che portarli sulle proprie schiene; che inventarono la ruota e il carro, la ferrovia e il camion. È per questo motivo che gli uomini usarono il loro ingegno per sviluppare 100,000 invenzioni che gli permettessero di risparmiare lavoro.»

Quando non abbiamo alcun reddito, vogliamo ardentemente un'occupazione. Ma non vogliamo la piena occupazione: 16 ore al giorno. Ad un certo punto, vogliamo anche tempo libero. Alcune persone vogliono rimanere nel mercato del lavoro fino alla loro morte. Altre preferiscono il pensionamento. In un mercato libero, le persone possono acquistare tempo libero non lavorando, oppure possono avere un reddito rinunciando al tempo libero.

Ecco la regola: *non è possibile ottenere qualcosa in cambio di niente.* Non esistono pasti gratis. L'idea centrale di una società libera è la libertà stessa. Lasciate che la gente decida se vuole la piena occupazione, il lavoro *part-time*, o nessuna occupazione. Il libero mercato mette a disposizione degli individui queste scelte. . . ad un certo prezzo.

Nei mercati del lavoro, l'intervento dello stato riduce il numero delle offerte d'impiego. Perché? Perché ogni intervento aumenta i costi di scambio. Poi entra in vigore una legge economica fondamentale: "Ad un prezzo più alto, la domanda cala".

I proprietari di risorse scoprono che è più costoso trovare altri proprietari di beni disposti a fare un affare.

Anche quando li trovano, la normativa rende rischioso portare a termine tale affare. Pertanto diventano più frequenti gli scambi nel mercato nero. Le risorse vengono spostate dai mercati statali legali ai mercati illegali (ma non ostacolati). Di conseguenza aumenta il rischio di essere scoperti. I costi aumentano in tutti i mercati. Gli affari diminuiscono.

Per quei datori di lavoro che intendono rimanere fuori dal mercato nero, c'è un rimedio: la meccanizzazione. I lavoratori i cui salari in un libero mercato sarebbero stati sufficientemente bassi da rendere antieconomica l'introduzione dei macchinari, non sono autorizzati ad offrire i loro servizi a salari più bassi. Così, i datori di lavoro acquistano i macchinari. Le offerte di lavoro scompaiono progressivamente. Aumenta la spesa pubblica per pagare quei progetti di lavoro di massa. Le tasse aumentano. L'indebitamento statale aumenta. L'inflazione monetaria della banca centrale aumenta. Tutto questo riduce il capitale che altrimenti sarebbe finito nel settore privato. La produttività del lavoro, quindi, si riduce per mancanza di capitali. I lavoratori devono arrangiarsi con strumenti rudimentali. È una storia che abbiamo già sentito: pale, non bulldozer. Gli *shovel-ready projects* non sono produttivi, se non in termini di voti. Ma sono tali voti, e non la produttività economica, l'obiettivo dei politici che approvano suddetti progetti.

5. Le Conseguenze

Il risultato inevitabile di tali politiche è una produzione ridotta. Perché? Costi più elevati che riducono la crescita economica e rendono più povera la società.

Nel frattempo, la burocrazia aumenta in termini di dimensioni e d'autorità. Le leggi sul pubblico impiego rendono più difficile licenziare questi dipendenti.

I lavoratori di quelle nazioni che non imitano le politiche keynesiane, sono in grado di fare accordi reciprocamente vantaggiosi con i datori di lavoro. La produttività di queste nazioni aumenta. Le esportazioni di queste nazioni aumentano. I clienti in quelle nazioni gravate da leggi per la piena occupazione, scoprono di poter trovare offerte migliori in quei settori dell'economia dediti alle importazioni. L'impatto della produttività degli stranieri si fa sentire in quelle nazioni adottanti una legislazione a favore della piena occupazione. Lo si percepisce nel mercato delle merci importate.

Gli esportatori scoprono di beneficiare di sussidi indiretti. La nazione adottante leggi per la piena occupazione soffre di una ridotta produttività del lavoro e costi del lavoro più elevati. Ciò rappresenta un'opportunità per gli esportatori stranieri che non hanno tale legislazione. Il risultato è la piena occupazione in nazioni senza leggi per la piena occupazione.

Come sosteneva Ludwig von Mises, i risultati economici dell'intervento statale nel libero mercato sono l'opposto di quello che si prefiggevano di ottenere. Ma i risultati nei mercati del lavoro sono coerenti con il vero obiettivo dei politici: più voti. Se più elettori comprendessero l'economia, i politici perderebbero voti qualora approvassero leggi simili. Ma gli elettori non comprendono l'economia. Questo non vale solo per gli elettori cristiani, vale anche per gli altri.

Conclusioni

Il Full Employment Act venne approvato dal presidente Truman il 20 febbraio 1946. Hazlitt aveva appena finito il suo manoscritto. I bassi tassi di disoccupazione americani del periodo 1946-1950 potrebbero essere attribuiti a questa legge, ma sin dal 1946 ci fu anche la progressiva eliminazione dei controlli economici in tempo di guerra. I keynesiani rivendicano la vittoria per i bassi tassi di disoccupazione. Lo stesso fanno gli economisti di libero mercato.

Un banco di prova di gran lunga migliore lo troviamo in Germania Ovest: controlli dei prezzi durante la guerra, inflazione del denaro fiat[8] e razionamenti. L'occupazione nei mercati legali era bassa. I mercati neri erano dappertutto.

A partire dal 1947, Ludwig Erhard divenne il direttore dell'Ufficio Bizonale delle Opportunità Economiche. Erhard era discepolo di Wilhelm Röpke, che a sua volta era un discepolo di Mises. Il 20 giugno 1948 Erhard parlò alla radio e annunciò una contrazione della valuta di oltre il 90%. Vennero rimossi i controlli dei prezzi nella zona occidentale. Il giorno successivo, nella zona occidentale il tasso di disoccupazione scese bruscamente. Le persone tornarono a lavorare nei mercati legali. Questo fu l'inizio del cosiddetto miracolo economico tedesco. Non ebbe luogo nella zona sovietica. Portò al più rapido sviluppo economico della storia, almeno fino al 1978, quando Deng Xiaoping annunciò misure analoghe di deregolamentazione nel settore agricolo cinese.

---

8   Gli Alleati avevano stampanti speciali per le valute, che i sovietici richiesero e ottennero.

L'obiettivo della piena occupazione è legittimo, ma lo è anche quello di avere più tempo libero, o servire al di fuori del sistema dei salari: volontariato senza scopo di lucro. Per raggiungere tutti e tre questi obiettivi, gli uomini hanno bisogno di libertà. Devono essere in grado di fare offerte che reputano vantaggiose. Devono avere l'opportunità di fare offerte -- un sacco di offerte. Possono raggiungere la piena occupazione, una minore occupazione, o nessuna occupazione – quello che credono sia meglio. . . ad un certo prezzo. Non fanno altro che negoziare tale prezzo.

La piena occupazione esiste nei campi di lavoro degli schiavi. Un obiettivo migliore è la libertà, la quale permette alla persona di scegliere se lavorare al più alto salario offerto, oppure aspettare che tale offerta aumenti.

Henry Hazlitt, "Wage Rates and Jobs" (1958): http://fee.org/freeman/creating-jobs-versus-creating-value%22

Steven Horwitz, "Creating Jobs versus Creating Value" (2012): http://fee.org/freeman/wage-rates-and-jobs

Steven Horwitz, "Understanding Say's Law of Markets" (1997): http://fee.org/freeman/understanding-says-law-of-markets

Capitolo 11: Chi Viene "Protetto" dai Dazi?

Quindi l'Eterno mi parlò dicendo: "Avete girato abbastanza intorno a questo monte; volgetevi verso nord. E ordina al popolo dicendo: Voi state per passare i confini dei figli di Esaù, vostri fratelli, che dimorano in Seir, essi avranno paura di voi; state quindi bene in guardia; non provocateli, perché non vi darò niente del loro paese, neppure quanto ne può calcare la pianta di un piede, poiché ho dato il monte di Seir a Esaù, come sua proprietà. Comprerete da loro con denaro le vettovaglie che mangerete e comprerete pure da loro con denaro l'acqua che berrete.
(Deuteronomio, 2 2:6)

Dio disse esplicitamente a Mosè, e tramite lui agli Israeliti, che ci doveva essere libero scambio tra il popolo d'Israele e il popolo di Esaù. Non ci doveva essere coercizione. Il popolo di Esaù possedeva beni che gli Israeliti volevano: carne e acqua. Il popolo d'Israele aveva ciò che voleva il popolo di Esaù: il denaro. C'erano le possibilità per uno scambio volontario. Il popolo d'Israele non avevano bisogno di "protezione" contro la carne e l'acqua di Esaù, ovvero, non aveva bisogno di dazi.

Nell'Antico Testamento non c'è alcun riferimento ai dazi riguardo la storia d'Israele, e nemmeno nel Nuovo Testamento. L'impero romano era una grande zona di libero scambio. La sua ricchezza si basava essenzialmente su questo fatto. Nel 66 a.C. Pompeo aveva letteralmente svuotato il Mediterraneo dai pirati.

Ciò aumentò il commercio. Tutte le strade portavano a Roma. Anche questo aumento degli scambi.

1. I Proprietari

In questo Capitolo i proprietari si trovano da ambo i lati del confine nazionale di Esaù. C'è il popolo di Esaù che possiede l'acqua e la carne. C'è il popolo d'Israele che possiede il denaro. Dato che ognuno di loro aveva titolo legale alla proprietà in loro possesso, avevano a disposizione le migliori opzioni per commerciare.

Dato che possedevano la loro proprietà, possedevano il diritto legale di rinunciarvi. Ogni proprietà era accompagnata da un insieme di diritti. E' proprio questo il significato di proprietà: il diritto di utilizzarla in determinati modi. Uno di questi è proprio lo scambio. Attraverso di esso, i proprietari di quest'insiemi di diritti cercavano il modo per aumentare il loro possesso di quei beni più desiderati. Chi decideva quali merci fossero più desiderabili? I loro proprietari.

Oggi, come ai tempi di Mosè, ci sono proprietari che devono vedersela coi dazi. Gli acquirenti (clienti) da ambo i lati di un confine nazionale sono proprietari del denaro. I venditori (produttori) da ambo i lati sono proprietari dei beni. Sono beneficiari di un ordine morale e giuridico che consente loro di fare ciò che vogliono con tutto ciò che possiedono, anche rinunciare alla loro proprietà.

Inoltre, i venditori da ambo i lati di un confine nazionale devono vedersela con la concorrenza interna.

Anche questi venditori possiedono risorse e cercano di massimizzare il loro reddito. Hanno un incentivo a limitare la concorrenza.

2. La Finestra

La finestra era il sistema giuridico che disciplinava ciascuna di queste nazioni. Nella zona di scambio, ogni ordine civile poteva scambiare beni al di là del confine nazionale. Nessun corpo di leggi imponeva restrizioni allo scambio. Infatti questo è ciò che significa libero scambio.

Di solito il termine "libero scambio" ha un *focus* più preciso di "libero mercato", ma sono sostanzialmente la stessa cosa. Il libero mercato è il prodotto di un sistema legale che permette il libero scambio: dall'altra parte della strada, dall'altra parte del confine della contea, dall'altra parte del confine di stato e dall'altra parte del confine nazionale. L'assetto istituzionale considera i proprietari giuridicamente sovrani di ciò che possiedono. Le linee giuridiche invisibili conosciute come confini, non devono avere alcun impatto economico sui diritti legali delle persone a scambiare merci.

L'insieme dei diritti, associato alla titolarità di determinate unità di proprietà, viene trasmesso dall'altra parte di tutti i confini: stradale, di contea, statale e nazionale. Non ci sono tasse discriminatorie poste sulla persona che vuole vendere una forma di proprietà oltre un confine: merci. C'è uguaglianza davanti alla legge. Ciò è conforme al diritto civile fondamentale di Mosè: uguaglianza davanti alla legge.

"Siavi un'unica legge per il nativo del paese e per lo straniero che soggiorna tra voi." (Esodo 12:49)

Da ambo i lati del confine nazionale, gli uomini liberi possiedono il diritto legale di fare offerte per vendere merci (produttori), così come il diritto legale di acquistare merci (clienti). Questo ordinamento giuridico permette loro di esercitare i diritti di proprietà. Dato che possiedono il diritto di commerciare, possono specializzarsi in qualsiasi attività che reputano di poter far meglio -- con "meglio" s'intende come determinato dai clienti paganti.

3. Il Sasso

I dazi non sono altro che tasse sulle vendite dei beni importati. Queste tasse sulle vendite sono raccolte dal governo nazionale. Se dovessimo usare il linguaggio delle organizzazioni criminali, equivarrebbero al pizzo. Ma invece di proteggere i clienti dai prodotti importati, i dazi sono tasse sugli importatori. Questo riduce la domanda dei beni importati: "Quando i prezzi aumentano, la domanda cala." Quindi il "pizzo" grava sugli importatori. Allora chi viene protetto? I produttori nazionali di quegli elementi tassati. Grazie ai dazi possono battere più facilmente i prezzi delle merci importate. I politici dello stato nazionale vanno dagli elettori e propongono l'introduzione di nuove tasse sulle vendite per quei beni che provengono dall'estero. I politici sono ben accorti a non descrivere queste tasse sulle vendite per quello che sono realmente: imposte sulle vendite. Troppi elettori sono stanchi di pagare l'attuale livello di tasse, per non parlare di una nuova tassa.

Così, i politici danno un nuovo nome a queste imposte sulle vendite: dazi.

I politici non solo giocano con la semantica, ma giocano anche con la logica. Dicono agli elettori che queste imposte sulle vendite -- mai definite in questo modo ufficialmente -- renderanno più ricca la nazione. Gli elettori che normalmente schernirebbero una simile tattica, sostengono queste tasse sulle vendite. Dopo tutto, queste tasse renderanno la nazione più ricca. Come? Proteggendo la popolazione da quegli stranieri spietati e senza scrupoli. Il termine "spietati" è una parola in codice per "sconto".

Gli elettori che sono sempre alla ricerca di sconti, inorridiscono davanti alla frase "concorrenza spietata". I politici quindi aggiungono l'aggettivo "ingiusta". Gli elettori chiedono che i politici prendano provvedimenti per proteggerli. Chiedono l'imposizione di dazi. Secondo loro questi dazi li renderanno tutti più ricchi. È come se una nazione di vegetariani chiedesse che i politici legalizzassero il cannibalismo, ma solo dopo che questi ultimi rinominassero il cannibalismo come "integratore di proteine nella dieta".

4. I Costi

La perdita iniziale viene dal dover pagare una tassa sulle vendite per un elemento che non avrebbe avuto alcuna imposta se fosse stato prodotto da questa parte del confine. Lo stato si arricchisce a spese di coloro che acquistano le merci importate. Questo soddisfa i dipendenti dello stato che sono in grado di spendere più soldi.

I bilanci dei burocrati statali vengono protetti da quei membri della popolazione che acquistano oggetti dall'estero.

Ma questo non era quello che avevano promesso i politici che hanno convinto gli elettori ad accettare un programma di protezione interna. Gli elettori non pensavano di proteggere i redditi dei burocrati. Questa è la prima cosa che gli elettori non vedono.

Poi ci sono le perdite subite da quegli elettori disposti ad acquistare un bene importato, ma che vi rinunciano poiché l'imposta sulle vendite ne ha aumentato il prezzo. Il loro ventaglio di scelte viene diminuito dall'aumento dei prezzi. Questa è la seconda cosa che gli elettori non vedono.

Poi ci sono quegli elettori che scelgono invece di acquistare merci da un fornitore nazionale. Ma quest'ultimo può chiedere un prezzo superiore a quello che sarebbe prevalso in assenza di un'imposta sulle vendite. La differenza di prezzo avvantaggia il produttore nazionale. Questa è la terza cosa che gli elettori non vedono.

Poi ci sono i fornitori di beni e servizi che avrebbero potuto vendere la loro mercanzia a quegli elettori disposti a comprarla se i prezzi fossero stati più bassi. Quindi, non vendono. Ora i loro potenziali clienti sono più poveri. Questa è la quarta cosa che gli elettori non vedono.

Poi ci sono i venditori dall'altro lato del confine che non vendono all'importatore. Naturalmente gli elettori non si preoccupano di loro, di questi presunti approfittatori spietati.

Ma ora questi ultimi si ritrovano senza soldi da spendere e, dal momento che non ce li hanno, non possono acquistare le merci esportate dall'altra nazione. Così, gli esportatori sul lato interno del confine non riusciranno a vendere all'estero. Questa è la quinta cosa che gli elettori non vedono.

Poi ci sono tutte le imprese che avrebbero venduto beni agli esportatori. Niente vendite invece. Questa è la sesta cosa che gli elettori non vedono.

Supponiamo che la maggioranza dei politici di una nazione proponga l'approvazione di questa strategia nel mondo dello sport. Da quel momento in poi, tutti gli atleti stranieri che volessero competere contro quelli della nazione in questione, sarebbero costretti a indossare cavigliere dalle due alle cinque libbre, a seconda delle capacità dei concorrenti autoctoni. Gli atleti della nazione vincerebbero più medaglie agli eventi nazionali? Senza alcun dubbio. Ciò consentirebbe loro di aumentare la propria autostima, direbbero i politici. "Non vogliamo dare in pasto alla concorrenza i nostri giovani se non hanno stima di sé."

Ma, direte voi, questa strategia porterebbe ad un minor numero di medaglie d'oro alle Olimpiadi. I nostri atleti non sarebbero in grado di competere con gli atleti di livello mondiale. Attenzione, però, perché potreste venir etichettati come incapaci di comprendere l'idea di concorrenza leale nello sport nazionale. Secondo questo modo di pensare, gli atleti stranieri non sono altro che concorrenti spietati; il pubblico preferisce gare più lente e salti in basso piuttosto che in alto, ma più vittorie degli atleti nazionali. È meglio dimenticare le Olimpiadi. È meglio boicottare le Olimpiadi.

Chi ne ha bisogno?

Ora traslate questo ragionamento alla concorrenza economica estera.

Torniamo alla competizione economica interna. Poiché le importazioni vengono limitate, le industrie nazionali non devono affrontare la concorrenza dall'estero. I produttori nazionali non tengono il passo con le innovazioni più recenti. Non ne hanno la necessità.

Nel frattempo, poiché le imposte sulle vendite delle importazioni portano a minori esportazioni, il settore dell'export dell'economia nazionale non cresce tanto rapidamente come sarebbe accaduto altrimenti. Le industrie nazionali si isolano sempre di più dai mercati internazionali. E' come se si cedessero i mercati internazionali ai produttori stranieri. Questa è la settima cosa che gli elettori non vedono.

Infine arriviamo ai vincitori: i venditori che vendono prodotti ad un prezzo più alto da questo lato del confine. Loro, i loro dipendenti e i loro fornitori incassano soldi. Sono stati protetti, come promesso dai politici. Ma non sono stati protetti a costo zero, se consideriamo anche la maggior parte della popolazione interna. Quest'ultima ha pagato il pizzo allo stato e alla minoranza dei gruppi privilegiati dallo stato. Questi vincitori sono visibili. Ci sono sempre vincitori visibili quando lo stato lancia un sasso contro una finestra.

Ora abbiamo una risposta al titolo di questo Capitolo: "Chi viene protetto dai dazi?" Non la stragrande maggioranza degli elettori.

È un errore pensare che la popolazione possa trarre beneficio da tasse sulle vendite delle importazioni. Haziltt aveva ragione.

«Ma l'errore deriva dal guardare solo a questo produttore e ai suoi collaboratori, o semplicemente al settore industriale americano. Significa notare solo i risultati che sono immediatamente visibili, e trascurare i risultati che non si vedono perché apparentemente nascosti.»

5. Le Conseguenze

La politica dei dazi è la politica degli interessi privilegiati. È la politica della offerte dietro le quinte. È la politica delle commissioni politiche e dei voti per essere rieletti.

La maggior parte delle persone non si preoccupa dei dettagli negli atti legislativi. Qui è dove le 1,000 pagine di un disegno di legge che nessun politico leggerà, si trasformano in 2,000 pagine di un disegno di legge che nessun politico leggerà. Gli elettori non riescono a seguire la logica economica a favore dei gruppi privilegiati che si snoda in questi disegni di legge. Ma i gruppi privilegiati sono particolarmente interessati, perché c'è una grande quantità di denaro in ballo.

Quando si parla dei dazi, non vengono mai etichettati come tasse sulle vendite. La maggior parte degli elettori diventerebbe ostile ai dazi se venissero presentati per quello che realmente sono. Non ci sono leggi che impongono di dire la verità sui dazi quando sono all'esame del Congresso.

Tuttavia, sin dal 1947 ci sono stati riduzioni consistenti dei dazi, e soprattutto dopo il 1960. Nel 1947 venne approvato il General Agreement of Tariffs and Trade. La percentuale del PIL degli Stati Uniti generata dalle importazioni e dalle esportazioni, salì di circa un quarto . Nel 1946 era di circa il sei per cento. Il GATT rappresentava un'organizzazione internazionale. Avrebbe promosso un commercio controllato, così come il suo successore, il World Trade Organization. Ma i dazi sono stati ridotti, e il commercio è aumentato.

La maggior parte degli economisti favorisce il libero scambio. Questo è un settore dell'economia in cui i sostenitori di dazi elevati non possono ottenere il sostegno degli economisti accademici. Inoltre, le multinazionali americane danno un contributo molto più grande alle commissioni politiche rispetto ai piccoli gruppi con interessi particolari.

Conclusioni

Nel 1946 le preoccupazioni di Hazlitt si concentravano principalmente sui dazi, non sul commercio controllato. Fortunatamente le sue paure non si sono avverate. Stava rispondendo ad un'opinione pubblica largamente diffusa, ma, in questo caso, l'opinione pubblica diffusa aveva scarsa influenza sui governi. Hanno dominato, invece, i grandi gruppi con interessi particolari che hanno favorito il commercio internazionale. Hazlitt identificò il problema economico: la fallacia della finestra rotta.

«Tutti gli errori nel mondo dei dazi derivano dalla fallacia centrale di cui si occupa questo libro.

Sono il risultato di chi guarda solo agli effetti immediati di un unico dazio su un gruppo di produttori, e dimentica gli effetti di lungo periodo sia sui consumatori nel suo insieme sia su tutti gli altri produttori.»

Ecco un caso in cui il governo nazionale ha deciso di ridurre il numero di sassi. Non credo che sia stato persuaso da Hazlitt, ma è stata una decisione fondamentale. Il predominio dell'economia degli Stati Uniti dopo la seconda guerra mondiale, è stato così grande che il settore delle esportazioni si è espanso a dismisura. L'Europa post-bellica e il Giappone non potevano competere. Le imprese americane investirono all'estero. Divennero multinazionali. Poi rispedirono la merce negli Stati Uniti. Questo aumentò le importazioni, come sempre accade quando aumentano le esportazioni. Gli interessi economici particolari che divennero politicamente dominanti nel 1970, quando tornò finalmente a farsi sentire la concorrenza internazionale del Giappone e dell'Europa occidentale, favorirono dazi bassi. Il GATT sottoscrisse questa strategia e anche il Congresso. Il risultato fu la distruzione del movimento sindacale nel settore privato. L'occupazione manifatturiera diminuì in percentuale dell'economia americana e dopo il 1953 anche l'appartenenza sindacale.

Gli elettori, prestando poca attenzione, non hanno opposto resistenza.

I dazi sono parte di un sistema d'interventismo chiamato protezionismo.

Francesco Simoncelli, "Clichés sul Protezionismo":
https://francescosimoncelli.com/search/label/protezionismo

David Starr Jordan, "The Moral Aspect of the Protective Tariff" (1908): http://fee.org/freeman/the-moral-aspect-of-the-protective-tariff

Donald J. Boudreaux, "Tariffs and Freedom" (2010): http://fee.org/freeman/tariffs-and-freedom/

Capitolo 12: Il Feticcio delle Esportazioni

Quindi l'Eterno mi parlò dicendo: "Avete girato abbastanza intorno a questo monte; volgetevi verso nord. E ordina al popolo dicendo: Voi state per passare i confini dei figli di Esaù, vostri fratelli, che dimorano in Seir, essi avranno paura di voi; state quindi bene in guardia; non provocateli, perché non vi darò niente del loro paese, neppure quanto ne può calcare la pianta di un piede, poiché ho dato il monte di Seir a Esaù, come sua proprietà. Comprerete da loro con denaro le vettovaglie che mangerete e comprerete pure da loro con denaro l'acqua che berrete.
(Deuteronomio, 2 2:6)

Questo passaggio dovrebbe esservi familiare. L'avete letto nel Capitolo 11: "Chi viene 'protetto' dai dazi?" Perché lo riporto anche qui? Perché questo capitolo pone lo stesso problema: la violazione del libero commercio da parte dello stato-nazione. Il Capitolo 11 ha affrontato i limiti posti dalla legge sulle merci in entrata: le imposte sulle vendite. Questo Capitolo tratta dei sussidi fiscali per i beni in uscita. In entrambi i casi, le leggi sovvenzionano gruppi d'interesse a scapito dei clienti.

Dio disse esplicitamente a Mosè, e tramite lui agli Israeliti, che ci doveva essere libero scambio tra il popolo d'Israele e il popolo di Esaù. Non ci doveva essere coercizione. Il popolo di Esaù possedeva beni che gli Israeliti volevano: carne e acqua. Il popolo d'Israele aveva ciò che voleva il popolo di Esaù: il denaro.

C'erano le possibilità per uno scambio volontario. Il popolo d'Israele non avevano bisogno di "protezione" contro la carne e l'acqua di Esaù, ovvero, non aveva bisogno di dazi.

Nell'Antico Testamento non c'è alcun riferimento ai sussidi per le esportazioni riguardo la storia d'Israele, e nemmeno nel Nuovo Testamento. L'impero romano era una grande zona di libero scambio. La sua ricchezza si basava essenzialmente su questo fatto. Nel 66 a.C. Pompeo aveva letteralmente svuotato il Mediterraneo dai pirati. Ciò aumentò il commercio. Tutte le strade portavano a Roma. Anche questo aumento degli scambi.

1. I Proprietari

In questo Capitolo i proprietari si trovano da ambo i lati del confine nazionale di Esaù. C'è il popolo di Esaù che possiede l'acqua e la carne. C'è il popolo d'Israele che possiede il denaro. Dato che ognuno di loro aveva titolo legale alla proprietà in loro possesso, avevano a disposizione le migliori opzioni per commerciare.

Dato che possedevano la loro proprietà, possedevano il diritto legale di rinunciarvi. Ogni proprietà era accompagnata da un insieme di diritti. E' proprio questo il significato di proprietà: il diritto di utilizzarla in determinati modi. Uno di questi è proprio lo scambio. Attraverso di esso, i proprietari di questi insiemi di diritti cercavano il modo per aumentare il loro possesso di quei beni più desiderati. Chi decideva quali merci fossero più desiderabili? I loro proprietari. Oggi, come ai tempi di Mosè, ci sono proprietari che devono vedersela coi sussidi alle esportazioni.

Gli acquirenti (clienti) da ambo i lati di un confine nazionale sono proprietari del denaro. I venditori (produttori) da ambo i lati sono proprietari dei beni. Sono beneficiari di un ordine morale e giuridico che consente loro di fare ciò che vogliono con tutto ciò che possiedono, anche rinunciare alla loro proprietà.

Inoltre, i venditori da ambo i lati di un confine nazionale devono vedersela con la concorrenza interna. Anche questi venditori possiedono risorse e cercano di massimizzare il loro reddito. Sono incentivate ad ottenere un sussidio dallo stato.

2. La Finestra

La finestra era il sistema giuridico che disciplinava ciascuna di queste nazioni. Nella zona di scambio, ogni ordine civile poteva scambiare beni al di là del confine nazionale. Nessun corpo di leggi imponeva sussidi fiscali. Infatti questo è ciò che significa libero scambio.

Di solito il termine "libero scambio" ha un *focus* più preciso di "libero mercato", ma sono sostanzialmente la stessa cosa. Il libero mercato è il prodotto di un sistema legale che permette il libero scambio: dall'altra parte della strada, dall'altra parte del confine della contea, dall'altra parte del confine di stato e dall'altra parte del confine nazionale. L'assetto istituzionale considera i proprietari giuridicamente sovrani di ciò che possiedono. Le linee giuridiche invisibili conosciute come confini, non devono avere alcun impatto economico sui diritti legali delle persone a scambiare merci.

L'insieme dei diritti, associato alla titolarità di determinate unità di proprietà, viene trasmesso dall'altra parte di tutti i confini: stradale, di contea, statale e nazionale. Non ci sono sussidi fiscali concessi a quella persona che vuole vendere una forma di proprietà oltre un confine: merci. C'è uguaglianza davanti alla legge. Ciò è conforme al diritto civile fondamentale di Mosè: uguaglianza davanti alla legge. "Siavi un'unica legge per il nativo del paese e per lo straniero che soggiorna tra voi." (Esodo 12:49)

Da ambo i lati del confine nazionale, gli uomini liberi possiedono il diritto legale di fare offerte per vendere merci (produttori), così come il diritto legale di acquistare merci (clienti). Questo ordinamento giuridico permette loro di esercitare i diritti di proprietà. Dato che possiedono il diritto di commerciare, possono specializzarsi in qualsiasi attività che reputano di poter far meglio -- con "meglio" s'intende come determinato dai clienti paganti.

3. Il Sasso

I politici vogliono voti. Li cercano da quei gruppi con interessi particolari che sono politicamente organizzati da convincere i politici a concedere loro sussidi statali. Questo riduce i loro costi d'esercizio.

I produttori nelle industrie orientate all'esportazione, devono affrontare la concorrenza di quei produttori che vendono ai residenti. Le imprese in entrambi i settori fanno salire il costo dei beni di produzione di cui hanno bisogno. Questo riduce i margini di profitto.

Gli esportatori vogliono ottenere un vantaggio rispetto ai produttori che si rivolgono ai residenti nazionali, quindi sfruttano la carta (ancora popolare) del mercantilismo seicentesco. Chiedono sussidi statali, diretti o indiretti. Un sussidio diretto sarebbe un prestito statale ad un tasso inferiore a quello di mercato. Un sussidio indiretto sarebbe una garanzia statale di rimborso se gli stranieri si rifiutano di acquistare i prodotti esportati. Il prestito praticamente non ha alcun rischio. Lo stato impegna il proprio rating di credito per conto della ditta esportatrice, la quale può presentarlo alla banca e chiedere un tasso d'interesse più basso. Questo sovvenziona uno spostamento di capitali dal mercato dei beni interni al mercato dei beni esportati.

4. I Costi

Chi paga per un prestito diretto ad un'impresa esportatrice? Lo stato. Chi paga lo stato? I contribuenti. Chi paga per l'esportatore se un bene esportato non realizza un profitto? Lo stato. Chi paga lo stato? I contribuenti.

Ma c'è più del denaro in gioco. Ci sono anche le perdite che gravano sui clienti nazionali. Quando uno straniero acquista un bene sovvenzionato, tale bene lascia la nazione. I residenti si ritrovano meno beni tra cui scegliere. La ditta esportatrice incamera valuta estera con cui può acquistare la valuta nazionale. Può quindi premiare i propri dipendenti. Può continuare ad acquistare beni strumentali dai suoi fornitori nazionali. Ma questo significa che i vari produttori nazionali che avrebbero potuto vendere le loro merci, non possono farlo.

Questo è l'effetto della finestra rotta. Nessuno si accorge di cosa non è accaduto. Si notano solo quelle cose che sono accadute. I clienti nazionali si recano nei negozi al dettaglio alla ricerca di buoni affari. Dove sono? Da nessuna parte. Perché? Perché i beni che sono stati esportati non sono più acquistabili dai residenti della nazione. Inoltre alcuni dei residenti si ritrovano più poveri a causa delle tasse pagate allo stato affinché fornisse sussidi all'esportazione.

Intanto, dall'altro lato del confine, alcuni clienti stanno meglio. Se non ci fosse stato un sussidio agli esportatori dall'altro lato del confine, questi consumatori esteri ne avrebbero fatto volentieri a meno. Amano i sussidi per l'esportazione dall'altro lato del confine. Naturalmente chi ci perde sono anche i produttori esteri che avrebbero guadagnato da vendite interne. I sussidi sulle merci importate, rendono più attraenti le merci provenienti dall'estero. Questi produttori non sono inefficienti; è solo che il sussidio al di là del confine non è indirizzato a loro.

5. Le Conseguenze

La disponibilità di beni esportati è ridotta e ciò mantiene alti i prezzi in questi mercati. I clienti non capiscono perché. Questo a causa del fattore della finestra rotta.

Dato che i prezzi sono più elevati a causa di quei beni inviati all'estero, i clienti interni stanno peggio. Sono più poveri. Dovranno limitare il loro consumo, purtroppo non per colpa (economica) propria.[9]

---

9   Se hanno votato per i politici che hanno approvato i sussidi

Dall'altro lato del confine, c'è agitazione politica da parte di quei produttori nazionali che si trovano ad affrontare i beni sussidiati. Chiameranno in causa i loro politici affinché facciano qualcosa per compensare questa concorrenza sleale.[10] Spingeranno affinché vengano approvati dazi e quote. Potrebbe iniziare una guerra commerciale. Questa sequenza di eventi è accaduta durante la Grande Depressione degli anni '30, facendola durare più a lungo.

Se anche il paese in cui i politici hanno approvato sussidi all'esportazione impone dazi e quote, allora le due politiche sono schizofreniche. I sussidi alle esportazioni aumentano la quantità di valuta estera in possesso delle aziende esportatrici. Cosa ci faranno con questo denaro estero in banche estere? Vediamo, potrebbero utilizzarlo per investire in imprese straniere che esportano merci. Oops! I dazi e le quote della nazione che sussidia le esportazioni riducono inevitabilmente la quantità delle importazioni. Così, i politici che approvano dazi e anche sussidi all'esportazione, sono come quei politici che approvano i sussidi agricoli ai produttori di tabacco e poi approvano leggi anti-fumo.

Conclusioni

Il termine "libero mercato" significa libero scambio. L'ordinamento giuridico che fa valere la proprietà privata, fa anche valere per definizione il libero scambio.

---

all'esportazione, allora questi cittadini hanno una colpa politica. La loro colpa è quella di non aver capito l'economia.

10 Hanno un punto a favore. Questa competizione sussidiata è davvero ingiusta... per i contribuenti e i clienti dall'altro lato del confine.

Il diritto di proprietà implica necessariamente il diritto di rinunciare a suddetta proprietà. Il libero scambio si basa sulla libertà di scambiare la proprietà oltre le frontiere: strade, contee, stati e nazioni.

Però scopriamo che alcune persone che ci assicurano di credere nella proprietà privata, in realtà non ci credono. Credono, invece, nel commercio regolamentato dallo stato, vale a dire, il divieto di rinunciare alla propria proprietà. Quando qualcuno dice: "Non puoi comprare questo," significa che "non puoi vendere questo." Se non posso comprare legalmente le merci oltre i confini nazionali, allora non posso trasferire legalmente il mio denaro a qualcuno dall'altra parte di tale confine, se non come un dono.

I sussidi all'esportazione non sono doni agli stranieri. Sono aiuti esteri. In realtà, sono mascherati da aiuti esteri. Sono soldi dello stato consegnati agli esportatori. Ciò comporta il trasferimento di merci fuori dalla nazione e nelle mani dei clienti esteri.

Ma la cosa funziona in entrambe le direzioni. I programmi d'aiuto estero sono mascherati da sussidi all'esportazione. Lo stato dà i soldi dei suoi contribuenti agli stati stranieri e questi ultimi li usano per comprare le merci degli esportatori. Quali esportatori? Quelli nella nazione che concede l'aiuto. Questa politica supporta le esportazioni e riduce necessariamente la quantità di merci della nazione che concede l'aiuto. I contribuenti ci perdono, i clienti interni ci perdono.

Non fa differenza ciò che i politici chiamano "aiuti esteri" o "sussidi all'esportazione", i risultati economici sono simili.

I politici trasferiscono la ricchezza all'estero. Diverse aziende ne traggono beneficio: aiuti esteri contro sussidi all'esportazione. Ma il risultato netto riduce la ricchezza nazionale.

Ci sono elettori che dicono: "Il governo federale dovrebbe smettere di fornire aiuti esteri." Poi invece sostengono i sussidi all'esportazione. Sono confusi dal punto di vista intellettuale.

Qual è il punto di vista corretto, biblicamente parlando? Il libero scambio e il libero mercato, che sono la stessa cosa. Lasciate che i singoli israeliti e i singoli edomiti facciano affari, se lo vogliono. I governi da ambo i lati del confine dovrebbero rimanerne fuori: nessuna tassa sulle merci importate e nessun sussidio alle esportazioni.

Non si ottiene qualcosa in cambio di niente. Qualcuno paga per sussidiare le esportazioni.

E. C. Pasour, "U.S. Agriculture Programs: Who Pays?" (2008): http://fee.org/freeman/us-agricultural-programs-who-pays/

Abolire la Export-Import Bank: https://cei.org/content/new-cei-report-gives-10-reasons-abolish-corrupt-export-import-bank

Capitolo 13: Il Prezzo di "Parità"

"Cattivo! cattivo!" dice il compratore; ma, andandosene, si vanta dell'acquisto.
(Proverbi 20:14)

Ogni scambio volontario comporta l'acquisto e la vendita. La persona che ricopre il ruolo di acquirente è un venditore di denaro. Acquista beni e servizi. La persona che ricopre il ruolo di venditore è un acquirente di denaro. Vende qualcosa di valore per acquistare denaro.

La citazione di Salomone qui sopra, ci è molto familiare. Durante la negoziazione, sia l'acquirente di beni sia l'acquirente di denaro si lamentano che il prezzo richiesto è troppo alto. Non è un buon affare. "Cattivo, cattivo". Ognuno spera che il venditore ceda al prezzo richiesto dalla controparte. Nel caso dell'acquirente di denaro (venditore di beni), egli spera che l'acquirente dei beni (venditore di denaro) decida di comprare una quantità di beni inferiore al denaro speso. Salomone sapeva che i suoi ascoltatori e lettori avrebbero riconosciuto questa tecnica di negoziazione.

Quest'ultima si basa su questo assetto istituzionale: il diritto di fare un'offerta. Lo vediamo nei mercati in cui la proprietà privata è al sicuro (la finestra). Lo vediamo anche nei mercati governati dalla politica (il sasso). In una società con un piccolo negozio al dettaglio, dove ci sono alcuni concorrenti nelle vicinanze, la trattativa è fondamentale per le vendite.

In un'economia altamente sviluppata, non c'è molta negoziazione. Non negoziamo con una cassiera quando andiamo alla cassa di un supermercato. La cassiera esegue la scansione del codice a barre sulla confezione del prodotto e il computer lo aggiunge alla lista degli articoli che vengono comprati. La regola qui è chiara: "Prendere o lasciare". È facile lasciare. Chiunque può acquistare in un negozio diverso, o connettersi ad Internet per verificare i prezzi.

I venditori (acquirenti di denaro) fanno offerte in competizione con altri venditori. Gli acquirenti (venditori di denaro) fanno offerte in competizione con altri acquirenti. Da questo processo di offerte competitive -- un gigantesco sistema di aste -- fuoriescono i prezzi oggettivi. C'è poca ignoranza. La negoziazione faccia a faccia è limitata a zone d'ignoranza in materia di prezzi e qualità. *Migliori sono le informazioni sui prezzi di mercato, più è ristretto il range della negoziazione dei prezzi.*

1. I Proprietari

Ci sono proprietari di coltivazioni. Questi sono gli agricoltori. Ci sono proprietari di denaro. Questi sono i consumatori. Gli acquirenti di denaro (venditori di colture) vogliono ottenere il prezzo più alto possibile, vale a dire, l'obbligo di consegnare la minima quantità di una determinata coltura. Al contrario, gli acquirenti di cibo (venditori di denaro) vogliono ottenere più cibo di quello che sono disposti a pagare. C'è un terzo aspetto legato alla proprietà in un libero mercato: il diritto legale di fare un'offerta. Gli acquirenti fanno offerte in competizione con altri acquirenti.

I venditori fanno offerte in competizione con altri venditori. Questo è un altro modo per dire che i proprietari possiedono il diritto legale di rinunciare alla loro proprietà. Gli agricoltori possono rinunciare ai loro raccolti. I consumatori possono rinunciare ai loro soldi.

2. La Finestra

Gli agricoltori possiedono la terra. Possiedono le conoscenze. Possiedono il denaro che usano per comprare gli strumenti di produzione. Possiedono il credito: la loro reputazione nel rimborsare il debito. Vendono i loro raccolti ai grossisti, i quali a loro volta vendono ai produttori, i quali a loro volta vendono ai consumatori. Questi ultimi possiedono il denaro. Determinano, con effetto retroattivo, quali produttori li soddisfano al meglio. Le loro decisioni di acquistare da qualcuno e non da altri, rendono alcuni agricoltori ricchi e altri poveri.

Gli agricoltori agiscono come agenti economici dei consumatori finali. Tutti i produttori lo fanno. Ai tempi di Salomone ogni acquirente e ogni venditore aveva l'opportunità di dire: "Cattivo, cattivo". La contrattazione rallentava la velocità del processo decisionale. Nell'economia moderna, invece, è quasi scomparsa. Questo grazie alla natura della finestra: il sistema del libero mercato riduce l'ignoranza quando abbiamo a che fare con domanda e offerta. Per molto tempo i mercati agricoli sono stati i più sviluppati tra tutti i mercati. Ciò è particolarmente vero per quello dei cereali, i quali possono essere giudicati facilmente in termini di qualità e tipo. Esistono professionisti che fanno queste valutazioni.

Il libero mercato dei prodotti agricoli è internazionale. È gigantesco. Ci sono centinaia di milioni di contadini e miliardi di consumatori di cibo. La maggior parte di queste aziende è di piccole dimensioni. Si trovano in villaggi cinesi e indiani. Vendono poco cibo al di fuori dei loro villaggi. Circa tre milioni di aziende agricole alimentano la maggior parte delle popolazioni urbane del mondo. Negli Stati Uniti circa 200,000 fattorie producono l'80% della produzione agricola. Questi agricoltori hanno accesso al World Wide Web. Ciò significa che i prezzi sono ben conosciuti. I mercati alimentari sono internazionali. I prezzi sono stabiliti da gare d'appalto per una frazione di una qualsiasi unità monetaria.

C'è un altro aspetto importante nei mercati cerealicoli: il trading coi futures. Gli speculatori possono entrare in questi mercati pagando una caparra bassa e fare offerte. Alcuni di loro tentano di acquistare una grande quantità di cereali in futuro ad un certo prezzo. Si dice che "vanno long". Altri tentano di fornire una grande quantità di cereali in futuro ad un certo prezzo. Si dice che "vanno short". Questi speculatori fanno un sacco di soldi se indovinano il prezzo futuro del cereale che stanno trattando. Queste opportunità di profitto con un'elevata leva finanziaria, attirano vari *previsori* sofisticati. Le perdite mandano via i perdenti. I sopravvissuti sono dei *previsori* molto buoni.

Questo sistema di offerte competitive stabilisce i prezzi preliminari per ciascuno dei cereali. Queste informazioni sui prezzi sono pubbliche. Sono disponibili a costo zero sul Web per tutti gli agricoltori e gli acquirenti all'ingrosso. I prezzi dei cereali cambiano, minuto per minuto. Ciò significa che esiste un intervallo molto stretto per la negoziazione dei prezzi.

Il fattore d'ignoranza è minimo. Nessuno si prende la briga di gridare: "Cattivo, cattivo". La risposta è chiara: "Se è possibile acquistare qualcosa di conveniente da qualche parte, si può fare una fortuna con l'arbitraggio. Comprare basso in un mercato e vendere alto in un altro." In breve: "Far seguire i fatti alle parole". Questo detto mette a tacere molte persone.

Con questo sistema decentrato di coltivazione internazionale, vengono premiati gli agricoltori efficienti. Gli agricoltori inefficienti, invece, lasciano il campo (letteralmente). Nel 1800 il 90% della popolazione americana viveva nelle fattorie. Oggi questo numero è calato al 2%. L'agricoltura cerealicola americana è la più efficiente sulla Terra. Lo è stata sin dal 1840: il mietitrebbia, le ferrovie e le praterie. Circa il 30% del reddito agricolo americano proviene dalle esportazioni.

3. Il Sasso

Nel 1938 un gruppo di agricoltori con interessi particolari convinse il governo federale ad approvare una legge che garantisse un prezzo deciso dai burocrati. Per rendere prevedibili questi prezzi, venne applicata una formula complessa. Dapprima venne selezionato un determinato anno come anno di riferimento. Poi venne stabilito che il prezzo più alto pagato per una determinata coltura in quell'anno di riferimento, divenisse il prezzo d'acquisto del governo l'anno successivo. Se il prezzo di mercato fosse sceso al di sotto di questo prezzo -- chiamato prezzo di parità -- il governo avrebbe acquistato la coltivazione e l'avrebbe immagazzinata.

Il gruppo con interessi particolari provò a convincere i politici affinché scegliessero un anno di riferimento in cui il prezzo della loro coltura era elevato. Perché non un anno in cui il raccolto era stato venduto per meno? Il gruppo con interessi particolari aveva una risposta: "Cattivo, cattivo".

L'Agricultural Adjustment Act del 1933 istituì un programma di prestiti federali agli agricoltori. Questi ultimi potevano prendere in prestito denaro a tassi inferiori a quelli di mercato. Poi avrebbero piantato le loro colture. Nel 1938 la legge venne modificata. Agli agricoltori che avevano acceso questi prestiti vennero garantiti prezzi di parità -- prezzi al di sopra di quelli di mercato. Venivano pagati fino al 75% in più rispetto alla loro produzione. Questo programma di finanziamento è ancora in vigore. Questo riduce il rischio di fallimento economico degli agricoltori.

Invece di lasciare che i mercati internazionali stabilissero il prezzo di una coltura, momento per momento e in termini di domanda/offerta, i politici americani si sono intromessi. La maggior parte di loro vota ogni anno per garantire un prezzo minimo alla maggior parte dei raccolti di quelle aziende agricole che si iscrive al programma di sovvenzione. Se nei mercati internazionali i prezzi sono più bassi rispetto a quello fissato per legge, quelle aziende agricole che partecipano al programma di sovvenzione statale venderanno il loro raccolto al governo. Riceveranno una sovvenzione indiretta dai contribuenti.

Una giustificazione ufficiale per i prezzi di parità è la seguente: questi prezzi garantiranno che le aziende a conduzione familiare non andranno in bancarotta. Qual è stato il risultato?

Nel 1930 circa il 25% della popolazione degli Stati Uniti viveva nelle aziende agricole. Oggi quel numero è sceso al 2%.

Un'altra giustificazione: questi prezzi decisi a tavolino assicureranno una fonte affidabile e costante di cibo. Le persone che utilizzano questo argomento pensano che gli elettori non presteranno attenzione ai mercati internazionali dei cereali, i quali sono giganteschi e hanno fornito una costante offerta di cibo per più di duecento anni. Fatta eccezione per la grande carestia irlandese del 1840, l'Occidente non ha mai sofferto la fame in tempo di pace.

Con i prezzi di parità, gli agricoltori diventano gli agenti economici dello stato piuttosto che dei consumatori. I loro profitti, o le loro perdite, sono stabiliti arbitrariamente da prezzi decisi dai burocrati, non dai consumatori. L'autorità economica si sposta dai clienti ai burocrati di ruolo. Questi ultimi sono molto più facili da prevedere rispetto ai consumatori. Oltre ai burocrati (almeno in teoria), i politici sono molto più facili da convincere rispetto ai consumatori. Il blocco agricolo ha vita facile quando tratta coi politici piuttosto che coi consumatori.

4. I Costi

I consumatori di cibo in quella nazione che adotta il prezzo di parità, si ritrovano un concorrente in più nei mercati alimentari: il governo nazionale. Quest'ultimo può permettersi di acquistare una grande percentuale di colture in quegli anni in cui i prezzi sui mercati mondiali erano inferiori al prezzo di parità.

Le colture acquistate dal governo sarebbero state portate sui mercati. I venditori di colture avrebbero dovuto competere tra di loro per vendere tutti i loro raccolti. I prezzi del cibo sarebbero stati inferiori. Ma queste colture vengono invece acquistate dal governo e immagazzinate. Questo limita l'offerta degli impianti di stoccaggio, aumentandone i costi.

In secondo luogo, i contribuenti devono pagare il governo affinché esso acquisti le colture della nazione, o una grande percentuale di queste, a seconda del processo di *prezzaggio* politico. Nella maggior parte dei casi, questi due gruppi sono uguali. Quindi i contribuenti sono tassati in modo da dover pagare prezzi più alti per il cibo. Avranno meno soldi da spendere e dovranno spenderne di più per il cibo.

La popolazione è generalmente all'oscuro di tutto ciò. Altrimenti potrebbe eleggere politici antagonisti dei loro pari che approvano i prezzi di parità per i prodotti agricoli. Il grido dei consumatori/contribuenti sarebbe questo: "Cattivo, cattivo". Ma rimangono inconsapevoli.

Il Capitolo 6 è "Il Credito Devia la Produzione". I prezzi di parità e i tassi d'interesse (al di sotto di quelli di mercato) sui prestiti agricoli, spingono gli agricoltori a produrre colture in un'economia che altrimenti produrrebbe altri beni e servizi. I consumatori di cibo vogliono anche altre cose da consumare. Ma le loro offerte per altri beni e servizi sono ridotte: in primo luogo per le tasse che sovvenzionano le eccedenze agricole immagazzinate dal governo, o date via sotto forma di aiuti esteri; in secondo luogo per i prezzi più alti dei generi alimentari al supermercato.

La gamma di scelte dei consumatori è in tal modo ridotta. In altre parole, i consumatori sono più poveri di quello che altrimenti sarebbero stati.

5. Le Conseguenze

Negli Stati Uniti, dove questo sistema ha prevalso sin dal 1933, si è registrata una costante riduzione del numero di aziende agricole a conduzione familiare. Oggi la percentuale della popolazione americana che è direttamente coinvolta nell'agricoltura è di circa il 2%. A questo potremmo aggiungerci un altro 13% della popolazione che lavora nelle industrie legate all'agricoltura.

Secondo le statistiche recenti, circa il 97% di queste aziende agricole è a conduzione familiare. Ma le grandi aziende agricole che vendono almeno $250,000 di raccolti all'anno, ricoprono oltre l'80% di tutte le vendite. Queste aziende agricole rappresentano circa il 10% di tutte le aziende del settore. Considerate ciò che ci si aspetterebbe da questo tipo di distribuzione. La famosa curva 20-80 di Pareto stimerebbe che il 20% delle aziende agricole produrrebbe l'80% della produzione. Di norma circa il 20% dei membri di qualsiasi gruppo, o industria, fornisce circa l'80% della produzione. Questo è qualcosa di noto sin da quando l'economista italiano Vilfredo Pareto l'ha scoperto nel 1897.

Perché il sistema americano di produzione agricola si è sbilanciato verso una disuguaglianza all'apice rispetto a quanto prevederebbe la curva di Pareto? Il primo posto in cui cercare una risposta è l'intervento statale nel settore agricolo.

Il sistema di parità non ha fatto nulla per consentire alle piccole aziende agricole di competere con quelle grandi. Anzi, il sistema ha offerto maggiori sussidi alle grandi aziende agricole. Il programma di parità è un programma che sovvenziona gli agricoltori ricchi a scapito della classe media. Questo è stata una verità fin dall'inizio.

Conclusione

L'industria agroalimentare da miliardi di dollari, dominata negli Stati Uniti da quattro grandi imprese, ha usato l'immagine delle aziende agricole a conduzione familiare per estrarre ricchezza dai contribuenti. Gli elettori non se ne preoccupano. Questo è il classico esempio di come vengono approvate leggi in favore di gruppi con interessi particolari. Gli elettori non si preoccupano di quanto possa costare loro. Non si organizzano politicamente per sconfiggere tali leggi. Quindi i membri più ricchi di un piccolo settore economico -- 2% della popolazione degli Stati Uniti -- si concentrano per far approvare la loro agenda legislativa attraverso il sistema politico.

C'è asimmetria politica qui: informazione e motivazione. I costi dell'organizzare una base elettore decentrata sono molto elevati. Il rischio di fallimento nell'organizzarla in un blocco elettorale di resistenza è elevato. Per contro, i costi d'organizzazione di un piccolo gruppo con interessi particolari sono bassi, ed i benefici di una campagna politica di successo sono alti.

Mi piace pensare che ricorderete questa lezione ogni volta che mangerete qualcosa. Forse non lo farete.

Rovinerebbe il vostro appetito. Ma pensate a questo: la grazia di Dio è così grande che ha superato il prezzo di parità del governo federale. Avete pagato il vostro pasto di più di quello che sarebbe costato in assenza dell'intervento centrale, ma Dio nella sua grazia, per mezzo di un libero mercato nei prodotti agricoli, ha messo il cibo sul vostro tavolo. Ogni tanto dovreste pregare per una maggiore grazia e prezzi di parità più bassi.

**I prezzi di "parità" non sono altro che prezzi minimi.
Producono sovrabbondanze.**

Robert L. Thompson, "Agricultural Price Supports":
http://www.econlib.org/library/Enc1/AgriculturalPriceSupports
.html

E. C. Pasour, "The Farm Problem and Government Farm
Programs" (1987): http://fee.org/freeman/the-farm-problem-
and-government-farm-programs

E. C. Pasour, "U.S. Agricultural Programs: Who Pays?" (2008):
http://www.independent.org/newsroom/article.asp?id=2386

Ivan H. "Cy" Peterman, "Farmer Fights for Freedom" (2009):
https://mises.org/library/farmer-fights-freedom

Daniel Fisher, "Supreme Court Undermines Price-Support
Programs With Ruling For Raisin Farmer" (2015):
http://www.forbes.com/sites/danielfisher/2015/06/22/supreme-
court-extends-fifth-amendment-to-raisins

Capitolo 14: Salvare l'Industria X

Or in quel tempo nacque non piccol tumulto a proposito della nuova Via. Poiché un tale, chiamato Demetrio, orefice, che faceva de' tempietti di Diana in argento, procurava non poco guadagno agli artigiani. Raunati questi e gli altri che lavoravan di cotali cose, disse: Uomini, voi sapete che dall'esercizio di quest'arte viene la nostra prosperità. E voi vedete e udite che questo Paolo ha persuaso e sviato gran moltitudine non solo in Efeso, ma quasi in tutta l'Asia dicendo che quelli fatti con le mani, non sono dèi. E non solo v'è pericolo che questo ramo della nostra arte cada in discredito, ma che anche il tempio della gran dea Diana sia reputato per nulla, e che sia perfino spogliata della sua maestà colei, che tutta l'Asia e il mondo adorano. Ed essi, udite queste cose, accesi di sdegno, si misero a gridare: Grande è la Diana degli Efesini!

(Atti 19:23-28)

L'apostolo Paolo predicava che gli idoli non sono dei. Non c'è dubbio che gli argentieri di Efeso rischiavano una riduzione della domanda per la loro produzione. Il messaggio di Paolo metteva in discussione la fede della gente nel potere degli idoli prodotti dagli argentieri di Efeso. Questa perdita di fede avrebbe ridotto la domanda per tutti gli idoli. Gli argentieri di Efeso risposero fomentando una rivolta. Il burocrate romano locale parlò alla folla. Non ricorse alla fallacia familiare di una potenziale perdita di posti di lavoro a causa della riduzione della domanda dei consumatori.

Invece invitò la folla a calmarsi.

*«Ma il segretario, avendo acquietata la turba, disse: Uomini di
Efeso, chi è che non sappia che la città degli Efesini è la
guardiana del tempio della gran Diana e dell'immagine caduta
da Giove? Essendo dunque queste cose fuor di contestazione,
voi dovete acquietarvi e non far nulla di precipitato; poiché
avete menato qua questi uomini, i quali non sono né sacrileghi,
né bestemmiatori della nostra dea. Se dunque Demetrio e gli
artigiani che son con lui hanno qualcosa contro qualcuno, ci
sono i tribunali, e ci sono i proconsoli; si facciano citare gli
uni e gli altri. Se poi volete ottenere qualcosa intorno ad altri
affari, la questione si risolverà in un'assemblea legale. Perché
noi siamo in pericolo d'essere accusati di sedizione per la
radunata d'oggi, non essendovi ragione alcuna con la quale
noi possiamo giustificare questo assembramento. E dette
queste cose, sciolse l'adunanza.» (vv. 35-41)*

E ordinò loro di portare eventuali accuse contro Paolo davanti
alla corte. Invocò lo stato di diritto. Aveva in mente il diritto
romano, ma lo stesso principio di legge era stato a lungo lo
standard nella legge mosaica d'Israele: "Siavi una stessa legge
per colui ch'è natio del paese, e per lo forestiere che dimora per
mezzo di voi." (Esodo 12:49). Il principio giuridico dello stato
di diritto presuppone che il governo civile non approvi leggi
speciali che favoriscano un'industria piuttosto che un'altra. Se
un'industria comincia a soffrire di un calo della domanda a
causa del cambiamento delle convinzioni o dei gusti tra gli
acquirenti, lo stato non deve intervenire per difenderla. Il
funzionario non invitò Paolo a cessare la sua predicazione, né
offrì una sovvenzione diretta agli argentieri che producevano
idoli.

Sarebbe un bene per i clienti e per i contribuenti se oggi lo stato moderno adottasse lo stesso principio.

1. I Proprietari

C'erano i proprietari dell'argento, i quali avevano sviluppato un reddito costante grazie alla vendita degli idoli. Possedevano gli strumenti utilizzati nei loro scambi. Possedevano anche alcune competenze relative alla loro realizzazione, il che includeva la conoscenza dei mercati degli idoli. C'erano anche proprietari secondari: le persone che possedevano l'argento, le persone che affittavano lo spazio per i commercianti e le persone associate al trasporto.

Poi c'erano le persone che possedevano il denaro. Erano i potenziali acquirenti degli idoli di Diana. Possedevano il bene più commerciabile: il denaro.

2. La Finestra

C'era un mercato per questi idoli. Ciò significa che c'erano vendite frequenti. Era un mercato prevedibile, entro certi limiti.

Ma la predicazione di Paolo venne percepita da un argentiere come una minaccia all'intera gilda dei creatori degli idoli. Era preoccupato per la disoccupazione che avrebbe generato questo spostamento della domanda dei consumatori. Non era sicuro di cosa potesse fare, e così inventò una cantilena: "Grande è la Diana degli Efesini". Quale effetto avrebbe avuto sul mercato, non era chiaro.

Se i potenziali acquirenti avessero deciso di non comprare, cosa poteva farci la gilda? I clienti avevano il controllo del loro denaro. La gilda aveva solo questa tattica: una predicazione migliore. Una breve rivolta non avrebbe risolto nulla.

Era chiaro che i membri della gilda avrebbero investito meno nella produzione futura se l'opinione pubblica fosse cambiata. Guardando al futuro, è probabile che la domanda sarebbe calata. I clienti avrebbero applicato sanzioni negative contro la gilda. Le vendite esigue avrebbero ridotto i prezzi degli idoli: maggiore offerta rispetto alla domanda. Questi segnali di prezzo avrebbero trasmesso informazioni precise: calo della domanda. La risposta economicamente razionale sarebbe stata quella di una riduzione della produzione. Ci sarebbero stati licenziamenti in quell'industria. Almeno un membro della gilda lo capì.

3. Il Sasso

All'epoca lo stato romano non si mosse per porre fine alla predicazione di Paolo. Lo avrebbe fatto nel 64 d.C.

Oggi, la gilda avrebbe inviato al Congresso il suo team di lobbisti. Per salvare una determinata industria, questi specialisti della persuasione avrebbero invocato il più efficace tra tutti gli inviti all'intervento economico: riduzione dei posti di lavoro. Se la domanda di un qualsiasi bene di consumo scende, e l'industria si trova ad affrontare un calo della domanda e quindi profitti più bassi, gli elettori vengono avvisati che la morte di quella particolare industria scatenerebbe un disastro nel mercato del lavoro.

"Pensate ai posti di lavoro che andranno persi se il governo non interviene immediatamente". Hazlitt iniziò il capitolo con queste parole:

«*Le lobby del Congresso sono affollate di rappresentanti dell'industria X. Quest'ultima è malata, sta morendo. Dev'essere salvata. Può essere salvata solo da un dazio, da prezzi più elevati, o da una sovvenzione. Se la si lascia morire, i lavoratori finiranno per strada. I loro padroni di casa, i negozi alimentari, le macellerie, i negozi d'abbigliamento e i teatri locali perderanno affari, e la depressione si diffonderà in cerchi sempre più ampi. Ma se l'industria X viene salvata dal pronto intervento del Congresso -- ah, allora! comprerà attrezzature da altre industrie; saranno impiegati più uomini; darà più business ai macellai, ai panettieri e ai realizzatori di luci al neon, e quindi sarà la prosperità che si diffonderà in cerchi sempre più ampi.*»*

Questa prospettiva instilla paura nel cuore di ogni politico. I disoccupati saranno molto più propensi a votare per il suo avversario alle prossime elezioni. Ma il burocrate di Efeso non doveva preoccuparsi di tale minaccia. Gli Efesini non votavano.

Così, i politici lanciano un sasso contro la finestra. Potrebbe essere una restrizione che mira alle industrie concorrenti. Potrebbe essere una sovvenzione diretta. Ma i politici lo fanno in buona fede: salvare un'industria "sotto attacco".

Chi la sta attaccando? I consumatori. Stanno comprando il prodotto di un'industria concorrente. O stanno comprando qualcosa di completamente diverso.

4. I Costi

I costi sono noti: disoccupazione di breve termine nell'industria, poiché il capitale si sposta verso quelle industrie i cui servizi sono ancora molto richiesti. Gli investitori sposteranno il loro capitale. Il sistema dei prezzi cesserà di trasmettere informazioni precise per quanto riguarda le preferenze dei clienti. Ma questi segnali di prezzo sono la base del controllo dei consumatori su ciò che viene prodotto. Senza la capacità d'imporre sanzioni -- positive e negative -- non possono mantenere il controllo sui produttori. L'intervento riduce l'autorità economica dei consumatori. Trasferisce l'autorità ai politici.

Poi ci sono questi altri costi: nessun guadagno per quei produttori di servizi desiderati dai consumatori. Non faranno profitti. Non compreranno materie prime, né costruiranno nuovi impianti di produzione. Non assumeranno lavoratori.

Ci sarà meno innovazione. L'industria protetta non ha bisogno d'innovare per conservare il suo bacino di clienti.

I contribuenti ci perderanno se le sovvenzioni provengono direttamente dal Tesoro nazionale. Hazlitt ci ricorda il ruolo di causa ed effetto.

«Questo non sarebbe altro che un trasferimento di ricchezza, o di reddito, all'industria X. La perdita per i contribuenti è proporzionale al guadagno delle persone nell'industria X. Il grande vantaggio di una sovvenzione, dal punto di vista della popolazione, è che rende chiara tutta questa storia.

Ci sono molte meno possibilità di un offuscamento intellettuale quando si parla di dazi, prezzi minimi, o esclusione monopolistica.»

Questo trasferimento di ricchezza non la crea affatto.

«Ma il risultato di questa sovvenzione non è solo un trasferimento di ricchezza, o di reddito, o che altre industrie si sono ridotte tanto quanto si è ampliata l'industria X. Il risultato (e qui è dove arriva la perdita netta per la nazione considerata come un'unità) è che il capitale e il lavoro sono scacciati dalle industrie in cui sono più efficienti e finiscono in un'industria in cui sono meno efficienti. Viene creata meno ricchezza. Si abbassa lo standard di vita medio rispetto a quello che sarebbe stato altrimenti.»

L'intervento non si limita ad equilibrare la ricchezza, la abbassa.

Poi c'è questo costo: perdita di fiducia nello stato di diritto. Questa è la nuova regola: il successo viene punito; il fallimento viene sovvenzionato. Poi c'è questo: i produttori stranieri ci guadagnano nei mercati internazionali. L'industria sovvenzionata non deve competere a livello nazionale, ma deve competere a livello internazionale. Perderà il proprio vantaggio competitivo. L'influenza dell'industria non raggiungerà il suo potenziale.

Nuovi prodotti, nuove tecniche di produzione e nuove tecniche di marketing forniranno un vantaggio agli stranieri.

5. Le Conseguenze

La crescita economica sarà inferiore. Il capitale resterà investito in un'industria in contrazione. Non verrà investito in industrie che altrimenti avrebbero goduto di vendite e profitti maggiori.

Per decenni il governo americano ha protetto l'industria siderurgica, ma la concorrenza straniera non poteva essere tenuta a bada per sempre. L'acciaio a prezzi inferiori sui mercati esteri ha fornito un vantaggio competitivo alle importazioni di automobili, che invece non erano protette. L'occupazione nel settore automobilistico è scesa. L'industria siderurgica è solo l'ombra di quella che era nel 1950. Altre imprese siderurgiche sono fiorenti, ma queste sono imprese high-tech. Impiegano meno lavoratori rispetto alle vecchie fabbriche. L'esempio classico è l'industria dei frustini per calessi. Questo esempio è di facile comprensione. Ma c'era anche l'industria dei calessi. Automobili e carrelli elettrici l'hanno sostituite nel 1920.

Conclusioni

Quando sentite che l'industria X sta morendo, chiedetevi: "Chi la sta uccidendo?" La risposta è chiara in un libero mercato: i consumatori.

Quando i politici intervengono per salvare un'industria morente, il che significa un'industria in contrazione, proclamano quanto segue: "Non accettiamo le decisioni dei consumatori.

Sostituiremo il nostro giudizio al loro." Si tratta di un conflitto sull'autorità: autorità politica contro autorità del mercato. Questo è un dibattito sugli standard del successo istituzionale: politica contro economia. La moneta del regno politico è il voto. La moneta del regno economico è il denaro.

La conclusione di Hazlitt centra il bersaglio:

«*Per quanto paradossale possa sembrare, è necessario per la salute di un'economia dinamica che le industrie morenti vengano lasciate morire così come venga permesso di crescere alle industrie in crescita. Il primo processo è tanto essenziale quanto il secondo. È stupido cercare di preservare industrie obsolete così come cercare di mantenere in auge metodi di produzione obsoleti. Il miglioramento dei metodi di produzione deve soppiantare costantemente i metodi obsoleti, cosicché merci e strumenti migliori possano soddisfare vecchi e nuovi bisogni.*»

Gli stati intervengono per salvare le aziende. I sussidi finiscono nelle tasche delle grandi aziende, non in quelle piccole.

Riflettete su questo articolo: Joe Romm, "Over Half of All U.S. Tax Subsidies Go to Four Industries. Guess Which Ones?" (2011).

Forse non vi sorprenderà sapere che le società più ricche ricevono i sussidi più grandi, a partire da quelle che operano nel settore della finanza e in quello energetico. È così che sopravvive l'1%.

Il 56% dei sussidi totali è finito in soli quattro tipi di società: nel campo finanziario, nel campo delle utenze, nel campo delle tele-comunicazioni, e nel campo petrolifero.

Se questo studio avesse scoperto qualcos'altro, sarebbe stato altamente sospetto. Qui stiamo semplicemente parlando della legge di Pareto in azione. Infatti grazie ad essa sappiamo che circa il 20% di un qualsiasi gruppo intasca circa l'80% di profitti, sussidi, etc. Quindi il 4% (il 20% del 20%) ne intasca il 64% (l'80% dell'80%). Ciò significa che lo 0.8% (il 20% del 20% del 20%) ne intasca il 51.2% (80% x 64%). Quindi l'1% dovrebbe intascare circa il 56%. Non cessa mai di meravigliarmi come quante nuove storie riportano le distribuzioni standard di Pareto come se non fossero mai state prevedibili sin da quando Pareto le enunciò nel 1896.

Ecco il punto: la giustificazione dietro ai sussidi è quella di salvare l'azienda X. Ciononostante finiscono nelle tasche delle grandi aziende.

Sam Becker, "The 8 Biggest Corporate Welfare Recipients in America" (2015): http://www.cheatsheet.com/business/high-on-the-hog-the-top-8-corporate-welfare-recipients.html/?a=viewall#ixzz3mY74KKxS

Niraj Chokshi, "The United States of subsidies: The biggest corporate winners in each state" (2015): http://www.washingtonpost.com/blogs/govbeat/wp/2015/03/17/the-united-states-of-subsidies-the-biggest-corporate-winners-in-each-state

Travis Irvine, "10 Corporations Receiving Massive Public Subsidies From Taxpayers" (2014): http://mic.com/articles/85101/10-corporations-receiving-massive-public-subsidies-from-taxpayers

Capitolo 15: Come Funziona il Sistema dei Prezzi

"Cattivo! cattivo!" dice il compratore; ma, andandosene, si
vanta dell'acquisto.
(Proverbi 20:14)

Il lettore attento penserà: "Aspetta un momento. Ho già visto queste parole." Certamente! E le vedrete ancora: Capitolo 16, 17 e 18. C'è una buona ragione. In ognuno di quei capitoli, Hazlitt avrebbe affrontato la stessa politica di governo: mantenere i prezzi più alti rispetto a quelli che sarebbero stati in un mercato libero. Ho iniziato il Capitolo 13 con la stessa frase d'apertura. In tal Capitolo abbiamo parlato del prezzo di parità: lo stato impone prezzi minimi per i beni agricoli sopprimendo quelli competitivi che sarebbero emersi in un libero mercato. Per scardinare la legittimità dei prezzi minimi, ho descritto il sistema dei prezzi del libero mercato. Ho scritto quanto segue:

«Ogni scambio volontario comporta l'acquisto e la vendita. La persona che ricopre il ruolo di acquirente è un venditore di denaro. Acquista beni e servizi. La persona che ricopre il ruolo di venditore è un acquirente di denaro. Vende qualcosa di valore per acquistare denaro.

La citazione di Salomone qui sopra, ci è molto familiare.

Durante la negoziazione, sia l'acquirente di beni sia l'acquirente di denaro si lamentano che il prezzo richiesto è troppo alto. Non è un buon affare. "Cattivo, cattivo". Ognuno spera che il venditore ceda al prezzo richiesto dalla controparte. Nel caso dell'acquirente di denaro (venditore di beni), egli spera che l'acquirente dei beni (venditore di denaro) decida di comprare una quantità di beni inferiore al denaro speso. Salomone sapeva che i suoi ascoltatori e lettori avrebbero riconosciuto questa tecnica di negoziazione.

Quest'ultima si basa su questo assetto istituzionale: il diritto di fare un'offerta. Lo vediamo nei mercati in cui la proprietà privata è al sicuro (la finestra). Lo vediamo anche nei mercati governati dalla politica (il sasso).

In una società con un piccolo negozio al dettaglio, dove ci sono alcuni concorrenti nelle vicinanze, la trattativa è fondamentale per le vendite. In un'economia altamente sviluppata, non c'è molta negoziazione. Non negoziamo con una cassiera quando andiamo alla cassa di un supermercato. La cassiera esegue la scansione del codice a barre sulla confezione del prodotto e il computer lo aggiunge alla lista degli articoli che vengono comprati. La regola qui è chiara: "Prendere o lasciare".

È facile lasciare. Chiunque può acquistare in un negozio diverso, o connettersi ad Internet per verificare i prezzi.

I venditori (acquirenti di denaro) fanno offerte in competizione con altri venditori. Gli acquirenti (venditori di denaro) fanno offerte in competizione con altri acquirenti.

Da questo processo di offerte competitive -- un gigantesco sistema di aste -- fuoriescono i prezzi oggettivi. C'è poca ignoranza. La negoziazione faccia a faccia è limitata a zone d'ignoranza in materia di prezzi e qualità. <u>Migliori sono le informazioni sui prezzi di mercato, più è ristretto il range della negoziazione dei prezzi.</u>»

Il modo migliore per capire come funziona il sistema dei prezzi, è quello di pensare a come funzionano le aste. Il libero mercato non è altro che una gigantesca asta. È in vigore in tutto il mondo, 24 ore al giorno. I vari proprietari di denaro competono gli uni contro gli altri per comprare o affittare qualsiasi cosa vogliano. Chiunque sia in possesso di un qualsiasi bene, è un banditore d'asta. "C'è qualcuno che offre di più?"

Un'asta è governata da questa regola: *le offerte migliori vincono.* La stessa cosa accade nel libero mercato.

1. I Proprietari

Ci sono proprietari di risorse economiche scarse. Cos'è una risorsa scarsa? È una qualsiasi risorsa per la quale, a costo zero, c'è più domanda che offerta. Ciò include il lavoro, che a sua volta comprende il lavoro mentale: la raccolta d'informazioni e la formulazione di un giudizio.

Ci sono anche proprietari di denaro: la merce più commerciabile. Definiamo queste persone i consumatori, ma possono anche essere gli investitori.

Gli acquirenti del denaro (i venditori di beni e servizi) vogliono ottenere il prezzo monetario più alto possibile, vale a dire, l'obbligo di consegnare la minima quantità di una coltura. Al contrario, gli acquirenti di beni e servizi (i venditori di denaro) vogliono avere più beni o servizi rispetto a quello che sono disposti a pagare.

C'è un terzo aspetto della proprietà in un libero mercato: *il diritto legale di fare un'offerta*. Questo è un altro modo per dire che i proprietari possiedono il diritto legale di rinunciare alla loro proprietà, a seconda di quale forma di proprietà possiedano: il denaro o qualsiasi altra cosa il denaro possa comprare.

2. La Finestra

La finestra racchiude tutte le disposizioni giuridiche e istituzionali che producono quello che chiamiamo il libero mercato. Quest'ultimo è un sistema in cui la proprietà dei beni e dei servizi viene scambiata volontariamente. *La proprietà è il diritto di rinunciare ai titoli legali associati a tale proprietà.*

Questo diritto di rinuncia non include la sovranità giuridica, come il diritto di voto e il diritto di sedersi in una giuria. Questi sono chiamati diritti inalienabili, il che significa che non possono essere ceduti. Non esiste un mercato legale per il loro scambio. *C'è una differenza tra sovranità giuridica e autorità economica.* L'autorità economica è il diritto di vendere ciò che si possiede. Ad esempio, non avete il diritto di vendere il vostro bambino, perché non possedete il vostro bambino.

Gli acquirenti fanno offerte in competizione con altri acquirenti. I venditori fanno offerte in competizione con altri venditori. Da questo processo di offerte competitive nascono una serie di prezzi.

Il prezzo monetario dell'ultimo scambio di un bene, si applica a tutti i beni nella sua categoria. Se si acquista uno quota di azioni, tale prezzo si applicherà a tutte le altre quote di tale azione finché non ci sarà un altro scambio ad un prezzo diverso. Il prezzo marginale -- l'ultimo prezzo -- stabilisce il prezzo di tutti gli altri scambi. Questi prezzi cambiano costantemente nei mercati altamente sviluppati.

Questo è il motivo per cui i prezzi trasmettono informazioni a tutti i soggetti attivi in un particolare mercato. Nessuno vuole pagare più di quanto deve. Il prezzo dell'ultimo scambio informa tutti i partecipanti di quali siano i termini di scambio più recenti. *Si tratta di un prezzo d'equilibrio.* Nessuno era disposto a pagare di più per acquistare un determinato bene, e nessuno era disposto a venderlo per meno.

Poiché si tratta di un libero mercato, le offerte sono aperte a chiunque possieda denaro o beni che siano in vendita per denaro. Chiunque pensa di avere una migliore informazione sul prezzo futuro di un bene, può investire i suoi soldi in tale previsione. Egli può fare un'offerta per pagare un prezzo più elevato. È in questo modo che le persone sono autorizzate ad attuare i loro piani in termini di migliori stime per il futuro. Sperano di trarre un profitto. Ma al fine di trarre un profitto, devono fare un'offerta che poi venga accettata. Questo scambio converte le loro stime soggettive in prezzi oggettivi.

Questo nuovo prezzo di vendita porta nuove informazioni sul mercato. I partecipanti vengono messi al corrente del fatto che qualcuno, con i soldi (un acquirente) o con un bene (un venditore), ritiene che la matrice dei prezzi precedente era basata su informazioni false. Gli altri offerenti devono adeguare i propri piani di conseguenza.

Il libero mercato consente uno scambio di proprietà. Quelle persone che credono di possedere una migliore informazione rispetto ad altri proprietari e offerenti, possono regolarizzare il loro dissenso in un mercato aperto. "Vi sbagliate. Sono in possesso di informazioni migliori. Ve lo dimostrerò. Sto per offrire di più."

Ogni scambio di proprietà sposta risorse scarse in un modo nuovo. Gli altri partecipanti che si aspettano di trarre un profitto in questo mercato, devono prendere le decisioni su quale sia il modo migliore per allocare le proprie risorse: comprare, vendere o conservare. Ma conservare significa acquistare. Il proprietario deve difendere la sua offerta costantemente. Rimane il miglior offerente per qualsiasi cosa possieda. Paga un prezzo: rinunciare alla proprietà di ciò che gli sarebbe stato offerto in cambio. "Non voglio vendere", dice. Poi l'aspirante acquirente risponde: "Allora non ti sarà possibile ottenere quello che ho appena offerto."

La gente porta sul mercato le migliori stime di ciò che riserva il futuro. Decide di comprare, vendere o conservare. Le loro decisioni individuali, fare offerte o astenersi dal farle, stabiliscono i prezzi oggettivi sul mercato.

In breve, la finestra è una gigantesca asta.

3. Il Sasso

La gente vota per eleggere politici che poi usano lo stato per rubare in nome della giustizia. I politici usano la coercizione per ribaltare le decisioni dei proprietari che vogliono rinunciare a determinate cose per acquistarne altre.

Hazlitt non fece mai menzione dell'etica nel suo libro. La maggior parte degli economisti di libero mercato si rifiuta di parlarne. Eppure la legittimità si basa in parte sull'etica. Ogni stato che viene percepito dagli elettori come illegittimo, genererà resistenze. Sarà costretto a pagare di più per ottenere conformità. I suoi costi di gestione aumenteranno. Raggiungerà meno obiettivi ai prezzi politici di ieri.

I proprietari i cui piani sono sconvolti dall'intervento dello stato, sono tentati di perdervi la fiducia, poiché lo stato rifiuta di difendere il sistema unificato di proprietà privata, rinuncia e offerta aperta.

Gli agenti del governo civile decidono di controllare i prezzi. Possono decidere di adottare misure per rendere illegali alcuni scambi. Questo va a ridurre la domanda. Oppure possono decidere di entrare nel mercato come offerenti per conto del governo. Questo va ad aumentare la domanda. Alterano la matrice dei prezzi mediante le loro offerte. Possono anche decidere d'istituire un nuovo sistema di razionamento. Tutti i sistemi economici sono forme di razionamento: allocazione di beni. C'è razionamento per decreto governativo. C'è anche razionamento per le offerte in competizione: i prezzi.

L'intervento statale invia un segnale agli altri partecipanti: "Le condizioni economiche sono cambiate, la domanda è diversa." Queste informazioni alterano il comportamento degli altri partecipanti. Vanno a cambiare le loro offerte oggettive.

Come un sasso gettato in uno stagno, la partecipazione dello stato nel mercato crea increspature. Cambia la matrice dei prezzi che era esistita nelle precedenti condizioni di domanda e offerta. Il comportamento delle persone cambia in risposta a queste nuove informazioni.

Perché i politici interferiscono con i prezzi dell'asta? Perché pensano di poter ottenere più voti. Essi rispondono ai presunti cambiamenti dell'offerta e della domanda riguardo la valuta della politica: i voti.

Hazlitt accusò l'intervento statale di basarsi su un unico principio: "La produzione per l'uso è migliore della produzione per il profitto".

«La scuola della cosiddetta "produzione per l'uso e non per il profitto" si fonda sulla fallacia dell'isolazionismo, con il suo attacco al presunto "sistema dei prezzi" vizioso. Il problema della produzione, dicono i seguaci di questa scuola, è risolto. (Questo errore clamoroso, come vedremo, è anche il punto di partenza dei discorsi della maggior parte dei ciarlatani a favore di una ridistribuzione della ricchezza.) Il problema della produzione è risolto. L'hanno risolto gli scienziati, gli esperti dell'efficienza, gli ingegneri, i tecnici. Potrebbero creare qualsiasi cosa in quantità enormi e praticamente illimitate.

Ma, ahimè, il mondo non è governato dagli ingegneri, che pensano solo alla produzione, ma dagli imprenditori, che pensano solo al profitto. Gli imprenditori danno ordini agli ingegneri, non viceversa.»

I critici del libero mercato hanno adottato questa tesi durante la Grande Depressione. Non la sentiamo spesso di questi giorni.

Un'altra motivazione per la pianificazione economica statale, è molto più forte della fiducia della gente nella "produzione per l'uso". Questa motivazione non viene mai indicata platealmente, ma è una delle principali cause alla radice di tutte le finestre rotte dallo stato. "I proprietari attuali possiedono più cose di me. Voglio di più. Posso ottenere di più se lo stato prende il controllo del sistema della distribuzione." Questa opinione è ampiamente condivisa. Si tratta di una tesi fondata sulla gelosia: un vantaggio a spese di qualcun altro, soprattutto dei venditori.

Poi c'è quest'altra motivazione. "I proprietari attuali possiedono più cose di me. Non riuscirò mai a possederne tante. Pertanto lo stato dovrebbe essere responsabile della distribuzione della proprietà, anche se io non ne beneficerò. Potrei anche perdere. Non mi importa se perderò. I proprietari esistenti non vinceranno." Questa è la tesi dell'invidia. Scrisse Hazlitt:

«Ci sono molti errori in questo punto vista che non possono essere districati in una sola volta.

Ma l'errore centrale, come abbiamo accennato, deriva dal guardare un solo settore, o anche a diversi settori, come se ciascuno di essi fosse diviso da compartimenti stagni.

Ognuno di loro, infatti, esiste in relazione a tutti gli altri e ogni decisione importante presa in ognuno di essi, influenza tutti gli altri.»

Questa è la tesi di Bastiat. È la fallacia della finestra rotta. La soluzione: seguire il denaro. Tutto il denaro. Hazlitt poi rivolse la sua attenzione alla divisione del lavoro per spiegare ciò che fanno i prezzi. Ogni lavoratore produce qualcosa in base alle proprie competenze specialistiche. In questo modo, ogni salariato raggiunge una maggiore produzione e quindi un maggior reddito. Scambiamo la produzione del nostro lavoro con la produzione del lavoro di qualcun altro. Facciamo offerte. Il risultato della nostra offerta è l'estensione del processo dell'asta, che a sua volta viene regolato attraverso prezzi competitivi. Scrisse Hazlitt: "I prezzi sono fissati attraverso il rapporto tra domanda e offerta, e, a loro volta, influenzano domanda e offerta." I produttori più efficienti fanno profitti. I produttori meno efficienti vanno fuori mercato. Scrisse anche: "I prezzi sono determinati dalla domanda e dall'offerta, e la domanda è determinata da quanto è intenso il desiderio di entrare in possesso di un bene e ciò che si ha da offrire in cambio." Questo è vero, ma è una realtà ben compresa fin da *La Ricchezza delle Nazioni* (1776) di Adam Smith. L'esistenza di un intervento statale indica che molti elettori o non credono in Smith, o non se ne preoccupano (invidia).

4. I Costi

I costi più elevati dell'intervento statale nel processo di mercato, sono rappresentati dai costi etici.

La maggior parte delle persone che crede nella proprietà privata, riconosce l'immoralità dello stato quando utilizza la coercizione per intervenire negli scambi di mercato. Vede che i politici hanno adottato questo comandamento: "Tu non ruberai, a meno che non avrai la maggioranza dei voti." È raro che gli economisti parlino di questo costo etico come quello più pesante dell'intervento statale. Preferiscono far finta di essere analisti senza valori. Non lo sono. Sono soltanto degli analisti che non credono negli standard etici, in particolare, quegli standard etici a cui fanno seguito sanzioni istituzionali prevedibili: positive e negative.

Gli economisti, inoltre, non discutono il principio giuridico che sottende il concetto di proprietà privata: *il legame tra proprietà e responsabilità personale*. Dal punto di vista giuridico, gli uomini sono responsabili davanti a Dio. Dal punto di vista economico, sono responsabili davanti agli altri offerenti. Un uomo che dice: "Non voglio vendere", dice necessariamente: "Detengo la piena responsabilità sulla mia proprietà." Gli altri offerenti comunicano questo tramite le loro offerte: "Posso essere un proprietario migliore." L'uomo che si rifiuta di vendere paga un prezzo per conservare la proprietà: qualunque cosa il miglior offerente gli avrebbe consegnato. Il sistema dei prezzi del libero mercato costringe ogni proprietario a pagare un prezzo quando rinuncia a vendere. Pertanto, *la responsabilità giudiziaria è rafforzata economicamente*.

Ci sono altri costi legati all'intervento statale. Quelli principali hanno a che fare con l'indebolimento dell'autorità dei consumatori (clienti) nel modellare il comportamento dei produttori. I consumatori premiano alcuni produttori con l'acquisto.

Penalizzano altri produttori non acquistando. L'ingerenza dello stato con i prezzi di mercato, disturba il processo dell'asta. Questo intervento riduce la capacità dei consumatori di convincere i produttori a fare le cose come vorrebbero loro. I produttori prestano attenzione alle regole più recenti dello stato, o alle sue offerte più recenti, e anche alle sue promesse di offerte future. I venditori onorano questo principio dell'asta: "L'offerta più alta vince." Quando lo stato fa l'offerta più alta, vince. Ma inevitabilmente qualcuno deve perdere: il contribuente. Hazlitt ripeté un argomento che aveva usato nel Capitolo 14: "Salvare l'Industria X".

«Ne consegue che è altrettanto essenziale per la salute di un'economia dinamica, che le industrie morenti possano morire affinché le industrie in crescita possano crescere. Le industrie morenti assorbono lavoro e capitale, i quali dovrebbero essere rilasciati per le industrie in crescita.»

Lo stato salva un settore a scapito di altri. Lo fa rubando da un gruppo di consumatori al fine di trasferire il bottino ad un altro gruppo di consumatori -- meno le tasse di gestione, naturalmente. "Non esiste un ladro che lavora gratis". Se si utilizza un teppista armato come intermediario, egli richiederà un pagamento.

5. Le Conseguenze

Le conseguenze principali dell'interferenza dello stato con il sistema dei prezzi, sono le continue richieste di ulteriori interventi.

La maggior parte di tali richieste rappresenta il desiderio dei membri di altri gruppi con interessi particolari di entrare nell'affare. Il denaro gratis, o i beni gratis, sono sempre popolari dal punto di vista politico.

Più insidioso è quello che Ludwig von Mises descrisse nel suo discorso del 1951: *"The Middle of the Road Policy Leads to Socialism"*. L'intervento dello stato distorce la produzione. Distrugge il processo dell'asta di mercato che dirige la produzione. Queste distorsioni provocano perdite ad alcuni gruppi, i quali si lamentano di questi effetti negativi. Così, i responsabili di tali politiche intervengono nuovamente al fine di riparare i danni causati dai loro interventi precedenti. Questo crea un'altra serie di effetti collaterali negativi. Ogni volta che lo stato interviene per ripulire il pasticcio che ha prodotto, esso si allarga.

Questo ci riporta alla questione della famosa legge delle *conseguenze non intenzionali*. Può essere sintetizzata come segue: "Non ci sono effetti collaterali. Ci sono solo effetti. Usiamo la frase 'effetti collaterali' per descrivere gli effetti che non ci piacciono."

Quando l'Europa occidentale abbandonò il gold standard nell'autunno del 1914, all'inizio della prima guerra mondiale, gli stati poterono interferire con i prezzi su una scala che non era stata più vista dai tempi dei Faraoni d'Egitto. Questo intervento portò ad una serie di cicli boom/bust che Mises aveva previsto nel suo libro del 1912, *The Theory of Money and Credit*. L'espansione del settore bancario centrale, da cui aveva messo in guardia, rese il boom più grande e il bust più doloroso.

L'intervento dello stato nel sistema dei prezzi peggiorò durante la seconda guerra mondiale: razionamento. Per l'America la guerra si concluse nell'agosto 1945. Il supporto dell'opinione pubblica nei confronti dell'intervento statale e del razionamento, aveva cominciato a diminuire nell'anno in cui venne pubblicato il libro di Hazlitt. Verso la fine del 1946 l'amministrazione Truman fu costretta ad abbandonare la maggior parte dei controlli dei prezzi.

Solo nel biennio 1971-73 gli Stati Uniti dovettero fare di nuovo i conti con controlli su larga scala dei prezzi e dei salari. Nixon abbandonò unilateralmente il gold standard nello stesso giorno in cui annunciò tali controlli: 15 agosto 1971. "Chiuse la finestra dell'oro" vietando ai governi stranieri e alle banche centrali estere di acquistare l'oro dal Tesoro degli Stati Uniti a $35 l'oncia. La grande inflazione dei prezzi in tempo di pace iniziò subito dopo. Durò per oltre un decennio.

La spesa federale in percentuale del PIL aumentò a causa di un aumento del debito, ma le entrate federali in percentuale del PIL non raggiunsero mai il livello del 1945. Anche allora, il rapporto era di poco superiore al 20%. Ora è leggermente al di sotto. Il popolo americano resiste ad un aumento delle tasse. I lobbisti al Congresso si assicurano che i super-ricchi paghino una percentuale inferiore a quella della classe media.

Ma nella zona del debito federale, le promesse politiche sono aumentate in tutto l'Occidente. Queste promesse non possono essere mantenute. O ci saranno aumenti delle tasse, oppure un Grande Default. La seconda è più probabile.

Conclusioni

La richiesta di un intervento dello stato nella determinazione dei prezzi di mercato, ha radici antiche. In Occidente questa richiesta è caduta nel vuoto fino al decennio prima che scoppiasse la prima guerra mondiale. Dopo la sua conclusione, nel 1918, l'Occidente vide il trionfo di vari -ismi: comunismo, fascismo, nazionalsocialismo, fabianismo, ecc.

Le richieste di un intervento dello stato nel sistema dei prezzi si sono moltiplicate. Il libro di Hazlitt affrontò un sacco di queste richieste, le quali hanno dato i natali a tre disastri statali: le pensioni, l'assistenza sanitaria agli anziani e l'impero militare. L'Europa è ben avviata lungo questo percorso di fallimento a causa dei primi due programmi, insieme all'assistenza sanitaria statale per tutta la popolazione. Gli Stati Uniti si sono specializzati nella guerra sin dal 1946.

A causa degli effetti distorsivi delle banche centrali e della riserva frazionaria -- entrambi sono monopoli autorizzati dallo stato -- gli interventi dello stato in questi settori strettamente connessi dell'economia, hanno sovvenzionato un'allocazione del capitale escludendo le scelte dei consumatori. L'economia del mondo è ormai assuefatta all'inflazione monetaria. Tra gli economisti moderni, solo le analisi economiche della Scuola Austriaca si concentrano su questi effetti perturbatori.

Questa prospettiva non è conosciuta al grande pubblico, ed è respinta dagli economisti accademici. Così, l'Occidente è diretto verso il Grande Default.

La finestra è rotta. I pezzi di vetro sono tutti sparsi a terra.

L'offerta più alta vince.

Henry Hazlitt, "Come dovrebbero essere determinati i prezzi?" (1967): https://francescosimoncelli.com/2013/07/come-dovrebbero-essere-determinati-i.html

Donald J. Boudreaux, "Information and Prices": http://www.econlib.org/library/Enc/InformationandPrices.html

F. A. Hayek, "The Use of Knowledge in Society" (1945): http://www.econlib.org/library/Essays/hykKnw1.html

D. W. MacKenzie, "The Price System as Can Opener" (2002): http://fee.org/freeman/the-price-system-as-can-opener

Milton M. Shapiro, *Foundations of the Market Price System* (1974): https://mises.org/library/foundations-market-price-system

Gerald P. O'Driscoll, *Economics as a Coordination Problem: The Contributions of Friedrich A. Hayek* (1977): http://oll.libertyfund.org/titles/110

Capitolo 16: Stabilizzare le Merci

"Cattivo! cattivo!" dice il compratore; ma, andandosene, si vanta dell'acquisto.
(Proverbi 20:14)

Questo Capitolo affronta lo stesso problema affrontato nel Capitolo 13 e nel Capitolo 15: l'intervento dello stato nell'economia per impedire il calo dei prezzi delle merci. Tale politica favorisce i produttori a scapito dei consumatori.

I politici non osano confessare agli elettori quello che stanno facendo -- tramite il loro sostegno ai produttori -- e perché: contributi elettorali. Ricordate: i beneficiari delle leggi per gruppi con interessi particolari hanno tutto da guadagnare.

Le vittime -- i clienti, o più in generale, gli elettori -- potrebbero non aver mai sentito parlare di tale linea politica, e non se ne interesserebbero anche se ne avessero sentito parlare. Il sistema politico è asimmetrico. I beneficiari della pressione politica hanno un'informazione migliore e una maggiore motivazione per manipolare il sistema a loro favore. I beneficiari sono altamente concentrati.

Convincono i politici a ri-orientare i soldi dei contribuenti nella loro direzione. Gli elettori non seguono i soldi. I politici e i gruppi con interessi particolari lo sanno.

1. I Proprietari

Questa è una ricapitolazione dei miei argomenti trattati nel Capitolo 13.

Esistono diversi gruppi di proprietari, come sempre.

Un gruppo possiede il denaro, il bene più commerciabile. Gli economisti classificano queste persone come consumatori. Sono venditori di denaro e acquirenti di beni di consumo.

Un altro gruppo è costituito da proprietari di risorse naturali -- in questo caso, le materie prime. Gli economisti inseriscono le risorse naturali nella categoria generale della terra.

Esistono anche altri proprietari. Possiedono merci, ma solo temporaneamente. Sono intermediari tra proprietari terrieri e consumatori finali. Sono produttori. Acquistano materie prime, servizi di lavoro, e acquistano o affittano il capitale al fine di trasformare le materie prime in prodotti finiti. I produttori non sono consumatori finali. Sono acquirenti, ma sono anche venditori. Comprano al fine di realizzare un profitto: comprare basso, vendere alto. Possono essere classificati nella categoria dei clienti.

Può esistere un quarto gruppo: i rivenditori. Comprano merci contenenti materie prime ristrutturate e poi le vendono ai consumatori. Possiedono solo temporaneamente queste merci.

Esiste anche un quinto gruppo: i proprietari delle previsioni riguardo il futuro. Possono vendere queste informazioni. Possono scegliere di darle via.

Fino a quando quest'informazione soggettiva non influenza le offerte reali sul mercato, risulta irrilevante per il sistema dei prezzi. Ma ogni volta che queste persone affiancano il denaro alle loro previsioni, per l'acquisto o la vendita di contratti futures su materie prime, diventano speculatori. Le loro offerte influenzano i prezzi al margine: su o giù.

Dato che i proprietari hanno il diritto di possedere qualcosa, hanno anche il diritto di rinunciarvi. Possono vendere legalmente. Possono fare uno scambio. Questo ci porta alla finestra.

2. La Finestra

Questa è una ricapitolazione dei miei argomenti trattati nel Capitolo 13.

I consumatori competono contro altri consumatori. I produttori competono contro altri produttori. I proprietari di materie prime competono contro altri proprietari di materie prime. I proprietari di capitali competono contro altri proprietari di capitali. Gli speculatori nei mercati futures competono uno contro l'altro: "long" *vs.* "short". **Da questo processo di offerte nascono una serie di prezzi.** L'ordine economico di un sistema di libero mercato si basa su una serie di aste. Tutte sono regolate da questa legge: "L'offerta più alta vince."

La persona media sa che cos'è un asta. Capisce perché l'offerta più alta vince: decidere chi acquista senza creare dissenso. Capisce che gli offerenti competono contro altri offerenti.

Ma un economista di libero mercato ha una grande compito educativo: convincere l'opinione pubblica che l'ordine e la correttezza di un'asta rappresentano un modello legittimo per l'intera economia. Il principio dell'offerta aperta produce un'economia altrettanto ordinata e giusta. La possibilità di far capire questa applicazione logica -- da un'asta locale ad un'asta internazionale – ha sempre rappresentato una sfida. Da più di due secoli ne abbiamo prova: resistenza all'idea di un libero scambio, un punto più volte rimarcato da Adam Smith nella *Ricchezza delle Nazioni* (1776).

La persona media può comprendere facilmente il principio d'allocazione insito nella formula "l'offerta più alta vince". Uno dei compiti che mi sono prefissato nello scrivere questo libro, è quello d'aiutare i lettori a compiere la transizione concettuale da "l'offerta più alta vince" in un'asta locale a "l'offerta più alta vince" in ogni transazione. È più facile a dirsi che a farsi.

Nei mercati delle materie prime, il principio "l'offerta più alta vince" va a vantaggio di quei compratori e venditori che arrivano ad un accordo in base ad un certo prezzo. Ci sono molteplici sotto-mercati in questo e in ogni altro mercato. Il mercato iniziale viene a crearsi tra i proprietari delle materie prime e i produttori. La seconda fase viene a crearsi tra i produttori e gli intermediari: i rivenditori. La fase finale è la transazione tra i rivenditori e i consumatori. Ad ogni passo la regola è sempre la stessa: "l'offerta più alta vince." Questo principio di distribuzione infastidisce coloro che non fanno l'offerta più alta. A volte questo li infastidisce così tanto che vanno a formare un gruppo d'azione politica e si battono per far approvare una legge che vada a limitare il suddetto principio.

Le persone che finiscono i soldi prima della fine dell'asta, esigono che lo stato imponga prezzi massimi a norma di legge. Ma le offerte elevate arrivano da entrambi i lati di una transazione. A volte i venditori di merci che vengono costretti ad accettare un prezzo troppo basso, e che escono dall'asta per evitare una perdita, vedono un'opportunità. Possono convincere lo stato affinché renda illegali le offerte più basse. Questo ci porta al sasso di questo Capitolo.

3. Il Sasso

Lo stato interviene per creare un minimo di prezzo per un bene. I politici dichiarano che i prezzi sono diventati troppo volatili. La popolazione ascolta la parola "volatile" e pensa: "I prezzi sono troppo alti. Poi diventano troppo bassi. Questo non è qualcosa di prevedibile. Abbiamo bisogno di prezzi stabili. Lo stato ha intenzione di stabilizzare i prezzi." Questo è ciò che i politici dicono in difesa delle loro azioni. Ma ciò che intendono realmente con "prezzi volatili", è questo: "I prezzi sono sempre troppo bassi per sostenere gli alti profitti di uno dei nostri principali gruppi con interessi particolari." Hazlitt riassunse la cosa così:

«Non hanno alcun desiderio, o almeno così dichiarano, di aumentare il prezzo della merce X al di sopra del suo livello naturale. Ammettono che ciò non sarebbe giusto nei confronti dei consumatori. Ma è evidente che ora viene venduta ben al di sotto del suo livello naturale. I produttori non riescono a guadagnarsi da vivere.

Se non si agisce subito, finiranno sul lastrico.

Allora sì che ci sarà una vera e propria carenza, e i consumatori dovranno pagare prezzi esorbitanti per la merce X. Gli affari apparenti di cui stanno godendo i consumatori, alla fine li pagheranno a caro prezzo poiché l'attuale prezzo basso e "temporaneo" non può durare. Ma non possiamo permetterci di aspettare che le cosiddette forze naturali del mercato, o che la "cieca" legge della domanda e dell'offerta, vadano a correggere la situazione. Per quel tempo i produttori saranno rovinati e ci piomberà addosso una grande scarsità. Lo stato <u>deve agire</u>. Tutto ciò che vogliono fare è correggere queste violente e insensate <u>fluttuazioni</u> di prezzo. Non stiamo cercando di aumentarlo; stiamo solo cercando di <u>stabilizzarlo</u>.»

Come può lo stato fare una cosa del genere? Hazlitt offrì questo esempio. Un modo è quello di prestare denaro agli agricoltori in modo che possano tenere le colture fuori dal mercato. Questo è vero, ma significherebbe ricapitolare quello che è stato scritto nel Capitolo 13 sui prezzi di parità. Poi passò a ripetere altri argomenti riguardanti le sovvenzioni agricole. Si trovano nella Sezione 1 e nella Sezione 2.

Mentre il suo Capitolo è piuttosto lungo, Hazlitt offrì solo l'esempio concernente i prezzi di parità per l'agricoltura. C'era una ragione: non esisteva nessun altro programma simile. Nei primi mesi del 1946 erano ancora in vigore i tetti ai prezzi. I produttori potevano vendere tutto quello che volevano vendere. Il loro problema era il razionamento statale, non una mancanza di domanda. Si sono sempre verificate carenze quando è stato imposto dallo stato un prezzo massimo. Questo è il motivo per cui questo Capitolo era teorico piuttosto che una descrizione delle politiche esistenti.

C'era un altro esempio importante di regolamentazione dei prezzi in nome della lotta contro la volatilità dei prezzi: il gold standard. Il governo americano acquistò tutto l'oro offertogli. Dopo il 1933 avrebbe proibito agli americani di comprare oro per scopi monetari: un mercato truccato. Nel 1934 pagò un prezzo specifico per comprare l'oro: $35 l'oncia. Nel 1946 aveva un'enorme riserva d'oro -- la più grande del mondo. Il gold exchange standard -- senza monete, senza proprietà legale per gli americani -- era il residuo indebolito del gold standard del 1933. Ma Hazlitt non ne parlò in questo Capitolo.

Era intrappolato dalla sua stessa logica economica. Era un difensore del gold standard del 1946, sebbene preferisse la versione del 1932. Tuttavia, in termini della sua analisi economica in questo Capitolo, il gold standard era sempre stato un sistema di prezzi manomessi -- uno che precedeva di un secolo l'Agricultural Adjustment Administration. Era anti-libero mercato, in base alle tesi di questo Capitolo. Era solo un altro sistema di prezzo minimo imposto dallo stato. Il gold standard americano, poiché coinvolgeva la garanzia che lo stato avrebbe comprato oro ad un prezzo fisso per oncia, violava il principio delle aste di "nessuna offerta truccata". Questa è l'implicazione inevitabile di un gold standard garantito dallo stato. Si tratta di un ulteriore intervento statale nel libero mercato. Ormai non esiste più. Il vecchio gold coin standard fungeva da moneta del popolo. Poi lo stato rubò l'oro del popolo. Violò la sua promessa di riscattare i soldi di carta per una determinata quantità d'oro, tra cui monete d'oro.

Gli stati hanno fatto quello che tutti gli stati fanno meglio: ingannare gli elettori mentre li derubano.

4. I Costi

Nel quadro di questo sistema di prezzi minimi, i consumatori si ritroveranno a dover pagare prezzi più elevati. Questa è la ragione per cui i politici hanno approvato l'intervento. Questo è ciò che voleva il gruppo con interessi particolari.

Hazlitt applicò di nuovo la logica di Bastiat. I consumatori ci perdono. Lo stesso i produttori e i rivenditori che avrebbero preferito acquistare quei beni.

> *«Ma, grazie al prezzo inferiore, avranno soldi, che non avevano prima, da spendere per altre cose. I consumatori, quindi, staranno ovviamente meglio. Il loro aumento della spesa in altri settori, significherà aumento dell'occupazione in altre linee di produzione, cosa che poi assorbirà gli ex-agricoltori marginali in quelle professioni dove i loro sforzi saranno più redditizi e più efficienti.»*

I perdenti nel mondo degli affari sono coloro che sono più efficienti di quelle imprese che non possono competere a prezzi più bassi.

> *«Con restrizione proporzionale e uniforme (per tornare al nostro schema dell'intervento statale) si intende, da un lato, che i produttori a basso costo ed efficienti non possono utilizzare tutto l'output a loro disposizione ad un prezzo basso; dall'altro significa che i produttori ad alto costo ed inefficienti vengono mantenuti in attività in modo artificiale. Ciò aumenta il costo medio della produzione del bene, ed è una produzione portata avanti in modo inefficiente.*

*Il produttore marginale inefficiente trattiene artificialmente
nella sua linea di produzione terra, lavoro e capitale, i quali
potrebbero essere utilizzati in modo molto più utile ed efficace
in altri settori.»*

Ci sono vincitori: i produttori ad alto costo. I perdenti sono i
seguenti:

1. tutti i consumatori di questi prodotti, i quali si ritrovano
    a pagare prezzi più alti;
2. i produttori più efficienti di questi prodotti;
3. i produttori dei beni che i consumatori avrebbero
    acquistato, ma che non possono a causa dei prezzi
    elevati in altri settori dell'economia.

Quindi vi è una perdita netta di ricchezza nella comunità.
Questa era la conclusione di Hazlitt. È anche la mia
conclusione. Ma non è la conclusione della maggior parte degli
elettori. Può o non può essere la conclusione dei politici. I
membri dei gruppi con interessi particolari potrebbero non
capire, ma qualsiasi economista sul loro libro paga lo capisce.
È pagato bene per ingannare la popolazione.

Hazlitt era un tipo garbato. Evitava di seguire il bottino fino
agli stipendi degli economisti assunti. Io non sono così.

5. Le Conseguenze

Hazlitt temeva la creazione di un corpo internazionale che
avrebbe agito come agente politico dei produttori di merci.

Qui aveva torto. Non capiva l'agenda di lungo periodo di quello
che talvolta viene chiamato Nuovo Ordine Mondiale. Il suo
obiettivo, a partire dai primi anni '20, era quello di creare un
commercio internazionale gestito centralmente e con tariffe
basse. Ciò avrebbe mandato in bancarotta le industrie
nazionali. Fin dall'inizio l'obiettivo era quello di creare un
ordine politico internazionale che imponesse tariffe nei
confronti degli stati non membri, e creasse una zona di libero
scambio con basse tariffe all'interno della confederazione
internazionale. Questo piano venne inizialmente testato negli
Stati Uniti a partire dal 1786. James Madison lo presentò alla
Convenzione di Annapolis nel 1786, lo fece approvare alla
Convenzione Costituzionale nel 1787 e lo fece ratificare delle
convenzioni di ratifica statali nel 1788. Il suo obiettivo politico
era quello di sostituire il fulcro decentrante degli Articoli della
Confederazione con una nuova costituzione che centralizzasse
il potere politico. Promosse questa iniziativa nel 1786 come
modo per aumentare gli scambi tra le colonie.

Questa strategia divisa in due stadi -- economico (alla luce del sole) e politico (nascosto) -- venne imitata dai nazionalisti tedeschi. Fu così che nel 1833 fecero firmare i trattati ai principati tedeschi: unione doganale. Quest'ultima andava ad abolire i dazi interni, ma li imponeva sulle importazioni. Il nuovo sistema ebbe inizio il primo gennaio 1834: il Zollverein. Ne seguì l'unificazione politica nel 1871.

Subito dopo la prima guerra mondiale, la stessa agenda politica cominciò ad essere formulata da un burocrate francese, Jean Monnet, e dai suoi sostenitori dietro le quinte. Alla conferenza di pace del 1919 a Versailles, Monnet lavorò a stretto contatto con l'agente di lunga data di John D. Rockefeller, Raymond Fosdick. Essi e i loro sostenitori finanziari volevano creare un ordine internazionale gestito centralmente. Questo piano fallì quando nel 1920 il Senato degli Stati Uniti rifiutò di ratificare il trattato della Società delle Nazioni. Fosdick tornò in patria nel 1920 per ricoprire il ruolo di presidente della Fondazione Rockefeller, che avrebbe presieduto per i successivi 28 anni. I piani del Nuovo Ordine Mondiale per il consolidamento politico regionale non vennero avviati negli anni tra le due guerre, ma i finanziamenti gettarono le basi concettuali per la parte economica del programma. La Fondazione Rockefeller era attiva in questo compito. Sin dal 1936 spese soldi per conferenze accademiche sul protezionismo industriale e agricolo. Co-finanziò l'economista di libero mercato Wilhelm Röpke. Egli discusse di questo finanziamento nella prefazione del suo libro, *International Economic Disintegration* (1942). L'agenda politica degli internazionalisti venne avviata dopo la fine della seconda guerra mondiale. Il primo passo fu il trattato del 1951 che istituì la Comunità Economica Europea del Carbone e dell'Acciaio.

Il processo continuò, trattato dopo trattato. È stato completato con l'Unione Europea nel 1994-2004.

In Europa le principali eccezioni a questo sistema sono gli agricoltori, in particolare quelli francesi. Ma con l'eccezione del settore agricolo, la tendenza è stata verso una riduzione delle tariffe, più commercio e prezzi delle materie prime più bassi. La produzione manifatturiera ha tratto beneficio dai prezzi bassi delle materie prime.

Ed è qui che è stata lanciata l'esca: integrazione economica internazionale attraverso tariffe basse o nulle, ma con burocrati non eletti responsabili delle regole. L'amo, invece, prevedeva l'unificazione politica. I benefici economici -- tariffe basse, maggiore ricchezza -- servivano come esca per nascondere la trappola politica. Per ottenere i benefici economici da un maggior commercio, dicevano i burocrati, le nazioni dovevano cedere gran parte della loro sovranità politica. Ma dal punto di vista dell'analisi economica, tale invito è un errore concettuale. Confonde l'autorità economica con la sovranità giudiziaria. Ogni nazione può godere dei benefici del libero scambio abbassando unilateralmente le sue tariffe.

Non vi è alcuna necessità di cedere sovranità politica nazionale ad un'entità politica internazionale.

Nel 1946 Hazlitt non riconobbe questo prodotto civetta. Quindi non riuscì a vedere cosa sarebbe successo dopo: non la stabilizzazione dei prezzi delle merci mediante prezzi minimi, ma piuttosto tariffe ridotte e alti profitti per le multinazionali ad alta efficienza dietro al Nuovo Ordine Mondiale.

Conclusioni

Il desiderio dei cartelli nazionali è veder realizzare restrizioni all'entrata, dazi alti e prezzi alti. L'unico cartello nazionale su larga scala ad aver raggiunto cose simili negli Stati Uniti è stato il cartello agricolo. Il modello è il cartello dello zucchero, che risale al 1790.

Le materie prime fanno parte di un mercato internazionale. Tariffe basse sulle materie prime non agricole hanno predominato negli Stati Uniti. Questo sistema di tariffe basse ha portato ad un incremento della componente estera dell'economia statunitense. Dopo il 1970 il commercio estero si è intensificato grazie alla tariffe ridotte sulla maggior parte dei beni finiti. I consumatori ne hanno tratto beneficio. Ma dal punto di vista politico, sono stati spinti nella direzione dei trattati internazionali. Quello principale è il NAFTA: il North American Free Trade Agreement (1994). Ne sono stati proposti altri. Probabilmente verranno imposti con la forza.

Ad eccezione del supporto nei confronti dei prezzi agricoli, questo tipo d'intervento non esiste più. Anche l'OPEC – un cartello internazionale autorizzato dagli stati – s'è ritirato dal campo perché l'Arabia Saudita non avrebbe collaborato.

Capitolo 17: Aggiustamento dei Prezzi da Parte dello Stato

"Cattivo! cattivo!" dice il compratore; ma, andandosene, si vanta dell'acquisto.
(Proverbi 20:14)

Ancora una volta Hazlitt ritorna sulla questione dell'aggiustamento dei prezzi da parte dello stato. Nei Capitoli 13, 15 e 16, quest'aggiustamento dei prezzi prendeva la forma di prezzi minimi. In questo capitolo si occupò dei prezzi massimi. Ma la questione teorica è la stessa in tutti questi capitoli: l'interferenza dello stato con il sistema dei prezzi, un sistema che si basa su due principi giuridici:

1. la proprietà privata, che comprende il diritto di rinunciarvi, e
2. il diritto di fare un'offerta per la proprietà. Con "diritto" intendo la capacità di un individuo di effettuare una transazione, o rifiutare di effettuare una transazione, in un sistema giuridico che si riserva *il diritto di rinuncia.*

Hazlitt scrisse che gli stati ricorrono ai prezzi massimi in tempo di guerra. Nei primi mesi del 1946, gli Stati Uniti stavano uscendo da quattro anni di prezzi e salari massimi. La transizione non era ancora completa quando scrisse il suo libro.

1. I Proprietari

I membri di un gruppo di proprietari possiedono un titolo legale alla proprietà. Ciò include il loro lavoro, che si può affittare. Poiché questi proprietari hanno un titolo legale, hanno il diritto di trasferirlo: rinunciare a qualcosa. Definiamo *vendita* questo atto di rinuncia.

I membri di un altro gruppo di proprietari possiede il titolo legale ai soldi: il bene più commerciabile. Hanno anche il diritto di rinunciarvi. Definiamo *acquisto* questo atto di rinuncia.

2. La Finestra

Abbiamo trattato questo argomento più volte nei capitoli precedenti. Gli acquirenti di denaro (venditori di servizi) cercano i venditori di denaro (acquirenti di servizi). Il mercato è un assetto istituzionale complesso, il prodotto di anni di scambi. Questi scambi si sono basati sulla proprietà privata. Gli accordi legali e consuetudinari hanno stabilito il diritto legale di un individuo a comprare e vendere senza la minaccia di coercizione, compresa la coercizione da parte di agenti autorizzati dallo stato.

I prezzi si sono sviluppati in vari periodi di tempo. Non sono stati fissati per legge, ma sono familiari ai partecipanti. I prezzi trasmettono preziose informazioni a questi partecipanti. I prezzi rendono più precisi i loro processi decisionali. Le persone possono valutare più facilmente i costi della loro decisioni, passate, presenti e future.

I prezzi variano, ma di solito non fluttuano molto. Questa stabilità riduce i costi delle transazioni. I prezzi passati non garantiscono i prezzi futuri, ma stilano una sorta di modello. Abbassano i prezzi monetari. Quando i prezzi diventano relativamente alti, i venditori entrano nel mercato per vendere. Quando i prezzi diventano relativamente bassi, gli acquirenti entrano nel mercato per comprare. Fanno salire i prezzi monetari.

Gli acquirenti finali sono le fonti dei prezzi di mercato. Possiedono la merce più commerciabile: il denaro. Si trovano a competere contro altri acquirenti. Il libero mercato è un'asta, sia in teoria che in pratica.

Gli imprenditori che acquistano beni e servizi di produzione cercano d'indovinare quanto saranno intenzionati a pagare suddetti acquirenti finali, ma nessuno lo sa. Le buone ipotesi producono profitti. Le ipotesi sbagliate producono perdite. Gli acquirenti finali mantengono il controllo sulla produzione e sulla distribuzione attraverso le loro offerte. Le offerte più alte vincono.

3. Il Sasso

Entra in scena lo stato. Gli elettori dicono ai politici che certi prezzi sono troppo alti. Gli acquirenti dicono che i venditori sono dei truffatori. Gli acquirenti non dicono ai politici: "Noi acquirenti stiamo aumentando i prezzi. Fermateci prima che spendiamo di nuovo!" No, incolpano i venditori, i quali stanno semplicemente rispondendo alle offerte più alte, vendita dopo vendita.

I politici approvano leggi contro l'aumento dei prezzi. Queste leggi impongono quelli che sono definiti prezzi massimi. Questo è ciò che la maggior parte delle persone ha in mente quando pensa al "controllo dei prezzi".

Gli elettori non capiscono questa legge economica: *non esistono i controlli dei prezzi; ci sono solo i controlli delle persone.* Queste ultime fanno offerte per comprare. Il controllo dei prezzi rende illegale per un venditore completare la transazione. Gli acquirenti fanno offerte al di sopra del prezzo massimo, ma i venditori che non vogliono essere arrestati resistono alla tentazione di vendere, almeno nei mercati legali.

Hazlitt descrisse molte bene questo argomento. Gli elettori che vogliono questi controlli delle persone, vogliono sostanzialmente controllare i ricchi.

«*La tesi alla base di un abbassamento artificiale del prezzo di questi beni, reciterà come segue. Se lasciamo il manzo (per esempio) alla mercé del libero mercato, il prezzo sarà spinto in alto dalle offerte in competizione in modo che solo i ricchi se lo potranno permettere. Le persone non avranno carne in proporzione al loro bisogno, ma solo in proporzione al loro potere d'acquisto. Se manteniamo basso il prezzo, ognuno avrà la sua giusta quota.*»

C'è un argomento etico implicito: l'equità. "Lo stato deve obbligare gli offerenti ad essere onesti. Alcuni di loro dovrebbero essere obbligati per legge a cessare l'offerta quando ci sono persone con meno soldi." Qual è il prezzo giusto? Quali criteri di equità dovranno essere rispettati quando i burocrati applicheranno queste leggi?

Se i politici non aggiustano tutti i prezzi, allora la lista comprendente i prezzi massimi al dettaglio sarà di miliardi. Non milioni -- miliardi. Ci sono tanti prodotti negli Stati Uniti, ma ciò non include i servizi.

4. I Costi

Il motivo per cui gli elettori chiedono un prezzo massimo è che ci sono troppi offerenti nell'asta. Gli elettori vogliono che questa situazione abbia fine. Ma il problema rimane: i burocrati a chi dovrebbero permettere d'acquistare? La domanda supera l'offerta al prezzo artificialmente basso. Invece del miglior offerente che torna a casa con l'elemento acquistato, ci sono una mezza dozzina di offerenti che possono ancora permettersi di fare offerte e che vogliono ancora fare un'offerta. Cinque di loro devono essere allontanati. Su quale base giuridica? Più precisamente, su quali basi morali? Che cos'è giusto? I cinque offerenti saranno d'accordo con questi standard? Saranno d'accordo con la decisione del burocrate?

Cresce il risentimento tra gli offerenti esclusi. Possono scoppiare conflitti se questa procedura d'allocazione va avanti. Quando la guerra finisce, gli acquirenti amareggiati non possono più essere respinti con questa frase: "Non sapete che c'è una guerra in corso?"

In regime di prezzi massimi, i consumatori perdono il loro controllo sul processo di produzione, rappresentante l'altra faccia della medaglia del processo di distribuzione. Il potere scorre sempre più verso lo stato e la sua burocrazia, allontanandosi dai consumatori.

L'effetto di un prezzo massimo è una carenza: più domanda che offerta al prezzo aggiustato. Lo stato deve quindi razionare utilizzando una qualche altra metodologia. Il programma del controllo dei prezzi tende, quindi, a diffondersi. Mises spiegò il perché nella sua conferenza del 1951: "La politica della via di mezzo conduce al socialismo". Vengono approvate nuove regole per aggiustare i problemi degli interventi precedenti. Hazlitt descrisse questo processo.

«Dato che lo stato estende quest'aggiustamento dei prezzi, estende anche le conseguenze che hanno portato a questa scelta. Supponendo che abbia il coraggio di aggiustare questi costi, e sia in grado di far rispettare le proprie decisioni, non fa altro che creare carenze di vari fattori -- lavoro, mangimi, grano, o qualsiasi altra cosa -- che entrano nella produzione dei prodotti finali. Così lo stato è costretto ad estendere ulteriormente i controlli, e la conseguenza finale sarà un aggiustamento universale dei prezzi.»

La tendenza è chiara: quella che nel 1944 Hayek definì la strada verso la schiavitù.

«La conseguenza naturale di un controllo universale dei prezzi, che mira a perpetuare un dato livello dei prezzi, è necessariamente un'economia completamente irreggimentata. I salari dovrebbero essere tenuti rigidamente bassi come i prezzi. Il lavoro dovrebbe essere razionato spietatamente come le materie prime. Il risultato finale sarebbe uno stato che direbbe ad ogni consumatore la quantità di ciascun prodotto che potrebbe avere; che direbbe ad ogni produttore la quantità di ogni materia prima e lavoratore che potrebbe avere.

Non potrebbe essere più tollerata un'offerta competitiva né per i lavoratori, né per i materiali. Il risultato sarebbe un'economia totalitaria e pietrificata, con ogni ditta e ogni lavoratore alla mercé dello stato, e con un abbandono definitivo di tutte le libertà tradizionali che abbiamo conosciuto.»

5. Le Conseguenze

In un regime di prezzi massimi, fare offerte è illegale. I prezzi non trasmettono più informazioni accurate sulla domanda e l'offerta. La produzione scende. La crescita economica cala o scompare. Il razionamento si diffonde. Le carenze aumentano. Naturalmente niente di tutto questo accadrebbe se la banca centrale deflazionasse, ma è raro che lo faccia.

L'Occidente non ha marciato lungo la strada verso la schiavitù dopo la seconda guerra mondiale. Prima della fine del 1946, uno sciopero dei produttori di carni bovine costrinse il presidente Truman a rimuovere tutti i controlli sulle carni bovine. Questa fu la fine per la maggior parte dei controlli nazionali.

Il popolo americano si stancò delle carenze. Si stancò del razionamento. Voleva tornare al mondo del 1941.
In Gran Bretagna il partito laburista vinse le elezioni nel 1945. Mantenne in vigore i controlli dei prezzi fino al 1950. La carenza erano in ogni dove, e lo stesso il razionamento. La Germania Ovest non faceva eccezione, almeno fino a quando il ministro dell'economia Ludwig Erhard li abolì il 20 giugno 1948. La ripresa economica tedesca iniziò il giorno successivo.

Il popolo ignorava che il controllo dei prezzi portasse al razionamento. Ma gli elettori volevano porre fine a questo razionamento. Ciò forzò la mano degli stati: dovettero abolire i controlli. È per questo motivo che i controlli di prezzi e salari non durano a lungo nei periodi di pace. Gli elettori non tollerano il razionamento, tranne nei mercati limitati.

Il 15 agosto 1971 Nixon impose per decreto controlli di prezzi e salari, lo stesso giorno in cui abolì il gold-exchange standard. I controlli crearono colli di bottiglia, visibili nelle lunghe code alle stazioni di benzina. Vennero aboliti nell'aprile del 1974.

Conclusioni

I controlli di prezzi e salari sono andati e venuti durante la storia. Non durano a lungo. Vengono indeboliti dal mercato nero: beni e servizi circolano in questi mercati illegali. Il razionamento dello stato crea resistenza politica. Il popolo non comprende la logica dei prezzi massimi, ma comprende la risposta dello stato: il razionamento. Gli elettori non lo tollerano in tempo di pace. La loro risposta è questa: "Non sapete che non c'è una guerra?"

I prezzi minimi sono l'ennesimo esempio di controllo dei prezzi.

Hugh Rockoff, "Price Controls":
http://www.econlib.org/library/Enc/PriceControls.html

Schuettinger and Butler, *Forty Centuries of Wage and Price Controls: How Not to Fight Inflation* (1979):
https://mises.org/library/forty-centuries-wage-and-price-controls-how-not-fight-inflation

Art Carden, "Price Controls Create Man-Made Disasters" (2008): https://mises.org/library/price-controls-create-man-made-disasters

Art Carden, "Fill-in-the-Blank Article About Price-Gouging Laws" (2008): https://mises.org/library/fill-blank-article-about-price-gouging-laws

David M. Brown, "Price Gouging Saves Lives in a Hurricane" (2012): https://mises.org/library/price-gouging-saves-lives-hurricane

"Rent Control in New York [City]" (Wikipedia):
https://en.wikipedia.org/wiki/Rent_control_in_New_York

William Tucker, "How Rent Control Drives Out Affordable Housing" (1997): http://www.cato.org/publications/policy-analysis/how-rent-control-drives-out-affordable-housing

Capitolo 18: Il Salario Minimo

"Cattivo! cattivo!" dice il compratore; ma, andandosene, si vanta dell'acquisto.
(Proverbi 20:14)

Ancora una volta Hazlitt ritorna sulla questione dell'aggiustamento dei prezzi da parte dello stato. Nei Capitoli 13, 15 e 16, quest'aggiustamento dei prezzi prendeva la forma di prezzi minimi. Lo stesso accade in questo capitolo.

Una legge sul salario minimo è un minimo di prezzo imposto dallo stato per quanto riguarda il lavoro. Non si applica alle macchine. Non si applica ai programmi per computer. Quindi, nella misura in cui una macchina o un programma per computer sono in grado di svolgere un lavoro ad un costo per ora inferiore al salario minimo, in tal senso la legge è inapplicabile.

1. I Proprietari

Una serie di proprietari possiede il denaro: gli imprenditori. Possono anche possedere beni strumentali, i quali comprendono terreni e fabbricati. Possiedono piani aziendali. Questi piani prevedono l'assunzione di lavoratori umani.

Un altro gruppo di proprietari possiede la capacità di fornire servizi sotto forma di lavoro.

Queste persone hanno diritto a dare in affitto tali servizi.

Un terzo gruppo di proprietari deciderà ad un certo punto se acquistare beni e servizi che sono stati prodotti da una combinazione di capitale e prestazioni lavorative. Esse determinano retroattivamente quali venditori prosperano e quali no.

Il fattore chiave della proprietà è la responsabilità personale. Dio ritiene i proprietari responsabili, perché Egli è il proprietario originale. Questi individui sono i Suoi amministratori.

2. La Finestra

La finestra è un prodotto delle tradizioni e istituzioni morali, culturali e legali di una società. Tale prodotto è noto come libero mercato. Coloro con i soldi da spendere stringono accordi con le persone che vogliono vendere merci.

In questo sistema, le persone che assumono lavoratori cercano d'individuare le persone che affittano questo servizio ad un certo prezzo. Lo scambio economico dipende sempre da un prezzo concordato. Gli acquirenti competono contro altri acquirenti. I venditori competono contro altri venditori. Solo nella fase finale del processo d'assunzione ha luogo la contrattazione faccia a faccia: gli aspiranti datori di lavoro contro gli aspiranti dipendenti. Il datore di lavoro non sa quanti soldi accetterà il potenziale dipendente, e il potenziale dipendente non sa quanti soldi sborserà il futuro datore di lavoro. È in questa zona grigia che avvengono i negoziati.

Ma il tempo non è una risorsa gratuita. I datori di lavoro di solito fanno quest'offerta: "Prendere o lasciare; sono troppo occupato per negoziare".

Il datore di lavoro agisce come un agente economico dei clienti futuri. Egli darà loro la possibilità d'acquistare i prodotti del suo processo di produzione. Il datore di lavoro agisce anche come un agente economico dei suoi dipendenti. Al fine di guadagnare soldi, i dipendenti devono vendere i loro servizi ai clienti. I dipendenti non sanno come commercializzare i loro servizi direttamente ai clienti, ma il datore di lavoro lo sa. Ne è così sicuro che è disposto a pagare dipendenti per svolgere determinate attività, a prescindere dalle decisioni a breve termine dei clienti. L'azienda paga questi dipendenti fino a quando la mancanza di clienti non rende evidente un qualche errore da parte dell'imprenditore nel giudicare la domanda dei clienti. Solo in questo momento potrà licenziare alcuni o tutti i suoi dipendenti.

Il salario è un segnale per gli altri lavoratori e gli altri datori di lavoro, poiché mette in risalto le condizioni prevalenti della domanda e dell'offerta. Se questo stipendio è un salario *d'equilibrio*, non ci saranno lavoratori che si offriranno di lavorare per un salario più basso e non ci saranno datori di lavoro che si offriranno di pagare di più.

3. Il Sasso

I sindacati affrontano un grosso problema quando i lavoratori sono disposti a lavorare per salari inferiori a quelli preferiti dai loro membri.

Questi ultimi non riescono a trovare datori di lavoro che li paghino a salari al di sopra di quelli di mercato. I membri dei sindacati vedono un modo per ridurre la concorrenza dei lavoratori a basso salario: spingere lo stato ad approvare una legge che renda illegale pagare salari al di sotto di un minimo. In questo modo i membri dei sindacati riescono a trovare datori di lavoro che pagheranno loro salari al di sopra di quelli di mercato.

Nell'anno in cui venne approvato il salario minimo federale, 1938, i membri dei sindacati che vivevano a Nord subivano la concorrenza dei produttori residenti nel Sud, dove i salari erano più bassi. Non volevano questa concorrenza. I produttori del Nord erano felici di sostenere un salario minimo che fosse inferiore a quello che pagavano, ma che fosse superiore a quello che pagavano i produttori nel Sud.

Per ottenere i loro voti, i membri dei sindacati e i produttori del Nord dissero ai loro rappresentanti pubblici che il Congresso doveva approvare una legge sul salario minimo. A partire dal 1938, il Congresso fece esattamente questo.

I politici che rispondono a questa pressione politica, hanno bisogno di una giustificazione accettabile per approvare una tale legge. Ce n'è una che è stata utilizzata per decenni: necessità di un salario di sussistenza. Se presa alla lettera, tale frase non ha senso dal punto di vista economico. Le persone non accettano volontariamente salari che non sostengono la vita -- almeno non per molto. Altrimenti tali lavoratori moriranno presto. La loro morte ridurrà l'offerta di persone disposte a lavorare per un salario non di sussistenza.

Quando l'offerta di lavoro diminuisce, i salari di mercato aumentano. Il cosiddetto "salario di sussistenza" è uno slogan politico, non un fenomeno economico. Ha il seguente significato: *un salario al di sopra di quello che gli altri lavoratori sono pronti ad accettare, ma che è proibito per legge.*

4. I Costi

Al salario artificialmente più alto, il mercato non si ripulisce. Questo significa che ci saranno più lavoratori che si offriranno di lavorare al salario artificialmente più alto rispetto alle offerte per assumerli. Il salario minimo crea un eccesso d'offerta di lavoratori. Questo è il risultato di tutti i prezzi minimi: più offerenti che compratori. I lavoratori che si offrono di lavorare sono delusi. Devono cercare lavoro altrove. Hazlitt descrisse molto bene questa situazione.

«La prima cosa che accade, per esempio, quando viene approvata una legge secondo cui nessuno può essere pagato meno di $30 per quaranta ore/settimana, è che tutti coloro che non valgono $30 a settimana non saranno assunti. Non si può far valere qualcuno un determinato importo, rendendo illegale offrirgli di meno.

Ci si limita a privarlo del diritto di guadagnare la somma che le sue capacità e la sua situazione gli avrebbero permesso di guadagnare, mentre si priva la comunità dei servizi che egli sarebbe stato in grado di rendere. In breve, ad un salario basso si sostituisce la disoccupazione. Si danneggia tutto e tutti.»

Questa situazione è un vantaggio per i lavoratori che hanno un lavoro, almeno fino a quando i loro datori di lavoro non trovano macchinari che li possano sostituire. Non affrontano più la concorrenza di quegli esseri umani disposti a lavorare per meno.

È anche un vantaggio per i datori di lavoro che sono disposti ad infrangere la legge. Ora sono in grado di trovare lavoratori abili che sono disposti a lavorare al di sotto del salario minimo -- molto al di sotto. L'offerta di lavoratori disoccupati aumenta. Devono accettare offerte di lavoro che avrebbero respinto prima che comparisse la legge sul salario minimo.

Negli Stati Uniti chi ci perde di più, sono i maschi neri adolescenti con competenze professionali minime. Sono impiegati meno desiderabili. Vivono in parti della città che sono povere. Non possono permettersi di guidare fino ad una parte della città dove ci possono essere offerte di lavoro al salario minimo. Il loro unico strumento di lavoro nel loro quartiere, è la loro volontà di lavorare ad un salario inferiore a quello di mercato. In questo modo possono acquisire l'esperienza e le competenze necessarie per ottenere offerte di lavoro migliori. Ma per i datori di lavoro ora è illegale accettare tali offerte. Così, quando nel 1961 il salario minimo venne aumentato ben al di sopra dei salari d'entrata nel mondo del lavoro, durante il primo anno della presidenza Kennedy, il tasso di disoccupazione per i maschi neri adolescenti salì al di sopra del tasso dei maschi bianchi adolescenti e di tutti gli altri. Non è mai sceso. Prima del 1961, i maschi neri adolescenti avevano un tasso di disoccupazione inferiore ai maschi bianchi adolescenti.

Questi giovani maschi diventano reclute per le bande. Il tasso di criminalità aumenta nei centri delle città. I principali responsabili sono i maschi neri adolescenti e i giovani non sposati.

5. Le Conseguenze

Per la crescita economica sono fondamentali i posti di lavoro per gli adolescenti. È qui dove acquisiscono le competenze di cui hanno bisogno. Le piccole imprese locali sono i datori di lavoro più comuni. Ma per i giovani senza certificazione d'istruzione formale, questa strada viene sbarrata dal salario minimo. Questo funziona contro le piccole imprese, in particolare le imprese start-up, che sono le fonti primarie della creazione d'occupazione.

Negli Stati Uniti fin dagli anni '60, il sottoproletariato nero è stato un problema sociale costante. Non è mai entrato nei mercati legali del lavoro. Ovunque ci siano leggi sul salario minimo, ci sarà una sottoclasse piena di giovani che non si integrerà nella comunità dei capifamiglia impiegati. In questi gruppi il crimine è di gran lunga superiore alla media. Questi uomini non diventano membri produttivi della loro comunità.

Vi è poi una pressione politica affinché lo stato intervenga e crei programmi di *welfare* a sostegno di questi uomini e donne che non si sposano. Il *welfare* intergenerazionale li renderà dipendenti dallo stato.

Conclusioni

Il salario minimo è un altro intervento dello stato nel mercato dello scambio volontario: proprietà e rinuncia della stessa. Si basa sull'idea che bisogna impedire alle persone di stringere accordi volontari con qualcun altro. I politici e i burocrati, lontani dalle circostanze che devono affrontare le persone a livello locale, stabiliscono i termini legali dello scambio per i servizi del lavoro.

Alle persone che hanno la migliore informazione sulle opportunità di lavoro locali, è proibito di perseguirle. Non possono migliorare le loro condizioni. Gli agenti locali di quei politici distanti, raccontano a queste stesse persone che non sono autorizzate a perseguire qualsiasi miglioramento ad un salario al di sotto del minimo nazionale. Sin dai primi anni '80 è accelerata l'implementazione di macchinari risparmia-lavoro. Oggi il rapido sviluppo delle operazioni computerizzate e della robotica, minaccia i lavoratori meno qualificati come non mai. I costi associati alla sostituzione del lavoro umano si stanno abbassando ad un ritmo esponenziale, ed è stato così sin dallo sviluppo dei primi microcomputer commerciali nel 1978. In questo modo gli effetti di un salario minimo aumenteranno ancora di più per i lavoratori di livello base e i lavoratori anziani con competenze minime. Il salario minimo sovvenziona quest'effetto di sostituzione.

Ancora una volta vediamo che l'intervento dello stato nel mercato libero, in nome dei poveri e degli oppressi, ha aumentato la percentuale dei poveri e degli oppressi. Le vittime sono più povere e più oppresse di quanto non lo sarebbero state altrimenti. Ma nel caso del salario minimo, ha anche aumentato il crimine. La gente nei centri delle città sopporta il peso dei costi.

Il salario minimo significa imporre un prezzo minimo. I prezzi minimi creano sovrabbondanze – nel caso specifico, lavoratori disoccupati.

Gary North, "Salario minimo: la prova del nove per gli economisti" (2014): https://francescosimoncelli.com/2014/04/salario-minimo-la-prova-del-nove-per.html

Gary North, "Test Case for Economic Ignorance: Minimum Wage Laws" (2014): http://www.garynorth.com/public/12010.cfm

Gary North, "How Minimum Wage Laws Promote Racial Discrimination" (2014): http://www.garynorth.com/public/12683.cfm

D. W. MacKenzie, "Mythology of the Minimum Wage" (2006): https://mises.org/library/mythology-minimum-wage

George Reisman, "How Minimum Wage Laws Increase Poverty" (2014): https://mises.org/library/how-minimum-wage-laws-increase-poverty

Hans F. Sennholz, "Minimum Wages: Minimum Wage Laws Raise Barriers to Employment" (1998): http://fee.org/freeman/minimum-wages

Roger Koopman, "The Minimum Wage: Good Intentions, Bad Results" (1988): http://fee.org/freeman/the-minimum-wage-good-intentions-bad-results

Doug Bandow, "The Minimum Wage: Apparently Benevolent, Completely Wrong" (2013): http://fee.org/freeman/the-minimum-wage-apparently-benevolent-completely-wrong

Walter Block and Kevin Sohr, "The Minimum Wage Hurts Those Whom It Is Intended to Most Help" (1997): http://fee.org/freeman/the-minimum-wage

Raphael G. Kazmann, "The Minimum Wage Law: Minimum Wage Laws Disadvantage Young and Inexperienced Workers" (1995): http://fee.org/freeman/the-minimum-wage-law

Jefrey A. Tucker, "Eugenics Plot of the Minimum Wage" (2015): http://fee.org/freeman/the-eugenics-plot-of-the-minimum-wage

Capitolo 19: I Sindacati Possono Far Aumentare i Salari?

"Cattivo! cattivo!" dice il compratore; ma, andandosene, si vanta dell'acquisto.
(Proverbi 20:14)

Ancora una volta, Hazlitt ritorna sulla questione dell'aggiustamento dei prezzi da parte dello stato. Nei Capitoli 13, 15, 16 e 18, l'aggiustamento dei prezzi prendeva la forma di prezzi minimi. Anche in questo capitolo.

A prima vista potrebbe non sembrare un caso in cui lo stato aggiusta i prezzi. Alla fine di questo capitolo, spero che riusciate a comprendere come invece lo sia. Si tratta di un altro esempio di prezzo minimo.

1. I Proprietari

Una serie di proprietari è in possesso del denaro: gli imprenditori. Essi possono anche possedere beni strumentali, come terreni e fabbricati. Possiedono piani aziendali. Questi piani prevedono l'assunzione di lavoratori umani.

Un altro gruppo di proprietari possiede la capacità di fornire servizi di lavoro. Queste persone hanno il diritto d'affittare questi servizi.

Un terzo gruppo di proprietari deciderà, ad un certo punto, se acquistare i beni e i servizi che sono stati prodotti da una combinazione di capitale e prestazioni lavorative. Esse determinano retroattivamente quali venditori prosperano e quali no.

Tutti i partecipanti possiedono il diritto legale di fare un'offerta.

2. La Finestra

La finestra è un prodotto delle tradizioni e istituzioni morali, culturali e legali di una società. Tale prodotto è noto come libero mercato. Coloro con i soldi da spendere stringono accordi con le persone che vogliono vendere merci.

In questo sistema, le persone che assumono lavoratori cercano d'individuare le persone che affittano questo servizio ad un certo prezzo. Lo scambio economico dipende sempre da un prezzo concordato. Gli acquirenti competono contro altri acquirenti. I venditori competono contro altri venditori. Solo nella fase finale del processo d'assunzione ha luogo la contrattazione faccia a faccia: gli aspiranti datori di lavoro contro gli aspiranti dipendenti. Il datore di lavoro non sa quanti soldi accetterà il potenziale dipendente, e il potenziale dipendente non sa quanti soldi sborserà il futuro datore di lavoro. È in questa zona grigia che avvengono i negoziati. Ma il tempo non è una risorsa gratuita. I datori di lavoro di solito fanno quest'offerta: "Prendere o lasciare; sono troppo occupato per negoziare". Il datore di lavoro agisce come un agente economico dei clienti futuri. Egli darà loro la possibilità d'acquistare i prodotti del suo processo di produzione.

Il datore di lavoro agisce anche come un agente economico dei suoi dipendenti. Al fine di guadagnare soldi, i dipendenti devono vendere i loro servizi ai clienti. I dipendenti non sanno come commercializzare i loro servizi direttamente ai clienti, ma il datore di lavoro lo sa. Ne è così sicuro che è disposto a pagare dipendenti per svolgere determinate attività, a prescindere dalle decisioni a breve termine dei clienti. L'azienda paga questi dipendenti fino a quando la mancanza di clienti non rende evidente un qualche errore da parte dell'imprenditore nel giudicare la domanda dei clienti. Solo in questo momento potrà licenziare alcuni o tutti i suoi dipendenti.

Il salario è un segnale per gli altri lavoratori e gli altri datori di lavoro, poiché mette in risalto le condizioni prevalenti della domanda e dell'offerta. Se questo stipendio è un salario d'equilibrio, non ci saranno lavoratori che si offriranno di lavorare per un salario più basso e non ci saranno datori di lavoro che si offriranno di pagare di più.

3. Il Sasso

Un sindacalista si presenta davanti ai lavoratori e dice: "Siete sfruttati dal vostro datore di lavoro. Può sfruttarvi perché siete una sola persona. Il datore di lavoro è ricco. Non deve preoccuparsi di nutrire la sua famiglia. Voi non lo siete e vivete solo del vostro stipendio. Siete in una posizione debole, ma se vi unite insieme ad altri dipendenti, potete sfidare questo sfruttamento. Potete contrattare collettivamente. Il datore di lavoro non può permettersi di licenziarvi tutti in una volta. Sarete quindi pagati quello che valete per davvero."

Questa può sembrare una tesi plausibile. I lavoratori non hanno alcun peso singolarmente. Il datore di lavoro può licenziare qualsiasi individuo. Può sostituire il singolo licenziato. Il sostituto è disposto ad accettare il lavoro. Questo sembra ingiusto.

Perché è ingiusto? Due persone stringono un accordo: il datore di lavoro e il sostituto. Il sostituto ha diritto a fare un'offerta. I lavoratori competono contro altri lavoratori. I datori di lavoro compete contro altri datori di lavoro. Perché è immorale? Perché è ingiusto? Ma il sindacalista dice che è ingiusto.

Se lo stato non interferisce, il sindacalista dovrà testare sul mercato la sua teoria della formazione dei salari. Può convincere i lavoratori a minacciare di licenziarsi. Forse il datore di lavoro capitolerà. O forse no. Può anche decidere di sostituire tutti gli scioperanti. Questo è ciò che fece Ronald Reagan nel 1981, quando il sindacato dei controllori del traffico aereo scioperò. Diede loro una scadenza. Se si fossero rifiutati di tornare a lavoro, li avrebbe sostituiti tutti. La maggior parte di loro rifiutò. Li sostituì tutti in un giorno. Nessun aereo si schiantò. Il sindacato aveva esagerato. Pensava che Reagan stesse bluffando. Si sbagliava. Nessun altro sindacato in ambito pubblico provò di nuovo a fare una cosa del genere.

Più un lavoro è semplice, e più è numeroso il numero di lavoratori disoccupati che può fare tale lavoro, più è facile per il datore di lavoro interrompere uno sciopero. Può sostituire gli scioperanti.

I sindacalisti lo sanno e anche i membri del sindacato.

Così, i sindacati fanno pressione sul governo affinché costringa i datori di lavoro a negoziare "in buona fede" con i membri del sindacato se la metà dei lavoratori, più una persona, vota per essere rappresentata dal sindacato. È qualcosa che iniziò negli Stati Uniti nel 1933. Il governo approvò il Wagner Act. Istituiva il National Labor Relations Board per far rispettare le nuove regole. Il governo minacciava qualsiasi datore di lavoro con la violenza -- multe -- se non avesse permesso al sindacato di reclutare membri. Se avessero vinto le elezioni, per il datore di lavoro sarebbe diventato illegale sostituire gli scioperanti.

Così quei sindacati che ottengono un voto del 50% più uno, operano in un sistema giudiziario in cui esistono prezzi minimi sui salari imposti dallo stato. I membri fuori dal sindacato possono fare offerte per i lavori, ma per i datori di lavoro è illegale accettarle. Devono, quindi, unirsi al sindacato. Devono pagare le quote sindacali. Non possono ottenere un salario inferiore a quello che il sindacato, con la coercizione dello stato, ha imposto al datore di lavoro.

4. I Costi

I prezzi minimi creano sovrabbondanze. Quando i nuovi salari vengono imposti dallo stato, attraverso la trattativa sindacale, attirano potenziali lavoratori. Il sindacato non può permettersi di farli entrare tra le sue fila. Ci sarebbero troppi membri da impiegare a salari al di sopra di quelli di mercato. In breve, vengono messi i bastoni tra le ruote a domanda e offerta, ma non a costo zero. Questi lavoratori sono lavoratori in eccedenza, poiché i salari al di sopra di quelli di mercato non permettono una sana pulizia dei mercati.

Vi è una maggiore offerta di lavoro rispetto alla domanda.

I lavoratori che non riescono ad entrare nel sindacato, non possono accedere a questi posti di lavoro altamente remunerativi. Quindi devono cercare altrove per essere assunti. Chi li assumerà? La risposta è chiara: i datori di lavoro i cui dipendenti non hanno ancora votato il 50% più uno per essere rappresentati da un sindacato. Così, ora ci sono lavoratori disoccupati in più da impiegare. Se al datore di lavoro in competizione fosse stato permesso d'offrire posti di lavoro a questi lavoratori, questi ultimi li avrebbero ottenuti. I datori di lavoro sarebbero stati disposti ad assumerli solo ad un salario superiore a quello dei loro concorrenti. Ma questi lavoratori non possono ottenere questi posti di lavoro.

Così, si trovano a competere uno contro l'altro per posti di lavoro presso un'azienda non sindacalizzata. I proprietari di tali aziende si ritrovano per le mani una situazione ideale: possono offrire salari più bassi a questi lavoratori disoccupati. Questi ultimi non hanno alternative. Se avessero avuto offerte migliori, le avrebbero accettate.

Così, il risultato di salari più alti rispetto a quelli di mercato è un salario più basso per quei lavoratori nelle imprese non sindacalizzate. I salari sono più elevati per i membri dei sindacati, ma sono inferiori per coloro che non ne fanno parte. Che cosa succederebbe se i sindacati organizzassero anche questi lavoratori? Sarebbero in grado d'ottenere salari più alti se votassero il 50% più uno. Di conseguenza la nuova azienda sindacalizzata non sarebbe in grado d'assumere tutti i lavoratori al prezzo più alto.

Lo stesso processo si ripeterà fino a quando i sindacati non raggiungeranno il limite di aziende che possono permettersi salari più alti. Poi le aziende marginali cominceranno ad andare in bancarotta. Ci saranno più lavoratori che cercheranno lavoro. La disoccupazione aumenterà tra le fila dei lavoratori che sono vittime di discriminazioni per quanto concerne l'appartenenza sindacale. I salari scenderanno nei settori non sindacalizzati. Il successo di alcuni membri dei sindacati nell'ottenere salari più alti, sarà pagato dagli esclusi che non riusciranno ad ottenere un impiego al precedente salario di un determinato settore. I salari scenderanno.

Le aziende non sindacalizzate potranno quindi offrire prezzi più bassi ai clienti. Potranno assumere lavoratori più economici. O aumenteranno i loro profitti (margini di profitto più elevati), oppure aumenterà la loro quota di mercato (prezzi più bassi). Queste aziende faranno affari a scapito delle imprese sindacalizzate. I clienti che avrebbero tratto beneficio dalla produttività dei lavoratori disoccupati, non ne potranno beneficiare. Lo stato può approvare leggi a sostegno dei lavoratori disoccupati. Saranno i contribuenti a finanziare queste spese.

5. Le Conseguenze

Nelle nazioni in cui lo stato sostiene le politiche dei sindacati, il risultato è stata un'ampia disoccupazione tra i gruppi non aderenti ad alcun sindacato. In alcune nazioni i lavoratori più giovani hanno sofferto enormi tassi di disoccupazione -- vicini al 50%. In altre nazioni i gruppi razziali hanno visto un aumento della disoccupazione.

I datori di lavoro non sono stati in grado di licenziare i lavoratori e quindi sostituirli. Ciò ha portato ad una riduzione della produzione del lavoro e ad una minore soddisfazione dei desideri dei consumatori.

All'interno di una nazione, alcune giurisdizioni locali hanno leggi che vietano le cosiddette *union shop*, il che significa assenza di aziende chiuse ai non iscritti ad un sindacato. Negli Stati Uniti questi stati sostenitori di un "diritto al lavoro", attirano le aziende che vogliono la libertà contrattuale. Alcune imprese consolidate si trasferiscono in questi stati. In altri casi, le aziende più vecchie rimangono in quegli stati che approvano le *union shop*, ma la formazione di nuove imprese è più alta in quegli altri stati. In questi ultimi esistono dei margini di profitto. Negli Stati Uniti l'industria automobilistica si è spostata da Detroit al sud-est a seguito di tali leggi locali.

Le restrizioni sindacali in materia d'accesso ai posti di lavoro, hanno anche portato alla delocalizzazione: le imprese hanno spostato i loro stabilimenti in nazioni senza sindacati forti. Le aziende importano quindi i beni prodotti dalle loro filiali situate all'estero.

Le importazioni crescono. I produttori esteri sono in grado di produrre beni pagando i lavoratori meno di quanto le imprese sindacalizzate possono pagare. Vendono questi beni a prezzi inferiori a quelli offerti dalle imprese sindacalizzate.

Questo porta i sindacati a chiedere restrizioni alle importazioni, riducendo in tal modo la scelta dei consumatori.

Mentre le popolazioni diventano più istruite, i lavoratori si spostano verso realtà non sindacalizzate. La manifattura si sposta altrove. Cala l'adesione al sindacato in percentuale della forza lavoro. Negli Stati Uniti l'appartenenza sindacale ha raggiunto un picco nel 1953 a circa il 35%. È scesa a circa il 10%, in quanto le importazioni sono aumentate e i livelli d'istruzione sono aumentati.

Conclusioni

I sindacati hanno la capacità d'aumentare i salari solo quando lo stato impone alle aziende di contrattare con loro collettivamente. I membri dei sindacati beneficiano di salari alti, ma questi stipendi più alti vengono pagati dai lavoratori che rimangono fuori dalla cerchia sindacale, e che quindi devono cercare lavoro a condizioni peggiori di quelle che sarebbero state disponibili se il sindacato non avesse fatto la sua intrusione. Ciò avvantaggia quei datori di lavoro le cui aziende non sono state sindacalizzate. La coercizione dello stato su alcuni datori di lavoro agisce come una sovvenzione per le società non sindacalizzate. In queste aziende i salari scendono.

Pertanto, a seguito di tale analisi economica, possiamo affermare con certezza che i sindacati aumentano i salari solo quando lo stato impone la contrattazione collettiva.

I salari in alcune imprese sono più alti, ma i salari nella maggior parte delle aziende sono più bassi, come diretta conseguenza dei minimi salariali statali che vengono applicati in modo selettivo.

Purtroppo Hazlitt si rifiutò d'affermare queste cose nel suo capitolo. *Questo è di gran lunga il capitolo peggiore del libro di Hazlitt.* Si rifiutò di rendere quanto segue il principio centrale di questo capitolo: *i saggi salariali dei sindacati sono l'ennesimo esempio di prezzi minimi imposti dallo stato.* Iniziò il capitolo così:

> *«Il potere dei sindacati nell'aumentare i salari nel lungo periodo, e per tutta la popolazione attiva, è stato enormemente esagerato. Questa esagerazione è principalmente il risultato della mancata comprensione che i salari sono fondamentalmente determinati dalla produttività del lavoro.»*

Il potere dei sindacati nell'aumentare i salari non è stato solamente esagerato; non esiste affatto senza la coercizione statale. I sindacati non possono far aumentare i salari in generale.

La loro capacità di poter fare una cosa del genere in qualsiasi settore economico, si basa esclusivamente sulla coercizione statale: prezzi minimi. Tutti i prezzi minimi hanno lo stesso risultato: sovrabbondanza della merce protetta, il che significa risorse disoccupate. Avrebbe dovuto iniziare con un'analisi dei salari sindacali come prezzi minimi imposti dallo stato, e avrebbe dovuto concludere allo stesso modo.

C'è di peggio.

> *«Tutto questo non significa che i sindacati non possano svolgere alcuna funzione utile o legittima. La funzione centrale è quella d'assicurare che tutti i loro membri ottengano un vero valore di mercato per i loro servizi.»*

Come? I sindacati sono fonte d'informazioni precise sui saggi salariali nell'economia? Qual è la prova? Informano i lavoratori di salari più alti in altri settori industriali? In genere mai. Nella storia dell'uomo la più grande organizzazione sociale e legale per la trasmissione d'informazioni precise, è il sistema dei prezzi del libero mercato. I sindacati non sono degni di fiducia quando si tratta d'informare i loro membri del *pricing* precisio dei salari; così come non c'è da fidarsi dei cartelli creati dallo stato intorno a determinati produttori, i quali si presume debbano informare i loro membri del *pricing* preciso riguardo le materie prime. Sia i sindacati sia i cartelli sono barriere statali all'ingresso.

C'è di peggio, molto peggio.

«Ma negli ultimi anni, al crescere del loro potere e al crescere di una fuorviata simpatia del pubblico sfociata nella tolleranza o nell'approvazione di pratiche antisociali, i sindacati sono andati ben oltre i loro obiettivi legittimi. È stata un vantaggio, non solo per la salute e il benessere, ma anche per la produzione di lungo periodo, la riduzione della settimana lavorativa da settanta ore a sessanta ore. È stata un vantaggio, per la salute e per il tempo libero, la riduzione della settimana lavorativa da sessanta ore a quarantotto ore. È stata un vantaggio, per il tempo libero, ma non necessariamente per la produzione e il reddito, la riduzione della settimana lavorativa da quarantotto ore a quarantaquattro ore.»

I sindacati non hanno avuto nulla a che fare con questi vantaggi, se dobbiamo credere all'analisi economica di Hazlitt.

La tesi di questo capitolo è che ***i salari sono aumentati*** -- vale a dire, ore sono ridotte ma allo stesso stipendio -- ***solo dagli investimenti***.

«Così siamo spinti a concludere che i sindacati, anche se per un certo lasso di tempo sono in grado di garantire un aumento dei salari monetari ai loro membri a spese dei datori di lavoro e a spese dei lavoratori fuori dai sindacati, <u>non possono affatto far aumentare i salari nel lungo periodo e per tutto il corpo dei lavoratori.</u>»

Se crediamo all'analisi di Hazlitt sulla produttività e sui salari, e anche alle sue argomentazioni sulla natura del cartello dei sindacati, non ci sono prove che i sindacati possano far aumentare i salari per tutto il corpo dei lavoratori nel breve periodo.

«La convinzione che possano farlo poggia su una serie d'illusioni. Una di queste è la fallacia <u>post hoc ergo propter hoc</u>, che considera l'enorme aumento dei salari nell'ultimo mezzo secolo, dovuto principalmente alla crescita degli investimenti di capitale e al progresso scientifico e tecnologico, un'eredità dei sindacati.»

Conclusione: i salari possono aumentare solo attraverso l'aumento della produttività del lavoro. Ciò ci riporta alla questione centrale: i sindacati non hanno avuto nulla a che fare con un aumento degli investimenti e con l'innovazione tecnologica. Questo ci porta ad un'ulteriore conclusione: *<u>i sindacati non hanno avuto nulla a che fare con l'aumento della produttività del lavoro</u>*.

Pertanto essi non hanno aumentato il salario dei lavoratori in generale, ma hanno aumentato i salari dei loro membri solo nelle imprese che sono state sindacalizzate. Hanno raggiunto questo scopo solo a spese dei salari più bassi di quei lavoratori non sindacalizzati, costretti ad accettare lavori che non avrebbero accettato se lo stato non si fosse intromesso.

Hazlitt iniziò il capitolo con una affermazione sul rapporto fisso tra l'aumento dei salari e l'aumento della produttività del lavoro, ma non riuscì a difendere questa linea di ragionamento dall'inizio alla fine. Se invece l'avesse fatto, non avrebbe mai fatto riferimento ad una cosiddetta "funzione legittima" dei sindacati nel ridurre le ore di lavoro e nel rendere più salutari i luoghi di lavoro.

Quindi la fantomatica "funzione legittima" dei sindacati è priva di senso, poiché supponiamo che la tesi di Hazlitt sulla produttività del lavoro e sui salari sia corretta. Ve l'assicuro, è corretta.

Conclusione: Hazlitt era scivolato sui sindacati.

Li aumentano per quei loro membri che riescono a trovare un lavoro.

Murray N. Rothbard, "Can Labor Unions Restrict Wages in a Free Market?" (1963): https://mises.org/library/can-labor-unions-restrict-wages-free-market

Morgan O. Reynolds, "Labor Unions": http://www.econlib.org/library/Enc/LaborUnions.html

Alex Tabarrok, "Do Unions Raise Wages?" [video]: http://www.mruniversity.com/courses/principles-economics-microeconomics/do-labor-unions-raise-wages-workers#sthash.bcTQTNz2.dpuf

George Reisman, "Labor Unions Are Anti-Labor (2014): https://mises.org/library/labor-unions-are-anti-labor

Charles W. Baird, "Labor Cartels, Competition, and Government" (1994): http://fee.org/freeman/labor-cartels-competition-and-government

James Shirk, "Why Organized Labor Hates Trade" (2015): http://www.nationalreview.com/article/419928/why-organized-labor-hates-trade-james-sherk

Capitolo 20: "Mezzi Sufficienti per Ricomprare i Prodotti"

> *"Cattivo! cattivo!" dice il compratore; ma, andandosene, si vanta dell'acquisto.*
> *(Proverbi 20:14)*

Ancora una volta Hazlitt ritorna sulla questione dell'aggiustamento dei prezzi da parte dello stato. Nei Capitoli 13, 15, 16, 18 e 19, l'aggiustamento dei prezzi prendeva la forma di prezzi minimi. Anche in questo capitolo.

In questa variante dello stesso tema -- prezzi minimi -- Hazlitt discusse di uno slogan che ormai è raro sentire: "I lavoratori devono essere in grado di riacquistare i loro prodotti." Non ha mai avuto un'ampia ricezione. Disse che questo slogan era sostenuto da due fonti: i marxisti e i leader sindacali. Oggi il marxismo è morto e lo è anche la maggior parte dei sindacati. Quindi questa proposizione è scomparsa.

Hazlitt non specificò quello che i difensori di questa idea proposero come soluzione. Lo stato doveva aumentare per decreto i salari dei lavoratori? Tutti i lavoratori? Solo alcuni lavoratori? In quale percentuale? I promotori di questa idea non specificarono mai cosa intendessero. Questo è uno dei motivi per cui non ha mai preso piede. Hazlitt sosteneva che questa tesi era una variante della dottrina del giusto prezzo risalente al mondo medievale.

I salari dovevano essere giusti dicevano i teologi, cioè giusti dal punto di vista etico. Ma cos'è giusto? I teologi seri del Medioevo, tra cui Tommaso d'Aquino, riconobbero questo problema, e in genere sostennero che i prezzi di mercato sono giusti, la maggior parte delle volte.

I teorici marxisti ortodossi non parlarono mai di giustizia economica. Marx sosteneva che ogni moralità è semplicemente vetrinistica per gli interessi economici di classe. I marxisti ortodossi non pensavano che la manomissione dei prezzi di mercato da parte dello stato, potesse risolvere i problemi economici inerenti al capitalismo; solo la rivoluzione proletaria ne sarebbe stata in grado. Non parlarono mai di come sarebbero stati fissati i prezzi nel mondo post-rivoluzione proletaria, e nemmeno Marx lo fece.

Questo lasciò i portavoce sindacali come gli unici promotori di questa idea. La migliore affermazione di questa idea fu data da Walter Reuther, il capo della United Auto Workers Union. Era stato anche il capo del Congress of Industrial Organizations (CIO), il più importante dei due principali sindacati americani, l'altro è l'AFL: American Federation of Labor. Reuther ponunciò la sua affermazione anni dopo che Hazlitt scrisse il libro. Questo scambio sarebbe avvenuto nel corso di una riunione presso la Ford Motor Company nel 1954. Venne pubblicato nel 1955.

Walter Reuther era in visita presso lo stabilimento Ford di Cleveland.

Un funzionario della compagnia indicò con orgoglio alcune nuove macchine a controllo automatico e chiese a Reuther:

"Come si possono raccogliere quote sindacali da questi cosi?"

Reuther rispose: "Come farete a far comprare loro le Ford?"

Reuther citò varianti di questo scambio nei suoi discorsi successivi. Oggi sentiamo ripetere gli stessi argomenti per quanto riguarda la robotica e l'informatizzazione. Ma nessuno pensa che il problema possa essere risolto aumentando per decreto i salari. Il timore oggi è la futura disoccupazione di massa a qualsiasi livello di salario.

L'errore analitico nel commento di Reuther è riconducibile a questa frase: *i datori di lavoro capitalisti stanno sfruttando i lavoratori usando macchine per sostituirli.* Per diversi secoli abbiamo ascoltato questo avvertimento.

Le macchine non comprano nulla. I lavoratori comprano cose. La questione economica è questa: "I lavoratori sono pagati al pari del valore del loro contributo al processo di produzione?" Se la risposta è no, perché? Com'è possibile che in un mercato competitivo un datore di lavoro possa sfruttare i lavoratori non pagandoli quello che valgono? Perché i datori di lavoro rivali non "spiazzano" lo sfruttatore offrendo salari più alti?

Questo ci riporta alla questione sollevata da Hazlitt in tanti capitoli: "Come si formano i prezzi in un libero mercato?" Poi c'è la questione successiva: "Se lo stato interferisce con questo processo di creazione dei prezzi, quali saranno i risultati?"

Come sempre, inizio con il tema della proprietà, il quale è un tema giuridico che ha ramificazioni economiche. È questo il motivo per cui ripeto le due sezioni seguenti.

L'errore analizzato da Hazlitt è la stesso di prima: un prezzo minimo imposto dallo stato.

1. I Proprietari

Una serie di proprietari è in possesso del denaro: gli imprenditori. Essi possono anche possedere beni strumentali, come terreni e fabbricati. Possiedono piani aziendali. Questi piani prevedono l'assunzione di lavoratori umani.

Un altro gruppo di proprietari possiede la capacità di fornire servizi di lavoro. Queste persone hanno il diritto d'affittare questi servizi. Un terzo gruppo di proprietari deciderà, ad un certo punto, se acquistare i beni e i servizi che sono stati prodotti da una combinazione di capitale e prestazioni lavorative. Esse determinano retroattivamente quali venditori prosperano e quali no.

Tutti i partecipanti possiedono il diritto legale di fare un'offerta.

2. La Finestra

La finestra è un prodotto delle tradizioni e istituzioni morali, culturali e legali di una società. Tale prodotto è noto come libero mercato. Coloro con i soldi da spendere stringono accordi con le persone che vogliono vendere merci. In questo sistema, le persone che assumono lavoratori cercano d'individuare le persone che affittano questo servizio ad un certo prezzo. Lo scambio economico dipende sempre da un prezzo concordato.

Gli acquirenti competono contro altri acquirenti. I venditori competono contro altri venditori. Solo nella fase finale del processo d'assunzione ha luogo la contrattazione faccia a faccia: gli aspiranti datori di lavoro contro gli aspiranti dipendenti. Il datore di lavoro non sa quanti soldi accetterà il potenziale dipendente, e il potenziale dipendente non sa quanti soldi sborserà il futuro datore di lavoro. È in questa zona grigia che avvengono i negoziati. Ma il tempo non è una risorsa gratuita. I datori di lavoro di solito fanno quest'offerta: "Prendere o lasciare; sono troppo occupato per negoziare".

Il datore di lavoro agisce come un agente economico dei clienti futuri. Egli darà loro la possibilità d'acquistare i prodotti del suo processo di produzione. Il datore di lavoro agisce anche come un agente economico dei suoi dipendenti. Al fine di guadagnare soldi, i dipendenti devono vendere i loro servizi ai clienti. I dipendenti non sanno come commercializzare i loro servizi direttamente ai clienti, ma il datore di lavoro lo sa. Ne è così sicuro che è disposto a pagare dipendenti per svolgere determinate attività, a prescindere dalle decisioni a breve termine dei clienti. L'azienda paga questi dipendenti fino a quando la mancanza di clienti non rende evidente un qualche errore da parte dell'imprenditore nel giudicare la domanda dei clienti. Solo in questo momento potrà licenziare alcuni o tutti i suoi dipendenti.

Il salario è un segnale per gli altri lavoratori e gli altri datori di lavoro, poiché mette in risalto le condizioni prevalenti della domanda e dell'offerta. Se questo stipendio è un salario d'equilibrio, non ci saranno lavoratori che si offriranno di lavorare per un salario più basso e non ci saranno datori di lavoro che si offriranno di pagare di più.

3. Il Sasso

Hazlitt non descrisse il sasso. Sosteneva che neanche i critici l'avessero fatto.

> *«Come facciamo a sapere quando il lavoro conferisce "mezzi a sufficienza per riacquistare i prodotti"? O quando ne conferisce più che a sufficienza? Come possiamo determinare solo la somma che è giusta? Poiché sembra che i campioni di questa dottrina non abbiano fatto alcuno sforzo per rispondere a queste domande, siamo obbligati a cercare le risposte da soli.»*

Illustrava che una mancanza di potere d'acquisto per i lavoratori fosse una variante di quella che definiva la "tesi del potere d'acquisto."

Il capitalismo sottrae ai lavoratori il pieno valore della loro produzione. Questa era la tesi di Marx, anche se Hazlitt non la identificò chiaramente: la testi del plusvalore. Hazlitt si concentrò sull'errore.

> *«In un'economia in cui ci sono scambi, il reddito di tutti è il costo di qualcun altro. Ogni aumento dei salari orari è un aumento dei costi di produzione, a meno che non venga compensato da un pari aumento della produttività oraria.»*

Questo sasso è un'altra variante dell'intervento statale per garantire salari superiori a quelli che verrebbero decisi dal sistema di mercato della domanda e dell'offerta.

4. I Costi

Hazlitt tornò alla sua critica dell'aggiustamento dei prezzi da parte dello stato.

> *«Questo ci porta al significato generale e all'effetto dell'equilibrio economico. Salari e prezzi d'equilibrio sono salari e prezzi che livellano domanda e offerta. Se si tenta d'innalzare i prezzi al di sopra del loro livello d'equilibrio, che sia lo stato o una coercizione privata a farlo, la domanda si riduce e quindi anche la produzione. Se si tenta di spingere i prezzi al di sotto del livello d'equilibrio, la conseguente riduzione o cancellazione dei profitti significherà un calo dell'offerta o della nuova produzione. Quindi un tentativo di forzare i prezzi al di sopra o al di sotto dei loro livelli d'equilibrio (che sono i livelli verso cui tende costantemente un libero mercato), andrà a ridurre il volume dell'occupazione e della produzione.»*

Questa è la tesi standard contro il controllo dei prezzi in tutti i sistemi di un'economia di libero mercato. Hazlitt parlava di prezzi *d'equilibrio*. L'equilibrio è un concetto della fisica. In realtà intendeva *market-clearing*. Tutti coloro che vogliono comprare ad un determinato prezzo possono farlo, e tutti coloro che vogliono vendere ad un determinato prezzo possono farlo. Non c'è né un eccesso di domanda, né un eccesso d'offerta. *Solo un prezzo produrrà questo risultato.*

Pertanto qualsiasi tentativo da parte di politici o burocrati d'impostare un prezzo più alto o più basso, produrrà un eccesso. Un prezzo minimo produrrà un eccesso d'offerta rispetto alla domanda.

Il prezzo ufficiale alto attira i venditori e allontana gli acquirenti. Un prezzo massimo produrrà un eccesso di domanda rispetto all'offerta. Il prezzo ufficiale basso attira gli acquirenti e scaccia i venditori.

Se lo stato imposta salari superiori a quelli di libero mercato, ci saranno lavoratori disoccupati. Perché? Perché tale legge fa salire i costi di produzione. Le imprese licenziano i lavoratori che non forniscono la produzione sufficiente a giustificare il loro mantenimento sul libro paga. Questa è un'altra versione della legge sul salario minimo. In questo caso, tuttavia, può non essere applicabile a tutti i lavori. Si può applicare solo ad alcuni posti di lavoro. I promotori di tale slogan non lo dicono mai.

Hazlitt aggiunse anche una discussione sull'inflazione monetaria. Se la banca centrale crea denaro fiat, il livello dei prezzi salirà e probabilmente non ci sarà disoccupazione. Però poi i salari artificialmente elevati non acquisteranno il numero di beni che acquistavano prima. Ciò significa che i salari reali sono diminuiti. Anche se non lo disse chiaramente, la sua discussione voleva comunicare una cosa: se i salari reali calano, allora torniamo al punto di partenza. Il mercato avrà stabilito un nuovo prezzo d'equilibrio. Così, i critici si lamenteranno di nuovo. Ancora una volta i lavoratori non saranno in grado di riacquistare la loro produzione.

5. Le Conseguenze

Le conseguenze di questo concetto erano minime. Non lo capì quasi nessuno. Non influenzò la politica dello stato.

I critici furono sempre nebulosi su quanto dovessero essere innalzati per decreto determinati salari.

Conclusioni

Questo è il capitolo più confuso del libro. Hazlitt fornì un sacco di esempi non connessi. Sono difficili da seguire. Un esempio:

> *«La convinzione che l'aumento dei prezzi possa essere sostanzialmente inferiore a quanto necessario, poggia su due errori principali. Il primo: guardare solo ai costi diretti del lavoro di una particolare azienda, o industria, e presumere che questi possano rappresentare tutti i costi del lavoro. Ma questo è l'errore elementare di confondere una parte per il tutto. Ogni "industria" non solo rappresenta solo una parte del processo produttivo considerato "orizzontale", ma solo una parte anche di quel processo considerato "verticale". Quindi il costo diretto del personale che produce automobili nelle fabbriche automobilistiche, può essere meno di un terzo, ad esempio, dei costi totali; e questo può portare l'incauto a concludere che un aumento del 30% dei salari porterebbe solo a un aumento del 10%, o meno, dei prezzi delle automobili.»*

Questo non è chiaro. Trascurò l'assestamento del colpo fatale. Non offrì questa risposta:

> *In un'economia di libero mercato, i lavoratori sono pagati abbastanza per comprare la loro produzione. Attraverso le offerte in competizione -- datori di lavoro contro datori di lavoro, lavoratori contro lavoratori -- ogni fattore di produzione viene pagato quello che la maggior parte della gente pensa che valga.*

Ci può essere un errore, ma sarà corretto quando un imprenditore sfrutterà questo errore acquistando a poco per vendere a molto. Un lavoratore che partecipa ad un processo di produzione, verrà pagato l'intero valore del suo contributo unico alla produzione totale. Se non è così, allora un altro datore di lavoro lo attirerà con un salario più alto.

Questa è la risposta tradizionale degli economisti di libero mercato a questo antico errore analitico. I critici del capitalismo ignorano il processo delle offerte competitive, in cui i fornitori e gli acquirenti di manodopera sono in concorrenza tra di loro.

Da questa competizione sui prezzi, hanno origine salari specifici per lavoratori specifici. Hazlitt qui evitò la domanda analitica: "Come vengono impostati i salari?" Identificò un costo economico per la società. Se lo stato impone costi aggiuntivi alla produzione aumentando i salari per legge, il risultato sarà una produzione ridotta. La ricchezza della società diminuirà, anche se il reddito di un determinato gruppo privilegiato aumenterà. Ripresentò questo tema nei suoi capitoli che riguardavano il controllo dei prezzi, prezzi minimi o massimi. È un tema corretto.

È un tema incompleto. Il costo sociale maggiore non è un aumento della disoccupazione. *Il costo sociale maggiore è la violazione dei diritti di proprietà.* Se lo stato rende illegale proporre e accettare offerte, allora indebolisce la proprietà privata. Come? *Indebolendo la rinuncia alla proprietà.* Un'offerta per acquistare rappresenta un'offerta per vendere -- rinunciare alla proprietà. Se non si ha il diritto a rinunciare ad una proprietà, allora non si è proprietario a tutti gli effetti.

Ecco il problema con la sua linea di ragionamento: fece ricorso alla piena occupazione per contestare la legittimità di questo tema. Lo fece in ogni capitolo riguardante l'aggiustamento dei prezzi da parte dello stato. Questo ha indebolito l'intero libro. In questo capitolo fu molto più esplicito rispetto ai capitoli precedenti. La sua tesi verteva sull'esito "migliore" per la produzione economica. Si tratta di un giudizio morale. Lo mascherò, ma venne chiaramente a galla in questo capitolo. Nel penultimo paragrafo scrisse quanto segue:

> *«Per quanto riguarda i prezzi, i salari e i profitti che dovrebbero determinare la distribuzione di tale prodotto, i prezzi migliori non sono i prezzi più alti, ma i prezzi che incoraggiano il maggior volume di produzione e il maggior volume di vendite. I saggi salariali migliori non sono quelli più alti, ma sono quelli che consentono una piena produzione, una piena occupazione e le paghe più alte sostenibili. I profitti migliori, dal punto di vista non solo dell'industria, ma anche dei lavoratori, non sono i profitti più bassi, ma quelli che incoraggiano la maggior parte delle persone a diventare datori di lavoro o fornire più posti di lavoro rispetto a prima.»*

Il mio approccio è fondamentalmente diverso. Non inizia con la produzione economica massima come ideale. Perché no? Perché la produzione economica è il risultato. Inizio con la teologia giudiziaria: la questione di ciò che è moralmente giusto. Gli economisti dovrebbero iniziare con la proprietà, non la produzione. Dovrebbero definire "migliore" in termini di etica e di diritto, non in termini di produzione economica. Dovrebbero iniziare con la proprietà privata: i suoi obblighi, le sue fondamenta morali e le sue conseguenze.

L'analisi economica deve iniziare con questo tema: *i criteri del sistema legale per collegare l'azione umana con la responsabilità legale*. Poi dovrebbe tracciare i risultati di questo ordinamento giuridico, mentre si applica il principio della proprietà/rinuncia alla proprietà in un mondo governato dalla scarsità. Grazie alla proprietà privata, l'economia di libero mercato produce il tasso di produzione più alto, la piena occupazione e le paghe più elevate sostenibili.

Il sistema dei prezzi del libero mercato, il quale non è altro che il risultato di offerte in competizione, è a sua volta il risultato del principio giuridico biblico della proprietà/rinuncia alla proprietà. Il sistema profitti/perdite è il motivo per cui il libero mercato produce i migliori risultati, come li definì Hazlitt.

Hazlitt non iniziò con il sistema legale. Pochi economisti lo fanno, ma io sì. Non iniziò con la proprietà. Pochi economisti lo fanno, ma io sì.

La concorrenza tra i datori di lavoro li spinge a pagare il valore pieno dei servizi che vengono loro forniti.

Ludwig von Mises, "Salari e sussistenza" (1949): https://francescosimoncelli.com/2010/11/salari-e-sussistenza.html

W. M. Curtiss, "Wages and Productivity" (1963): http://fee.org/freeman/wages-and-productivity

Philipp Bagus, "Should the Productivity Norm Determine Wages?" (2004): https://mises.org/library/should-productivity-norm-determine-wages

Download Greg Mankiw, "How are wages and productivity related?" (2006): http://gregmankiw.blogspot.com/2006/08/how-are-wages-and-productivity-related.html

William L. Anderson, "Paid Enough to Buy the Product" (2005): https://mises.org/library/paid-enough-buy-product

Timothy Kyosaki, "Ford Motor Company Created More Than Just Cars" (2015): http://timothykyosaki.hubpages.com/hub/Ford-Motor-Company-Created-More-Than-Just-Cars

Capitolo 21: La Funzione dei Profitti

Or dopo molto tempo, ecco il padrone di que' servitori a fare i conti con loro. E colui che avea ricevuto i cinque talenti, venne e presentò altri cinque talenti, dicendo: Signore, tu m'affidasti cinque talenti; ecco, ne ho guadagnati altri cinque. E il suo padrone gli disse: Va bene, buono e fedel servitore; sei stato fedele in poca cosa, ti costituirò sopra molte cose; entra nella gioia del tuo Signore.

(Matteo 25:19-21)

Questo passaggio si trova nel Nuovo Testamento. Si tratta di una parabola su un proprietario che affida delle monete a tre servitori. Questi ultimi avrebbero ricoperto il ruolo di amministratori. Poi se ne va e quando ritorna esige un resoconto. Due servitori riescono a fare un profitto, il terzo ha seppellito la sua moneta. Il proprietario non trae alcun guadagno dal suo investimento e quindi rimprovera l'uomo.

Questa era una delle parabole di Gesù. Sapeva che i suoi ascoltatori erano interessati al denaro. Sapeva che avrebbero capito la parabola. Il messaggio era chiaro: un amministratore è un agente economico del proprietario. Quest'ultimo si aspetta un tasso di rendimento positivo sugli asset dati in concessione agli amministratori. In breve, si aspetta un profitto sui suoi investimenti. Andare in pareggio non è sufficiente. È chiaro che la considererebbe una perdita.

Il linguaggio imprenditoriale è evidente. C'è il capitale.

Il proprietario consegna questi beni di capitale ai subordinati. Diversifica il suo portfolio: tre uomini, ciascuno con abilità diverse. È orientato al futuro. Non sa come se la caveranno questi amministratori. Ha un piano: giudicare le loro capacità quando si tratta di fare un profitto. Quando torna esige un resoconto. I due amministratori che hanno prodotto un profitto, otterranno una ricompensa: capitale aggiuntivo. Rimarranno amministratori del proprietario. L'amministratore che non è riuscito a realizzare un profitto, viene licenziato -- in modo permanente.

Non vi è alcun accenno al fatto che i profitti siano il male. Si suggerisce più di una volta che le perdite sono da evitare. Se il licenziamento è quello che si ottiene se si finisce in pareggio, pensate quali possano essere le conseguenze con le perdite.

Perché Gesù avrebbe usato questa parabola per descrivere il giudizio finale? Perché il giudizio finale è l'archetipo -- il modello definitivo -- di tutta la contabilità. Siamo responsabili delle nostre azioni. Siamo in possesso di certe proprietà, ma solo come amministratori di Dio. La nostra proprietà è una forma d'amministrazione fiduciaria.

Perché qualcuno dovrebbe immaginare che i profitti siano illegittimi? Eppure milioni di persone se ne preoccupano. Hazlitt affrontò questa ostilità e la attribuì all'ignoranza sulla funzione dei profitti in una società libera. Questo capitolo è più esplicativo di un esempio descrivente un intervento specifico dello stato. In questo senso, è come il capitolo XV: "Come Funziona il Sistema dei Prezzi."

1. I Proprietari

Se un individuo possiede una piccola impresa, è responsabile delle sue operazioni. Deve produrre un flusso di profitti se vuole rimanere in attività. Ciò che è vero per un unico proprietario, è altrettanto vero per una grande azienda. In questo caso i proprietari sono gli azionisti. Delegano ai dirigenti la responsabilità di produrre un profitto. I manager sono amministratori, non proprietari.

Altri proprietari sono i potenziali clienti, i quali possiedono il denaro, ovvero, la merce più commerciabile.

2. La Finestra

La finestra è la struttura legale che identifica chi è responsabile di chi. I dirigenti di un'azienda fanno riferimento agli azionisti, i quali hanno l'autorità legale per sostituire i dirigenti. Se non sono sufficientemente organizzati per farlo, possono vendere le loro azioni. Questo tenderà ad abbassarne il prezzo, inviando un segnale ad altri investitori: la gestione della società non riesce a produrre profitti. Un nuovo proprietario, a volte chiamato specialista di supporto, può quindi acquistare le azioni ad un prezzo più conveniente rispetto a prima. Se acquista un numero sufficiente di azioni, può licenziare i dirigenti. Può presiedere un gruppo di investitori esterni che acquisteranno le azioni. Il loro obiettivo è quello di licenziare i dirigenti, ristrutturare l'azienda e realizzare un profitto. Poi il prezzo delle azioni è probabile che aumenti. Hanno comprato le azioni ad un prezzo basso, e poi possono venderle ad un prezzo più alto.

Come fanno a fare un profitto? Vendendo a prezzi che coprono i costi e forniscono anche un profitto. Se non ci fosse potenziale di profitto, non avrebbero comprato le azioni. Se non avessero acquistato le azioni, non sarebbero stati in grado di sostituire i dirigenti. In tal caso, questi ultimi avrebbero continuato a fare errori. I potenziali clienti non sarebbero diventati clienti effettivi. I profitti sarebbero stati minimi.

In questo sistema di proprietà e di rinuncia alla proprietà, la speranza di fare un profitto è ciò che spinge i dirigenti e i proprietari. Per fare profitti, i dirigenti devono servire i clienti. Questi ultimi posseggono il denaro. Le loro decisioni di comprare o non comprare determinano retroattivamente quali produttori hanno avuto successo con i loro piani. Qual è la prova del loro successo? I profitti. Il sistema del profitto stimola nella testa dell'imprenditore la pianificazione e la produzione, ma il successo dei loro piani dipende dai clienti. Questi ultimi sono i "re del mercato". Il loro controllo retroattivo sul processo di produzione dipende dal sistema di contabilità profitti/perdite.

Questo sistema è orientato al futuro. Si basa su un fatto ineluttabile: nessuno conosce il futuro in modo perfetto. Nessuno sa cosa vorranno in futuro i clienti -- in quale quantità, a quale prezzo e in quale posizione. Questo include i clienti stessi, poiché si aspettano che gli imprenditori indovinino ciò che vorranno in futuro.

La regola del libero mercato è questa: i venditori competono contro altri venditori; gli acquirenti competono contro altri acquirenti.

Per quanto riguarda la concorrenza tra i venditori, Hazlitt scrisse questo:

> *«La funzione dei profitti è quella di mettere una pressione costante e incessante sul capo di ogni azienda competitiva, affinché introduca ulteriori economie ed efficienze, non importa in quale fase. In tempi buoni l'azienda lo fa per aumentare ulteriormente i suoi profitti; in tempi normali lo fa per stare al passo con i suoi concorrenti; in tempi difficili lo fa per sopravvivere. I profitti non solo possono scendere a zero; possono trasformarsi rapidamente in perdite; e un uomo impiegherà maggiori sforzi per salvarsi dalla rovina di quelli che impiegherà solo per migliorare la sua posizione.»*

Gli amministratori hanno una quadruplice responsabilità: verso il proprietario, verso i clienti, verso tutti i dipendenti e verso sé stessi: i loro obiettivi, i loro sogni e i loro standard.

3. Il Sasso

Hazlitt non fu chiaro circa la natura del sasso. Una possibilità: aggiustamento dei prezzi da parte dello stato.

> *«Uno dei maggiori pericoli per la produzione di oggi, viene dalle politiche di aggiustamento dei prezzi da parte dello stato. Non solo queste politiche mettono fuori produzione un elemento dopo l'altro rimuovendo qualsiasi incentivo a crearlo, ma il loro effetto nel lungo periodo impedisce la formazione di un equilibrio di produzione in conformità con le esigenze reali dei consumatori.»*

Un'altra possibilità: un massimo ai profitti.

«Ma se i profitti sono limitati ad un massimo, per esempio, del 10% o di una cifra simile, mentre esiste il rischio di perdere la totalità del capitale, quale sarà l'effetto sull'incentivazione del profitto e, quindi, sull'occupazione e sulla produzione? Le tasse sui profitti in eccesso durante il periodo di guerra, ci hanno già mostrato ciò che può fare un tale limite nell'indebolire l'efficienza.»

Potrebbe trattarsi di una tassa sugli utili in eccesso? Queste vennero imposte durante la seconda guerra mondiale. Non offrì altri esempi, sebbene ce ne fossero di altri. Le tasse di qualsiasi tipo sulle imprese limitano i profitti. Le normative statali riducono i profitti. Ma queste leggi non vengono approvate in nome di una limitazione dei profitti. Nel complesso, gli elettori americani sono rimasti politicamente indifferenti riguardo i profitti aziendali alti. Non hanno fatto pressione sul Congresso affinché approvasse leggi con l'obiettivo specifico di limitare i profitti.

4. I Costi

Il costo principale della finestra rotta è una riduzione dell'autorità dei consumatori. L'imprenditore e i dirigenti devono prestare attenzione ai burocrati statali, i quali hanno il potere d'imporre perdite. Il grado d'autorità posseduto dai consumatori viene quindi ridotto. I profitti e le perdite dipendono sempre di più dal raggiungimento degli standard stabiliti dai burocrati.

In nome della tutela dei consumatori, i burocrati ne riducono l'autorità erodendone la capacità di premiare le aziende di successo. Scrisse Hazlitt:

«Una funzione dei profitti è quella di guidare e canalizzare i fattori di produzione, in modo da ripartire la produzione di migliaia di merci diverse in base alla domanda. Nessun burocrate, per quanto brillante che sia, può risolvere questo problema in modo arbitrario. I prezzi liberi e i profitti massimizzeranno la produzione e allevieranno le carenze più velocemente di qualsiasi altro sistema. I prezzi fissati arbitrariamente e i profitti limitati arbitrariamente, possono soltanto prolungare le carenze e ridurre la produzione e l'occupazione.»

Questa interferenza da parte dello stato riduce il flusso di informazioni dai consumatori ai responsabili delle decisioni imprenditoriali. Questo flusso di informazioni si basa sui prezzi e sulla contabilità. I suddetti decisori hanno bisogno di queste informazioni per orientare la produzione e soddisfare la domanda futura dei consumatori. L'interferenza dello stato con i profitti equivale a lanciare palle di fango sul parabrezza di una macchina da corsa nel bel mezzo di una gara.

5. Le Conseguenze

Con l'eccezione dei servizi pubblici regolamentati dallo stato, che sono protetti dalla concorrenza e a cui le agenzie di regolamentazione garantiscono un tasso fisso di rendimento, non esiste alcun programma politico americano che miri a ridurre i profitti per tutelare il cittadino.

Questo è un vantaggio per i consumatori.

Conclusioni

I profitti sono eticamente legittimi. Gesù ce lo ha insegnato, ma Hazlitt non ne fece parola. I profitti sono necessari per la società. Gesù lo dava per scontato, Hazlitt fu più esplicito. Qualcuno deve orientare la produzione. Chi? Qualcuno consumerà la produzione. Su quale base giuridica? Ogni società deve rispondere a queste domande:

1. Chi è responsabile? In una società libera: i proprietari.
2. Chi serve come agenti economici del proprietario? In una società libera: gli imprenditori.
3. Quali sono le regole? In una società libera: "Fare profitti, non perdite."
4. Quali sono le sanzioni? In una società libera: gli utili e le perdite.
5. Quali organizzazioni prosperano e sopravvivono? In una società libera: quelle redditizie.

In un ordine sociale di libero mercato, i profitti e le perdite rappresentano le sanzioni. Senza di questi, i produttori agiscono alla cieca. Senza di questi, i clienti perdono il controllo su chi vince e chi perde. Qualsiasi tentativo da parte dello stato di ridurre i profitti, aumenterà le perdite.

Questa interferenza avrà due effetti negativi: (1) visione offuscata per i produttori; (2) controllo ridotto dei clienti. I vincitori saranno politici e burocrati che possono esercitare il potere.

<u>*Approfondimenti & Riferimenti*</u>

I profitti sono indicatori del successo. Dicono agli imprenditori: "Continua su questa strada".

Ludwig von Mises, *Profit and Loss* (1951): https://mises.org/library/profit-and-loss-0

Murray N. Rothbard, "What Is Entrepreneurship?" (1962): https://mises.org/library/what-entrepreneurship

Israel M. Kirzner, "Producer, Entrepreneur, and the Right to Property" (1973): https://mises.org/library/producer-entrepreneur-and-right-property

Robert P. Murphy, "The Capitalist in the Hat" (2011): https://mises.org/library/capitalist-hat

Gary North, "Gambling and Entrepreneurship: Never the Twain Should Meet" (2011): http://www.garynorth.com/public/8871.cfm

Robert A. Sirico, "The Parable of the Talents: The Bible and Entrepreneurs" (1994): http://fee.org/freeman/the-parable-of-the-talents-the-bible-and-entrepreneurs

Robert P. Murphy, "The Social Function of Profit-and-Loss Accounting" (2011): https://mises.org/library/social-function-profit-and-loss-accounting

Capitolo 22: Il Miraggio dell'Inflazione

Il tuo argento è diventato scorie, il tuo vino è stato diluito con acqua.

(Isaia 1:22)

Il profeta Isaia stava criticando in pubblico la nazione, esponendo anche i crimini dei governanti. Erano tangentisti. Erano compagni di ladri (v. 23). Aveva proferito falsi giudizi, truffando vedove e orfani (v. 24). Ma prima di tutti questi crimini, ricordò la svalutazione monetaria: metalli di scarto mescolati con argento. La parola "svilire" deriva da metalli "vili" -- metalli a basso costo. Si trattava d'inflazione monetaria.

Isaia stava cercando di far capire una cosa: i peccati della nazione avevano degradato la nazione stessa. I falsificatori e i truffatori solevano quindi mescolare i metalli a basso costo con l'argento fuso. Ciò produceva barre che sembravano argento puro, ma non lo erano. Si trattava di metallo prezioso contraffatto. Era ingannevole. Le genti d'Israele pensavano inizialmente che le barre d'argento avessero un alto valore per via della scarsità del metallo prezioso, quindi le fonderie poterono continuare ad ingannare il pubblico. Vennero messe in circolazione più barre d'argento contraffatte rispetto a quanto sarebbe accaduto se le fonderie non avessero svilito le barre.

Isaia non disse che i prezzi erano aumentati, ma coloro che lo ascoltavano lo sapevano.

E non erano solo i fonditori che ricorrevano alla truffa, c'erano anche i produttori di vino. Nei loro cuori albergava il furto.

Mise in guardia per un imminente giudizio di Dio.

Perciò il Signore, l'Eterno degli eserciti, il Potente d'Israele dice: Ah, mi vendicherò dei miei avversari e farò vendetta dei miei nemici. Metterò nuovamente la mia mano su di te, ti purificherò delle tue scorie come con la soda e rimuoverò tutto il tuo piombo. Ristabilirò i tuoi giudici come erano all'inizio, e i tuoi consiglieri come erano al principio. Dopo questo, sarai chiamata" la città della giustizia", "la città fedele". (vv. 24-26)

La società era corrotta dal punto di vista etico. La società era contraffatta dal punto di vista etico. Ma l'epurazione sarebbe stata vera.

La svalutazione ai tempi d'Isaia è roba da poco rispetto a quella di oggi. È tutta una questione riguardante i limiti dell'inganno. Se allora si fossero versate troppe scorie nel metallo fuso, il risultato finale non sarebbe stato più simile all'argento. Il mondo moderno ha svilito la sua moneta. Nessuna Zecca di stato emette monete d'argento per il conio comune -- solo come oggetti da collezione. A metà degli anni '60 la contraffazione sostituì le monete d'argento. Nel 1965 la maggior parte denaro non era conio, come invece lo è oggi. La maggior parte del denaro era una combinazione di cartamoneta e assegni bancari.

La moneta stampata di qualsiasi denominazione sembrava tutta uguale. Le "scorie" erano la carta e l'inchiostro, i quali valevano pochi centesimi. "L'argento" era il valore nominale della banconota.

Il profitto della banca centrale per stampare queste banconote è stato enorme. Gli stati hanno approvato leggi contro la stampa di banconote false, ma le loro banche centrali non hanno fatto altro che stampare banconote false. Quello che teneva sotto controllo questo processo, era la minaccia che la gente avrebbe chiesto il rimborso in oro dei loro soldi di carta o degli assegni. In Europa questa minaccia si estinse alla fine del 1914: la prima guerra mondiale. Negli Stati Uniti si estinse nel 1933, mentre nel 1964 per quanto riguardava le monete d'argento.[11]

Oggi la maggior parte del denaro è digitale. Tutto il denaro digitale è denaro contraffatto. Ormai non vediamo quasi più i pezzi di carta. Usiamo pezzi di plastica. I computer comunicano tra loro.

Il denaro falso è moralmente sbagliato. Si tratta di una forma di furto, ma gli economisti non amano invocare l'etica nelle loro analisi di causa ed effetto economico. Inoltre a loro non piace criticare il furto da parte degli stati, poiché porterebbe in primo piano la questione etica: "Non rubare" (Esodo 20:15). Non dice: "Non rubare, a meno che non hai la maggioranza dei voti."

Hazlitt seguì l'esempio di Ludwig von Mises. Usò la parola "inflazione" per fare riferimento alla creazione di moneta fiat. Non la usò per descrivere il *risultato* della creazione di moneta fiat: l'aumento dei prezzi. Isaia precedette entrambi. Individuò il male dell'inflazione -- ed è proprio un male. Mises non parlò di etica ed economia insieme.

---

11 Nell'estate del 1963 ho convertito quasi tutti i miei soldi in monete d'argento. Verso la fine dell'estate queste monete iniziarono ad andare fuori circolazione a seguito della famosa legge di Gresham: "La moneta cattiva scaccia la moneta buona".

Nemmeno Hazlitt. Murray Rothbard sì. Etichettò sempre l'inflazionismo come un furto.

1. I Proprietari

La migliore definizione per il denaro, dal punto di vista analitico, è questa: *la merce più commerciabile.* Nel corso della storia questo ruolo è stato ricoperto dall'oro e dall'argento. Prima del VI secolo a.C., in Asia Minore venivano utilizzate le barre. In seguito vennero utilizzate le monete.

Ci sono proprietari di asset non monetari. Ci sono proprietari di asset monetari. Perché qualcuno possiede il denaro? Perché il denaro è usato per fare acquisti. Si tratta di un mezzo di scambio. Viene posseduto solo perché i proprietari si aspettano che gli altri lo accettino in cambio di asset non monetari. Il denaro ha un ampio mercato. Ha un mercato immediato. Non dovete discutere con un venditore affinché accetti i vostri soldi in cambio di qualsiasi cosa venda.

2. La Finestra

Quando parliamo di una risorsa scarsa, più ne abbiamo meglio è. . . allo stesso prezzo o ad uno inferiore. Se un individuo guadagna di più, sta meglio. Questo vale anche per i gruppi. Quando l'offerta aumenta, è un bene per tutti. Per quanto riguarda il denaro, più ce n'è meglio è, ma solo per gli individui. Quando le persone all'interno di un'unione monetaria guadagnano più soldi, perché l'offerta è aumentata, non stanno meglio. Questo fatto rende unico il denaro.

Quando una persona dà ad un'altra persona un po' di soldi, il destinatario sta meglio di prima. Anche la persona che cede il denaro può sentirsi meglio. "Vi è più gioia nel dare che nel ricevere" (Atti 20:35). Ma sta peggio dal punto di vista monetario. Se la banca centrale dovesse creare nuova moneta, e poi darla via tramite un accredito sul conto in banca di tutti, questo non renderebbe più ricca la società.

Perché questa differenza? Perché il denaro è auspicabile in cambio, ma non per il consumo personale. In *Robinson Crusoe* di Defoe, Crusoe naufraga su un'isola deserta e cerca di salvare dalla sua vecchia nave quante più provviste possibili. Poi s'imbatte nella cassetta del denaro del capitano. Prende alcune monete, ma solo dopo aver caricato sulla zattera una serie di strumenti utili. Le monete saranno utili semmai una nave dovesse salvarlo, ma per nient'altro. Se non viene riportato nella società, le monete sono utili solo come decorazione.

Pensate ad un falsario. Stampa nuova moneta. La spende in articoli che vuole. Sta meglio dopo questi scambi. Sta meglio anche la persona con il denaro falso, finché non capisce che è falso e fino a quando nessun altro lo scopre. Ma la società non sta meglio. Sta peggio. Un contraffattore scorrazza a piede libero. Lo stato non si preoccupa di un falsario solitario. Si preoccupa degli imitatori. Un falsario che spende i soldi solo per cibo e riparazioni dell'auto, non è una minaccia. Ma dev'essere perseguito come un avvertimento per i potenziali imitatori. Il più grande concorrente del falsario è la banca centrale del governo nazionale. In realtà, il contraffattore sta copiando la banca centrale. I banchieri centrali se ne risentono, perché la considerano un'invasione del loro territorio. Spingono lo stato a rintracciare questo criminale e ad arrestarlo.

Negli Stati Uniti i servizi segreti, che difendono anche la vita del presidente, sono incaricati a rintracciare i falsari.

Se un inventore scopre qualcosa che può migliorare la salute delle persone, e la condivide su Internet gratuitamente, un sacco di persone staranno meglio. Al contrario, se un falsario trova il modo di produrre banconote false non rintracciabili con una stampante 3-D, e poi rilascia queste informazioni su Internet, la società starà peggio. La gente perderà costantemente la fiducia nella valuta.

Ciò ne ridurrà il potere d'acquisto, vale a dire, i prezzi aumenteranno. Questo indebolisce il valore di tutte le banconote, le quali hanno valore solo in rapporto agli scambi futuri. Quindi, se l'offerta di una risorsa aumenta, il suo prezzo scenderà. Questo è un vantaggio per i consumatori.

Al contrario, se l'offerta di moneta aumenta, il suo valore scenderà. Questo è uno svantaggio per i consumatori. Non possono trovare facilmente una valuta sostitutiva che venga accettata dalle altre persone in cambio di beni e servizi.

Se si potrà ampiamente prevedere che il valore futuro del denaro sarà come quello passato, allora il denaro conserverà il suo valore. Qualsiasi calo inaspettato nella massa monetaria, sconvolgerà le aspettative della popolazione riguardo il valore futuro del denaro.

Pertanto il costo di possedere denaro aumenta all'aumentare di tal rischio: ritrovarsi per le mani una moneta deprezzata.

3. Il Sasso

Il sasso viene lanciato da un cartello bancario autorizzato dallo stato, il quale ha il potere di creare denaro dal nulla -- oggi semplicemente voci sul computer. Questo processo viene avviato dalla banca centrale della nazione. Può essere anche avviato da una banca commerciale che opera sotto l'autorità della banca centrale. Poiché lo stato protegge il sistema bancario dalle corse agli sportelli, le banche creano denaro. Lo prestano e incassano gli interessi dai mutuatari. È vantaggioso falsificare il denaro.

Le banche centrali prima del 2008 solevano comprare solo certificati di debito (IOU) emessi dagli stati. Dopo il 2008 alcune banche centrali hanno anche comprato azioni o asset connessi alle azioni. Di sicuro hanno acquistano i debiti detenuti dalle banche sull'orlo del fallimento.

Le banche acquistano IOU. I mutuatari poi spendono questi soldi per comprare qualunque cosa vogliano acquistare. Quei venditori che ricevono questi soldi li depositano nelle loro banche. Ciò diffonde il denaro digitale in tutta la società.

Questo nuovo denaro non crea ricchezza, la ridistribuisce. Quei venditori che ottengono per primi l'accesso al denaro contraffatto di nuova creazione, possono comprare cose ai prezzi di ieri. La nuova domanda innescata dal denaro contraffatto di nuova creazione, non viene subito scontata dai venditori di beni e servizi. Così, con più soldi da spendere, coloro che ricevono per primi il denaro contraffatto di nuova creazione, iniziano a comprare.

Questo processo toglie beni e servizi dal mercato. Altri potenziali acquirenti non possono entrare in possesso di questi beni e servizi, perché qualcun altro li ha comprati per primo.

Sappiamo che il libero mercato è un'asta gigantesca. L'asta ha una regola: *l'offerta più alta vince.* Immaginate di recarvi ad un'asta. Lì notate che c'è un uomo in fondo alla sala con secchi pieni di cartamoneta che continua a parlare con alcune persone. Queste ultime firmano un pezzo di carta e l'uomo consegna loro uno di quei secchi. Poi notate che le offerte di quelle persone in fondo alla sala sono superiori rispetto alle offerte di quelle nelle prime file.

Il banditore è felice, voi no. Non potete competere con le persone in fondo alla sala. Tornerete a casa con la stessa quantità di denaro, ma senza aver fatto alcun affare. La settimana successiva stringerete un accordo con il tipo in possesso dei secchi pieni di soldi. Firmerete un pezzo di carta -- IOU -- per mettere le mani su uno di quei secchi.

Altri faranno la stessa cosa. Ben presto i prezzi dell'asta aumenteranno rispetto a quelli di due mesi prima. Non ci saranno più prodotti d'acquistare, ma i prezzi saranno più alti.

I vincitori sono quelle persone che si sono indebitate alla prima asta, quando i prezzi erano più bassi. Hanno portato a casa una certa quantità di ricchezza a prezzi stracciati. Non c'è stata alcuna creazione di nuova ricchezza.

C'è stata solo una redistribuzione della ricchezza esistente.

4. I Costi

Il modello dell'asta è utile per considerare i costi. In primo luogo, le persone che hanno capito come funziona il nuovo sistema sono perdenti. Avrebbero portato a casa più merci se non ci fosse stato l'uomo con i secchi pieni di soldi.

In secondo luogo, tutti coloro che frequentano l'asta si ritrovano un carico maggiore di debiti. Ognuno ha dovuto firmare una serie di IOU al fine d'ottenere un rifornimento continuo di denaro contraffatto di nuova creazione.

In terzo luogo, i prezzi sono più alti.

In quarto luogo, se il rifornimento di denaro contraffatto si ferma, tutti coloro che hanno un debito finiranno nei guai. I prezzi smetteranno di salire più in alto, ma gli offerenti scopriranno che ora dovranno fare offerte più basse per gli articoli. Perché? Perché parte del loro reddito ordinario dovrà ora essere utilizzato per ripagare la pila di debiti. Non potranno più presenziare all'asta con tutti quei soldi di prima.

In quinto luogo, i prezzi ora ritornano dove si trovavano prima che comparisse l'uomo con i secchi pieni di soldi. Ciò significa che gli offerenti che hanno pagato prezzi alti durante le recenti aste, vedranno calare il valore degli elementi acquistati. Sembravano buoni affari quando le offerte continuavano ad aumentare, ma ora le offerte sono in calo. Di conseguenza gli offerenti faranno offerte inferiori durante le aste successive. Sono pieni di debiti, e ora i prezzi sono in calo. Avranno il timore di fare offerte più alte.

Adesso siamo in grado di vedere cosa succede ad un'economia che viene manipolata dalle banche centrali e dalle banche commerciali. Quando il sistema bancario inizia a creare denaro fiat (contraffazione legale), quest'ultimo dà l'illusione di nuova ricchezza. Coloro che spendono per primi il denaro di nuova creazione, vincono. Questa è la fase di boom dell'economia. Poi, però, l'economia finisce nella fase di bust: una recessione. La domanda diminuisce e il debito è aumentato. I consumatori riducono le loro spese. I banditori del mondo scoprono che la domanda è minore. I loro profitti sono inferiori, ma durante la fase di boom avevano speso. Avevano preso in prestito soldi per tenere più aste.

Un'asta reale ha a che fare con beni usati. Nell'economia globale, l'asta è per beni nuovi. Il boom convince le imprese a prendere in prestito, ad acquistare materie prime, ad affittare edifici e ad aumentare la produzione. Poi, senza preavviso, la domanda scende. Queste imprese non sono più redditizie. I loro mercati sono in calo. Gli acquirenti si stanno trattenendo. Quindi le aziende iniziano ad andare in bancarotta. Il banditore si appropria degli inventari. Questa nuova offerta porta ad una riduzione dei prezzi durante le vendite all'asta. La recessione potrebbe trasformarsi in una depressione. Ciò accadde nel decennio 1930-1940 in tutto il mondo.

I segnali di prezzo durante la fase di boom inducono in errore gli investitori, i produttori e i consumatori. Queste persone commettono errori: si caricano di troppo debito. Poi arriva il giorno della resa dei conti. Gli utili si trasformano in perdite.

In che modo si applica qui l'analisi di Bastiat? Cos'è ciò che non si vede?

Questo: la matrice dei prezzi che sarebbe stata prodotta dalla vecchia regola dell'asta in assenza della contraffazione legalizzata. Vediamo il boom intorno a noi; non vediamo il mondo che avremmo avuto in assenza della contraffazione legalizzata. Come disse Hazlitt, l'inflazione produce un miraggio. Le persone assetate che si perdono in un deserto, si dirigono verso il miraggio: un'oasi. Peccato che non esista. Si tratta di un'illusione. Ad un certo punto i viandanti assetati lo capiranno: non si sono diretti verso un'oasi, bensì si sono addentrati di più nel deserto.

5. Le Conseguenze

Quando l'occidente ha abbandonato il *gold standard* nel 1914, a seguito della prima fase di finanziamento della guerra, i depositanti persero il loro oro. Per oltre un secolo era stato promesso loro che se avessero depositato monete d'oro in una banca, avrebbero ricevuto un interesse e avrebbero potuto riavere indietro le monete ad un prezzo fisso. Si trattava di un inganno di massa. Poi, alla fine del 1914, le banche centrali e gli stati d'Europa infransero la promessa. Rubarono l'oro e stamparono denaro fiat. Fatta eccezione per la Gran Bretagna, 1925-1931, nessuna nazione europea ripristinò mai più un gold coin standard. Nella primavera del 1933 il presidente Roosevelt fece la stessa cosa, anzi fece di peggio. Non solo le banche non avrebbero più onorato le loro promesse di rimborsare l'oro a $20 l'oncia, per gli americani sarebbe stato illegale possedere oro. Approvò questa misura di sua iniziativa. Solo in seguito il Congresso approvò una legge a convalida della dichiarazione unilaterale di Roosevelt.

Dal 1934 fino al 15 agosto del 1971, le banche centrali e gli stati avrebbero potuto comprare oro dagli Stati Uniti a $35 l'oncia. Prendendo esempio dal precedente di Roosevelt, il presidente Nixon annunciò unilateralmente che gli Stati Uniti non avrebbero più onorato l'impegno di rimborsare l'oro alle banche centrali e agli stati stranieri. "Chiuse la finestra dell'oro", proprio come predissero una manciata di economisti, me compreso, diversi anni prima. La Federal Reserve iniziò a creare denaro fiat su vasta scala per far uscire la nazione dalla recessione. Il risultato fu un aumento dei prezzi. Dal 1971 al 1981 i prezzi aumentarono ad un ritmo più rapido rispetto a qualsiasi altro momento nella storia degli Stati Uniti in tempo di pace. Ci furono una serie di recessioni: 1975, 1980, 1981-1982. Dal 1971 fino al 2015, i prezzi al consumo sono aumentati di quasi sei volte.[12]

In tutto il mondo le banche centrali hanno seguito l'esempio degli Stati Uniti. Hanno inflazionato. Il risultato è stato un aumento dei prezzi in ogni nazione. Anche il debito è aumentato: statale, aziendale e personale. Il livello di debito attuale era impensabile nel 1946, quando Hazlitt scrisse il suo libro. Il debito di allora era "un'eccezione": il prodotto della seconda guerra mondiale. I livelli di debito di oggi sono diventati la regola. I politici, gli amministratori delegati e le famiglie, sono assuefatti da questi debiti. Ma se le banche centrali cessano d'inflazionare, questi debiti si riveleranno per quello che sono: insostenibili. A quel punto ci sarà una liquidazione dei debiti e fallimenti. I banchieri centrali temono questo esito, e così tornano ad inflazionare. Questo perpetua gli investimenti improduttivi che hanno prevalso nelle fasi di boom precedenti.

---

12 A tal proposito si consulti questo sito web: http://bit.ly/BLScalc

Conclusioni

Nel 1972 in Gran Bretagna venne pubblicata una raccolta di articoli di F. A. Hayek: *A Tiger by the Tail*. Parlava dell'inflazione delle banche centrali. Oggi la tigre è molto più grande. È molto più pericolosa. Il mondo si trova ancora sulla schiena di quella tigre.

Il denaro è la merce più commerciabile. È l'istituzione economica centrale. È il risultato della divisione del lavoro, ed è diventato cruciale per la divisione del lavoro stessa. È la fonte dei segnali di prezzo. Il sistema dei prezzi è la più grande fonte di informazioni nella storia. Ma ora le banche centrali e le banche commerciali manipolano questo sistema attraverso le loro politiche di contraffazione legalizzata. Lo hanno manipolato sin dalla fine del 1914 in Europa e sin dal 1933 negli Stati Uniti. Il mondo sta cavalcando una tigre pericolosa. Viene nutrita col denaro fiat. Diventa sempre più vorace.

La più grande minaccia economica di oggi, è un'implosione del debito. Il livello dei debiti in tutto il mondo è più grande che mai. È una situazione che non ha precedenti. Può essere sostenuta solo da nuove infusioni d'inflazione monetaria.

I periodi d'inflazione monetaria precedenti hanno ampliato la divisione del lavoro. I segnali di prezzo sono stati manipolati dal settore bancario. Questi segnali sono tanto contraffatti quanto il denaro fiat. Semmai il sistema bancario cesserà d'inflazionare, si moltiplicheranno i fallimenti. La divisione del lavoro odierna è stata ampliata artificialmente da segnali di prezzo falsi.

Ci troviamo in un'asta internazionale che dipende da nuove infusioni d'inflazione monetaria, con gli uomini in fondo alla sala che prestano secchi pieni di denaro digitale.

Una contrazione anche mite della divisione del lavoro, è definita recessione. Una contrazione consistente viene definita depressione. Il mondo non ha visto una depressione sin dal 1940. Le persone non sono preparate dal punto di vista mentale, emotivo, o finanziario per sopportarne un'altra. È per questo che le banche centrali continuano ad inflazionare. Ma l'esito di questa politica è l'iperinflazione. Anche questa contrae la divisione del lavoro.

Quando la divisione del lavoro si contrae, la maggior parte delle persone diventa più povera.

Come un miraggio, l'inflazione dei prezzi distorce la nostra percezione.

Murray N. Rothbard, *What Has Government Done to Our Money?* (1964): https://mises.org/library/what-has-government-done-our-money

Gary North, "Inflation: The Economics of Addiction" (1965): http://www.garynorth.com/public/11957.cfm

Andreas Marquart, "Ten Reasons to Condemn Inflation" (2014): https://mises.org/library/ten-reasons-condemn-inflation

Frank Shostak, "Is Inflation about General Increases in Prices?" (2012): https://mises.org/library/inflation-about-general-increases-prices

Capitolo 23: L'Assalto ai Risparmi

Il Signore aprirà per te il suo benefico tesoro, il cielo, per dare alla tua terra la pioggia a suo tempo e per benedire tutto il lavoro delle tue mani; così presterai a molte nazioni, mentre tu non domanderai prestiti.
(Deuteronomio 28:12)

Egli presterà a te e tu non presterai a lui; egli sarà in testa e tu in coda.
(Deuteronomio 28:44)

Ci sono due passaggi della Bibbia che presentano i principi fondamentali della crescita economica: Levitico 26 e Deuteronomio 28. Sono passi paralleli. Presentano una serie di sanzioni, le quali sono principalmente economiche. Circa un quarto sono sanzioni positive, i tre quarti invece sono negative. Sono le sanzioni del patto. Hanno a che fare con l'obbedienza e la disobbedienza alle leggi di Dio. Quindi entrambi i tipi di sanzioni sono giudiziarie ed etiche. Rendono chiaro che *la teoria economica dev'essere vista in termini di etica*. Insegnano che la teoria economica non può essere eticamente neutrale. I risultati economici buoni sono il prodotto di una condotta economica buona.

I due versi riportati qui sopra mettono a confronto i due sistemi di sanzioni. Il primo verso fa riferimento alle sanzioni positive. Promette il successo attraverso il prestito. Quest'ultimo è parte di un processo che prevede accumulo di ricchezza.

Si comincia con l'agricoltura. I buoni raccolti dipendono dalla pioggia, ma questo è solo uno dei tanti aspetti della ricchezza nazionale. La produttività netta interesserà l'intera gamma degli sforzi economici. Questi includono anche il prestito di denaro. Il segno del successo economico è il capitale necessario per diventare un prestatore. Tale capitale è il marchio una persona di successo che sta seguendo un programma di successo. Così, quando parliamo di successo, essere un creditore è un obiettivo degno da seguire. Anche evitare il debito è un obiettivo degno da seguire.

Il secondo verso riguarda la seconda serie di sanzioni: l'inverso delle sanzioni positive. In tal caso, l'uomo maledetto è il debitore, ma non è lo straniero. Quest'ultimo si trova in una posizione d'autorità. Il marchio del successo è dato dall'essere il capo. Il marchio del fallimento è dato dall'essere in coda. Mezzo millennio dopo, Salomone scrisse: "Il ricco regna sui poveri, e il mutuatario è schiavo del suo creditore" (Proverbi 22:7).

A causa del mito della neutralità economica, oggi la maggior parte degli economisti loda sia il debito sia il credito. Non sono forse due scopi economici legittimi? Non sono tutti e due obiettivi dell'azione umana? Non sono forse aspetti diversi della stessa transazione volontaria? Pertanto, non sono forse segni di una società libera? Sono segni di una società libera, ma non sono uguali. Colui che presta denaro, estende l'influenza della sua visione del mondo. Colui che prende in prestito denaro, si subordina alla visione del mondo del creditore. Mentre prestare e prendere in prestito dovrebbero essere due pratiche legali, colui che persegue il debito è chiaramente uno sciocco.

Egli si pone nella categoria di coloro che possono infrangere i patti. Egli si pone nella categoria dei perdenti della storia: subordinati ad un altro uomo.

Questa prospettiva è in contrasto con l'economia moderna. Quest'ultima è ufficialmente neutrale dal punto di vista metodologico. La Bibbia no. La Bibbia loda la parsimonia e maledice il debito. E mette in chiaro che il risparmio è un bene morale. Il debito è la prova di una debolezza morale: una preoccupazione per il consumo presente a scapito dell'indipendenza economica.

Questa non è una critica di quel debito che va a finanziare un programma d'accumulo di capitale, come un investimento nel settore immobiliare. Ma avverte l'imprenditore che una tale attività è rischiosa. La persona che collateralizza il suo capitale, può perderlo. Un uomo d'affari può accendere un prestito, ma se la banca si rifiuta di rinnovarlo, può perdere la sua attività imprenditoriale. E' un servo del creditore.

La Bibbia lo dice chiaramente: è un obbligo morale concedere prestiti. Si tratta di un'affermazione a favore del risparmio. Perché? A causa del concetto biblico di redenzione: redimere significa rimpossessarsi. Il cristianesimo predica che Gesù Cristo è venuto per redimere il Suo popolo. Come? Vivendo una vita perfetta, e morendo come un pagamento sostitutivo a Dio: la Sua morte in cambio della morte eterna del Suo popolo. Ma questo era solo un passaggio preliminare alla redenzione completa: il riacquisto per il Suo popolo di un mondo decaduto. Il Suo popolo avrebbe ereditato la terra. Questo viene affermato più volte nei Salmi. "La sua anima vivrà nella ricchezza; e la sua progenie erediterà la terra" (Salmi 25:13).

Ma questo programma di redenzione procede attraverso il servizio, non la conquista militare. Gesù disse:

Ma Gesù, chiamatili a sé, disse, I capi delle nazioni, voi lo sapete, dominano su di esse e i grandi esercitano su di esse il potere. Non così dovrà essere tra voi; ma colui che vorrà diventare grande tra voi, si farà vostro servo, e colui che vorrà essere il primo tra voi, si farà vostro schiavo (Matteo 20:25-27).

Prestare denaro a persone che vogliono acquistare beni di consumo, è parte integrante di questo programma di redenzione. *Il prestito pone i consumatori orientati al presente sotto l'influenza degli istituti di credito orientati al futuro.* Ciò significa che uno degli obiettivi del prestito -- una forma di risparmio -- è quello di consumare meno di quello che si risparmia. Il risparmio è parte integrante di un programma di dominazione culturale. Significa estendere il regno di Dio mediante una vita di risparmio, tra cui il prestito di denaro. Ciò significa che il risparmio non serve solo per il consumo futuro, serve anche per il dominio futuro.

Adam Smith scrisse questo: "Il consumo è l'unico fine di tutta la produzione; e bisognerebbe badare all'interesse del produttore solo perché può essere necessario per promuovere quello del consumatore. La massima è così perfettamente auto-evidente che sarebbe assurdo tentare di dimostrarla."

L'obiettivo della produzione è infatti il consumo, ma non del produttore. Per il cristiano, la produzione dovrebbe essere vista come un mezzo concesso da Dio verso una serie di altri scopi.

Uno di questi scopi è l'accumulo di capitale, non per il consumo, ma per il dominio. Il ricchissimo lo capisce bene questo punto. Un multimiliardario, o un miliardario, non sacrifica la sua vita per guadagnare un altro milione di dollari e spenderlo in più consumi. Lo guadagna per estendere la sua influenza.

Che il debito pubblico venga elogiato come un aspetto saggio della politica fiscale, è il segno distintivo di una ribellione contro la teoria e la politica economica moderna. Un gradino più in basso c'è la suggestione che il debito dei consumatori sia positivo poiché stimola la produzione. Questa è nota come *economia dal lato della domanda*. È l'essenza del keynesismo. Keynes raccomandava disavanzi pubblici come mezzo attraverso il quale produrre ricchezza.

All'inizio del Capitolo 16 della *Teoria Generale dell'Occupazione, dell'Interesse e della Moneta* (1936), Keynes scrisse quella che è diventata una critica leggendaria al risparmio. Sosteneva quanto segue: poiché il risparmio non è garanzia di un consumo futuro, esso riduce l'occupazione presente. Riduce la domanda di beni presenti, e quindi ostacola l'economia. Se questo fosse un principio generale, allora vorrebbe dire che, nel corso della storia, il risparmio ha rappresentato una passività, e ha ritardato la crescita economica.

«Un atto di risparmio individuale significa, per così dire, una decisione di saltare il pranzo di oggi; ma non richiede necessariamente una decisione di pranzare o di comperare un paio di scarpe fra una settimana o fra un mese, o di consumare qualsiasi bene determinato a qualsiasi data determinata.

Cosicché esso deprime l'attività della preparazione del pranzo odierno, senza stimolare l'attività del tenersi pronti per qualche atto futuro di consumo. Non è una sostituzione di una domanda futura ad una domanda presente di consumo, ma è una diminuzione netta di tale domanda. . . . Se il risparmio consistesse non soltanto nell'astenersi dal consumo presente, ma nel collocare contemporaneamente un ordine specifico per il consumo futuro, l'effetto potrebbe essere del tutto diverso. In tal caso infatti l'aspettativa di un certo rendimento futuro dell'investimento sarebbe migliorata; e le risorse liberate dal compito di far fronte al consumo presente potrebbero esser rivolte a far fronte al consumo futuro (pp. 210-11).»

Mentre Hazlitt non cita questo passaggio in modo esplicito, scrisse il suo capitolo per contrastarne le implicazioni politiche. Questo passaggio, forse più di ogni altro passo nel lavoro di Keynes, è il fondamento degli errori del keynesismo in generale. Rappresenta la forte ostilità di Keynes al risparmio e il suo appello per un aumento della spesa pubblica in un momento di depressione economica, in modo da compensare i presunti effetti distruttivi del risparmio sul mondo del lavoro.

1. I Proprietari

Un primo proprietario è il possessore di denaro.
Egli può spenderlo per i consumi. Può anche spenderlo per uno strumento di produzione. Può prestarlo a qualcuno il quale potrà acquistare beni di consumo, o comprare strumenti. Il proprietario ha anche il diritto d'accumulare il suo denaro. Un secondo proprietario è il possessore di un rating di credito abbastanza alto da permettergli d'ottenere un prestito.

Il suo rating è una forma di capitale personale. Più è alto il suo rating, maggiore sarà il valore del suo capitale personale. E questo capitale può essere utilizzato per ottenere un credito al consumo (interesse più elevato), o un prestito per la produzione (interesse più basso).

Poi ci sono i proprietari di materie prime, strumenti, terreni, beni di consumo e lavoro. Sono disposti a vendere queste forme di proprietà.

2. La Finestra

La finestra è rappresentata dai mercati dei capitali e dai mercati dei beni di consumo. Questi mercati servono acquirenti e venditori. Coloro in possesso del denaro, possono spenderlo in uno di questi mercati. I venditori sono felici di vendere, come minimo secondo i prezzi al dettaglio. Questi venditori competono per il denaro in possesso di coloro che possono spenderlo.

I venditori dei beni di consumo dicono: "Guardate cos'ho da vendere. Ve lo meritate. Avete lavorato sodo per i vostri soldi. Si vive solo una volta. Approfittatene." I venditori di capitali dicono: "Risparmiate per i giorni di pioggia. Non potete sapere cosa accadrà domani. Guardate al futuro. Pensate alla vostra pensione. Pensate all'università per i vostri figli." I venditori di programmi di beneficenza dicono: "C'è tutta una vita per risparmiare. Potete cambiare il mondo. Potete stare meglio con voi stessi. La ricchezza ha le sue responsabilità." Nessuno dice questo: "Andate in banca e ritirate il denaro. Nascondetelo in un luogo sicuro."

In ogni caso, coloro con $250,000 o più non possono farlo senza violare qualche legge o attirare l'attenzione su di loro.

La persona che ha i soldi in banca, li sta prestando. La banca ha investito queste unità monetarie digitali. Il denaro non è inattivo. Qualcuno riceverà tale denaro e lo utilizzerà per comprare cose. Tali acquisti faranno filare liscia l'economia. Le persone in possesso di denaro cambiano i loro bilanci di volta in volta, ma impiegheranno tutte le risorse monetarie a loro disposizione nell'uso più produttivo possibile come giudicato da loro stessi.

Se si trasferisce il denaro digitale ad un venditore di beni o servizi, esso lo utilizzerà. Come? O conservandolo nella sua banca, o spendendolo per tutto ciò di cui ha bisogno. Se si ritira il proprio denaro e lo si nasconde, quest'azione non avrà alcun effetto misurabile. Nessuno se ne accorgerà. Anche se milioni di depositanti bancari attuassero quest'azione, i consumatori ne trarrebbero vantaggio. I venditori dovrebbero abbassare i loro prezzi. Ai venditori non piace farlo, ma ai consumatori piace quando accade. Quando andate ad un'asta per comprare qualcosa, vorreste vedere una folla sparsa. Il banditore sarà infelice, ma non voi.

3. Il Sasso

La discussione di Keynes su come il risparmio causasse una riduzione dei consumi, e quindi una stagnazione economica, ignorava l'analisi di Bastiat. Keynes omise di prendere in considerazione il ruolo che svolgerebbe il denaro risparmiato nel settore privato.

Il denaro potrebbe essere prestato, o investito, ad aziende che organizzano le risorse per la produzione futura. Ciò aumenterebbe il consumo futuro, senza nulla togliere al consumo presente. I dipendenti assunti da queste imprese, riceverebbero salari.

L'altro uso per il denaro investito è il prestito al consumo, il quale verrebbe utilizzato per acquistare beni e servizi. Pertanto la preoccupazione di Keynes riguardo il risparmio come fonte di riduzione della domanda, è un errore.

Dal punto di vista analitico, è l'errore centrale del keynesismo. Eppure è raro che venga menzionato, anche dai critici del keynesismo. Questo rivela la misura in cui l'economia tradizionale si basa su una totale incomprensione di causa ed effetto economico. Dal 1936 fino ad oggi, gli economisti keynesiani l'hanno passata liscia. Ma passarla liscia, così come i pasti gratis, è solo un mito. C'è sempre qualcuno che paga il conto.

I politici finiscono sotto pressione durante una recessione affinché spendano soldi per vari progetti. Sono progetti d'aiuto: denaro gratuito per lavoratori disoccupati, o prestiti a basso interesse per le imprese. Questi ultimi non sono considerati come un aiuto, ma a conti fatti lo sono. Si ottiene qualcosa in cambio di niente.

Gli economisti keynesiani gridano costantemente per una maggiore spesa pubblica. Lo stato ha la capacità di "rilanciare l'economia", ci viene detto dai politici. Lo credono anche gli elettori. La soluzione per la recessione è la spesa pubblica.

Keynes usò questo esempio nella *Teoria Generale* (p. 129):

> *«Se il Tesoro si mettesse a riempire di biglietti di banca vecchie bottiglie, le sotterrasse ad una profondità adatta in miniere di carbone abbandonate, e queste fossero riempite poi fino alla superficie con i rifiuti delle città, e si lasciasse all'iniziativa privata, secondo i ben noti princìpi del laissez-faire, di scavar fuori di nuovo i biglietti (il diritto di scavo sarebbe naturalmente concesso mettendo all'asta la concessione dei terreni contenenti i biglietti), non dovrebbe più esistere disoccupazione; e, tenendo conto degli effetti secondari, il reddito reale e anche la ricchezza in capitale della collettività diverrebbero probabilmente assai maggiori di quanto sono attualmente. Effettivamente sarebbe più sensato costruire case e simili; ma se per questo si incontrano difficoltà politiche e pratiche, quanto sopra sarebbe meglio di niente.»*

In primo luogo, costa denaro riempire le bottiglie. In secondo luogo, qualcuno dev'essere assunto per nascondere le bottiglie nella miniera. In terzo luogo, qualcuno dev'essere assunto per riesumare le bottiglie. In quarto luogo, qualcuno dovrebbe spendere quei soldi. Per amor dell'efficienza, gli stati moderni saltano il passaggio delle bottiglie e del denaro. Spendono soldi per quei progetti che il presidente Obama ha definito "shovel-ready". Aveva torto. Sono stati creati pochi posti di lavoro mediante questo programma di *welfare*. E il denaro è stato speso. Ma il denaro sarebbe stato speso in ogni modo. Solo se la banca centrale avesse creato denaro dal nulla e poi acquistato debito del Tesoro, quel denaro non sarebbe stato speso. Questo è un processo inflazionistico: un aumento dell'offerta di moneta.

4. I Costi

C'è il costo generale: quando lo stato accede al mercato dei capitali, scatena effetti perturbativi. I politici vogliono spendere il denaro per progetti che pensano porteranno ad un aumento netto di voti alle elezioni successive. Quindi possono aumentare le tasse, prendere in prestito denaro, o farlo stampare alla banca centrale. In una fase di recessione, i politici hanno paura ad aumentare le tasse. Di solito, quindi, ricorrono ai prestiti e all'inflazione monetaria. Se prendono in prestito dagli investitori, risucchiano soldi da quelle categorie d'investimento che invece avrebbero scelto suddetti investitori. Il denaro finisce in categorie di spesa decise dai politici. Quindi ci sarà un insieme diverso di beneficiari. Questo processo trasferisce denaro dal settore privato alle casse dello stato. Poi il denaro viene speso. Questi costi sono associati con la riduzione della produttività derivante dal denaro ri-allocato. Se i burocrati statali spendono i soldi, ne beneficeranno quei gruppi che ricevono il denaro. Vengono danneggiati quei gruppi che ovviamente non ricevono il denaro. Ma i membri di questi ultimi gruppi non "seguono il denaro".

Non percepiscono che i beneficiari di un programma di spesa statale ne traggono vantaggio a scapito loro, i quali avrebbero venduto qualcosa agli investitori originali se questi ultimi non avessero incanalato i loro soldi nelle casse del Tesoro. Gli investitori che cedono il loro denaro ad imprese che producono per i clienti futuri, stanno fornendo i mezzi per il consumo futuro. Si fidano del giudizio dei manager aziendali, i quali prendono decisioni in relazione ai beni e servizi che i consumatori futuri saranno disposti ad acquistare.

Questi manager aziendali sono specialisti nel ponderare queste stime. Non travalicano i vincoli della contabilità: profitti/perdite. Il loro successo si basa su previsioni precise e strategie di produzione appropriate.

Altri investitori cedono i loro soldi allo stato, il quale li utilizzerà per comprare voti. I politici si daranno battaglia sul bilancio. L'esito di queste battaglie determinerà quale gruppo privilegiato otterrà l'accesso al denaro.

Lo stato lo spenderà tutto. Poi i politici futuri decideranno cosa fare per rimborsare gli investitori:

1. aumentare le tasse;
2. prendere in prestito più soldi;
3. vendere IOU alla banca centrale, la quale creerà denaro dal nulla.

La spesa pubblica di denaro preso in prestito riduce la crescita economica. Vale a dire, riduce l'offerta di beni e servizi futuri.

La spesa privata di denaro preso in prestito può aumentare la crescita economica, se parliamo di imprese che vendono ai consumatori. Oppure il denaro può essere preso in prestito dai consumatori stessi, i quali poi lo spendono. Se comprano beni di consumo, il denaro finisce nelle mani di venditori che si specializzano nella produzione. Una parte dei profitti sarà reinvestita nella loro attività imprenditoriale, o utilizzata a beneficio degli investitori.

Quando uno stato aumenta la percentuale di denaro preso in prestito, riduce il tasso di crescita economica.

Aumenta anche il debito pubblico. Secondo la teoria originale di Keynes, lo stato ripagherà parte di questo debito nei tempi di boom, e lo aumenterà nei periodi di recessione. Malgrado tutto ciò, il debito aumenta quasi sempre. L'unica scuola economica che si oppone all'aumento del debito pubblico, e che consiglia il rimborso del denaro preso in prestito attraverso costanti avanzi di bilancio, è la Scuola Austriaca. Nella storia degli Stati Uniti, il governo non ha avuto debiti in un solo anno fiscale: nel 1836.

5. Le Conseguenze

Reindirizzando il loro capitale dalle imprese agli stati, gli investitori riducono la crescita economica. Ciò infatti ha ridotto la ricchezza delle nazioni occidentali. Il reddito mediano delle famiglie negli Stati Uniti ha ristagnato sin dal 1973, dopo 25 anni di crescita elevata. Gli economisti discutono ancora sulle cause di questo rallentamento. Gli economisti non-keynesiani farebbero meglio a guardare con attenzione all'aumento del debito pubblico. La maggior parte degli stati aumenta ogni anno il proprio debito. La maggior parte degli stati ha debiti nel range del 100% del PIL. Alcuni addirittura tre volte il PIL. Questo atteggiamento nei confronti del debito è percolato anche nella mente dei cittadini. Anch'essi sono fortemente indebitati. Ma poiché devono effettuare pagamenti mensili per il loro debito, la percentuale del loro reddito al netto delle imposte che va a ripagarlo è abbastanza costante. Negli Stati Uniti, il debito delle famiglie varia da circa il 15% del reddito al netto delle imposte al 18%. Anche il debito aziendale è aumentato.

A volte i debiti del governo nazionale, dei governi regionali, delle imprese e delle famiglie raggiungono quattro o cinque volte il reddito totale di una nazione.

In combinazione con le passività non finanziate riguardanti i programmi statali di pensionamento e d'assistenza sanitaria per gli anziani, il livello del debito pubblico è altamente superiore alla cifra ufficiale. Alcune stime delle passività non finanziate del governo degli Stati Uniti, riportano una cifra intorno ai $200,000 miliardi. Rispetto al debito ufficiale di circa $17,000 miliardi (2015), si tratta di un numero gargantuesco. Ci sarà un default ad un certo punto. Quali tipi di debito e quali creditori verranno sacrificati, ancora non si sa; ma un default è inevitabile. Ciò avrà conseguenze politiche, sociali ed economiche negative.

Conclusioni

L'economia keynesiana ha rinforzato la preferenza dei politici per la spesa, e così dopo il 1945 i livelli dei debiti pubblici sono aumentati.
Hazlitt lo sottolineò anni prima di scrivere *L'Economia in Una Lezione*.

L'aumento del debito ha reso le economie più vulnerabili alle recessioni. Gli oneri legati al debito rimangono sia durante i tempi buoni, sia durante i tempi cattivi. Quando governi, aziende e famiglie utilizzano le entrate crescenti durante periodi di boom per aumentare i loro debiti, all'arrivo del bust devono fronteggiare difficoltà finanziarie. C'è un problema di debito in tutto il mondo.

Lo spettro della bancarotta è più insidioso che mai. Questo si chiama *deleveraging* del debito. Le persone che hanno pianificato un certo flusso di denaro per la loro pensione, saranno sorprese nell'apprendere che la bancarotta dei piani pensionistici frantumerà i loro progetti.

Più importante di tutto ciò, è il cambiamento d'atteggiamento nei confronti del debito. La disponibilità a sacrificare il consumo presente per un investimento, è il segno di una persona orientata al futuro. Questo è un buon modo per definire la "classe alta". Queste persone apprezzano di più il futuro rispetto alla classe media e alle classi inferiori. Nelle ultime due generazioni abbiamo visto un cambiamento d'atteggiamento che ha preso come modello la classe inferiore.

I consumatori hanno concluso che è più facile cedere alle lusinghe del consumo attuale piuttosto che rimanere senza debiti. Questa è una mentalità da perdenti, secondo il Deuteronomio 28:44. I cristiani dovrebbero evitare questa mentalità. Si basa su una cattiva teologia.

Approfondimenti & Riferimenti

Il keynesismo ha un pregiudizio contro il risparmio.

"Il paradosso della parsimonia" (Wikipedia):
https://it.wikipedia.org/wiki/Paradosso_della_parsimonia

Robert Blumen, "Hayek on the Paradox of Saving" (2008):
https://mises.org/library/hayek-paradox-saving

Robert P. Murphy, "Nothing Paradoxical About Thrift" (2009):
http://www.econlib.org/library/Columns/y2009/Murphythrift.html

William L. Anderson, "Is the Economy a Perpetual Motion
Machine?" (2009): https://mises.org/library/economy-perpetual-motion-machine

Capitolo 24: La lezione Ribadita

La versione di Hazlitt della lezione è diversa dalla mia. Qual era la lezione che Hazlitt stava cercando d'insegnare? Il seguente è il primo paragrafo del suo Capitolo 24:

> *«L'economia, come abbiamo visto più e più volte, è una scienza che s'impegna a riconoscere le conseguenze <u>secondarie</u>. È anche una scienza che s'impegna a vedere le conseguenze generali. È una scienza che s'impegna a tracciare gli effetti di alcune politiche, non solo riguardo qualche interesse <u>particolare</u> nel <u>breve periodo</u>, ma dell'interesse <u>generale</u> nel <u>lungo periodo</u>.»*

Il problema di questa sintesi è il seguente: la maggior parte dei membri delle gilde scientifiche afferma esattamente le cose che Hazlitt sosteneva. Essi sostengono di seguire le implicazioni della verità scientifica. Affermano di guardare il quadro generale, che definiscono come opinione generale, il quale è presumibilmente basato su leggi generali. Affermano inoltre di affrontare in modo adeguato i casi specifici. Allora cos'è che distingue la scienza economica dalle scienze politiche, o dalle scienze dell'educazione, o dalla psicologia, o dalla sociologia, o dalla fisica? Ho appreso una lezione diversa dal libro di Hazlitt: *seguire il denaro. . . a ritroso.*

Questo detto, "seguire il denaro", è entrato nel vernacolo americano a causa del film, *Tutti gli Uomini del Presidente* (1976). Era un film sulle dimissioni forzate del presidente Nixon, causate da due reporter diligenti del *Washington Post*, Woodward e Bernstein. Questo detto incarnava la raccomandazione data ai giornalisti da un informatore anonimo che chiamavano "Gola Profonda". (Riferimento ad un famoso film porno dell'epoca.) Quello che non è stato ampiamente compreso, è che i due reporter non ricordano che la loro fonte abbia mai detto quelle parole. Il detto non appare nel loro libro. Probabilmente è stato coniato dallo sceneggiatore del film, William Goldman.

In realtà, questo detto rappresentava l'essenza del principio analitico generale enunciato da Bastiat: la finestra rotta. Quello che ci disse nel 1850 era semplice: seguire il denaro. . . all'indietro. Ogni volta che qualcuno incita lo stato ad intervenire per tutelare un settore, o un gruppo con interessi particolari, e l'incitatore lo fa in nome della popolazione in generale, possiamo stare sicuri che quest'ultimo non ha seguito il denaro. In ogni caso, non dice la verità, tutta la verità, nient'altro che la verità alla popolazione. Può convincere l'opinione pubblica, e anche i politici, che lo stato debba intervenire per aiutare un certo gruppo con interessi particolari nel nome della popolazione in generale. Ma se un economista segue il denaro, scoprirà che non c'è alcun beneficio per la popolazione.

L'unico motivo per cui il promotore di una tale misura tira in ballo la popolazione, è perché quest'ultima si rifiuta di seguire il denaro.

Se *seguite il denaro a ritroso*, vi accorgerete che prima che venisse rotta la finestra c'erano benefici connessi con tale denaro. L'incitatore di un intervento dello stato, vuole che gli elettori *seguano il denaro in avanti*: vuole che vedano solo i presunti benefici che il denaro produrrà in futuro. Infatti suddetto incitatore sostiene che quel denaro stimolerà l'economia. Ma se seguiamo il denaro all'indietro fino alla persona che lo possedeva prima dell'azione incitata dall'individuo mosso dall'invidia, scopriremo che il proprietario di quel denaro avrebbe preferito farci altre cose.

Nel Capitolo 23, "L'Assalto ai Risparmi", abbiamo scoperto una verità fondamentale: il denaro veniva già utilizzato per scopi produttivi. Oggi, ad esempio, un individuo ha i propri soldi depositati in una banca. La banca fornisce servizi per questo deposito. Inoltre la banca presta i soldi ad un mutuatario. Il denaro viene utilizzato per una serie di scopi, e questi scopi sono in cima alla lista dei desideri della persona che possiede il denaro. Così, quando il sasso viene lanciato e rompe la finestra, il proprietario chiama il riparatore e dovrà pagarlo ritirando denaro dalla banca. Questo è un male per la persona che possedeva la finestra. Questo è un male per la banca locale in cui erano depositati i soldi del proprietario della finestra. Questo è un male per qualcuno che si aspetta d'ottenere un prestito da quella banca. È facile seguire il denaro in avanti. Questo è il problema analitico.

Ma ci vogliono abilità e intuito notevoli per seguire il denaro all'indietro. Non c'è dubbio che di tutti gli economisti della storia, Bastiat fu il primo a capirlo, e Hazlitt fu il primo ad avere successo nell'applicare tale metodo.

Io sto solo cercando di fare la mia parte nel promuovere tale concetto.

L'economista più importante della storia che ha rifiutato di seguire il denaro all'indietro, è stato John Maynard Keynes. Il XX secolo dopo il 1936 è stato costruito sulle fondamenta intellettuali esposte da Keynes nella *Teoria Generale*. Il cuore della sua analisi era il Capitolo 16, incarnato nell'assalto moderno ai risparmi degli individui. Keynes commise l'errore che il libro di Hazlitt cerca d'evitare: si rifiutò di seguire il denaro all'indietro. Disse che il risparmiatore è una passività per l'economia, perché i soldi che risparmia non verranno utilizzati per il consumo.

Keynes non fu la prima persona a commettere questo errore. Prima di lui uno sciroccato economico conosciuto come Major Douglas, fondò un particolare culto economico che si basava esattamente sulla stessa idea. Si chiamava Credito Sociale. Keynes riconobbe l'importanza del contributo di Douglas, e lo elogiò nella sua *Teoria Generale* (pp. 371-72). Ho scritto un libro che confuta questa sciocchezza del Credito Sociale, e sono l'unica persona che l'ha fatto: *Salvation Through Inflation*[13]. Ho scritto questo libro circa 75 anni dopo che Douglas scrisse il suo primo libro. Gli economisti moderni lo ignorano per una buona ragione, ma Keynes non lo ignorò.

Keynes rivestì la posizione di Douglas con gergo tecnico ed equazioni. Ma, analiticamente parlando, la posizione di Keynes era la posizione di Douglas. Ecco il problema che dobbiamo affrontare: l'intera professione economica ha ignorato il principio discusso nel libro di Hazlitt.

---

13 Si consulti la seguente pagina web: http://bit.ly/SocialCredit

Ci sono economisti non-keynesiani, ma nessuno dei libri di testo d'economia attacca Keynes sul punto cruciale: i soldi che il risparmiatore accumula, sarebbero serviti ad aumentare l'occupazione. I libri di testo, inoltre, non sottolineano un altro errore: tutto il denaro che lo stato raccoglie dagli investitori, i quali l'avrebbero investito nel settore privato, viene praticamente risucchiato dal settore privato. Questo denaro preso dallo stato non piove dal cielo. Può ottenerlo dalla banca centrale, ma poi avremmo problemi legati alla creazione di moneta fiat, il che è semplicemente una contraffazione legalizzata.

I critici di Keynes non definiscono i banchieri centrali come dei contraffattori legalizzati. Non vi è alcun libro di testo utilizzato in qualsiasi università, o scuola superiore, che li definisca così. Eppure questa è l'essenza della banca centrale e di tutte le banche commerciali a riserva frazionaria.

I libri di testo non attaccano l'errore fondamentale di Keynes riguardo la parsimonia. Anche Hazlitt non citò Keynes per nome nel Capitolo 23. Nel 1959 scrisse un'eccellente confutazione del keynesismo, *The Failure of the "New Economics"*, ma quasi nessuno l'ha letto.

Ecco la mia conclusione: *qui c'è qualcosa di più di una semplice ignoranza in materia economica.*
Hazlitt non convinse alcun economista certificato col suo Capitolo 23. Non convinse quasi nessuno con il suo libro del 1959. Nel 1960 pubblicò anche una raccolta di saggi critici su Keynes, *Critics of Keynesian Economics*. Nessuno nel mondo accademico vi ha prestato alcuna attenzione.

Inoltre Hazlitt utilizzò la fallacia della finestra rotta per rappresentare la riluttanza degli economisti nel voler seguire le implicazioni della scienza economica. Era uno scrittore molto chiaro. Di solito arrivava al punto piuttosto velocemente. Eppure, per quanto riguarda l'intera professione economica, non ebbe alcuna influenza al di fuori di quella che riscosse nei circoli di Scuola Austriaca.

Arrivati a questo punto, siete in grado di comprendere la logica della fallacia della finestra rotta. Perché invece tutta la professione economica ancora non l'ha compresa? C'è qualcosa di più della semplice ignoranza economica. C'è qualcosa di più dell'assenza di un elevato QI. Gli economisti di professione sono persone intelligenti. Probabilmente i migliori tra di loro sono dei geni. Eppure questo semplice concetto, proposto per la prima volta nel 1850, è stato ignorato sistematicamente dal 1850 fino al 1946. Poi, dopo il 1946, la professione economica ha sistematicamente ignorato le applicazioni di Hazlitt della fallacia della finestra rotta.

Io sostengo che questa non è una questione d'ignoranza. Non è una questione di mancanza di volontà delle persone nel voler studiare l'economia. Quello che abbiamo qui è cecità. È una cecità ostinata. È una cecità consapevole. Si tratta di una mancanza di volontà d'apprendere un principio d'analisi semplice e poi seguirne le relative conclusioni. La mia conclusione è questa: la riluttanza degli economisti nel voler capire questo concetto, poggia su una ribellione etica. Non è una questione d'ignoranza. È una questione di etica.

Si basa sulla violazione di un principio fondamentale: "Non rubare".

Lo stato sociale moderno, lo stato ridistribuzionista moderno, lo stato moderno keynesiano, lo stato socialista moderno e lo stato comunista moderno, hanno tutti in comune una cosa: *sono basati sul furto*. Da cima a fondo, dall'inizio alla fine, sono tutti basati sul furto. Si basano su questo principio: "Non rubare, a meno che tu non abbia la maggioranza dei voti."

Dato che nei cuori delle persone c'è spazio per il furto, vogliono credere che il denaro fiat possa liberarli dai debiti. Pagheranno i loro creditori con moneta deprezzata. Vogliono anche credere che il loro rifiuto di pianificare il periodo della loro pensione, non li si ritorcerà contro. Pensano che la popolazione debba essere tassata affinché possano ricevere i soldi della pensione. La stessa cosa vale per la medicina socializzata e le sue varianti in tutto il mondo. Vogliono mettere le mani nel portafoglio delle altre persone, e non tollereranno un profeta che dice: "Voi siete tutti ladri". Ai tempi d'Isaia, queste stesse persone non vollero ascoltare il suo ammonimento: "Il tuo argento è diventato scorie, il tuo vino è stato mescolato con acqua." A loro non importava.

Gli economisti keynesiani sono economisti di corte. Keynes raggiunse il più grande trionfo della sua carriera solo quando presentò una difesa contorta delle politiche interventiste degli stati occidentali, messe in campo per affrontare la Grande Depressione. Solo quando divenne un apologeta del furto nazionale su larga scala, cambiò le menti di una generazione più giovane di economisti. Keynes fu un apologeta del furto attraverso le urne elettorali. I politici amavano il suo messaggio, e anche la generazione di economisti più giovane, la quale voleva vedere un ampliamento dello stato e della sua influenza affinché potessero dare consigli a politici e burocrati.

Compresero l'enorme influenza che avrebbero potuto guadagnare invocando lo stato come agenzia di ridistribuzione della ricchezza, ma senza diventare bersagli di critiche.

In altre parole, non credo che questo sia un problema intellettuale. Penso che questo sia soprattutto un problema morale. Questo è il motivo per cui ho scritto questo libro. Voglio che i cristiani capiscano che cosa c'è in gioco. Questa è una guerra, non solo per le menti degli uomini, ma anche per le loro anime. Gli economisti non parlano in questo modo. Possono capire la guerra per le menti degli uomini, ma rifiutano categoricamente l'idea di una lotta per le anime degli uomini. Vogliono che la scienza economica sia neutrale. Tuttavia, il trionfo del keynesismo indica che l'economia non è neutrale. Si basa su una forma particolare di moralità: "Non rubare, a me che tu non abbia la maggioranza dei voti."

C'è ovviamente un problema politico quando i gruppi con interessi particolari si rivolgono al potere dello stato per ridistribuire la ricchezza a loro favore. Non vogliono che se ne parli in termini di furto, ma è di questo che si tratta. Inoltre c'è un problema più grande. La popolazione non percepisce tali appelli come forme organizzate di furto. Gli elettori non oppongono resistenza. Anche loro vogliono mettere le mani nei portafogli dei loro vicini. Anche loro sono pronti a formare un gruppo politico con interessi particolari per mettere le mani nei portafogli dei loro vicini. Poi c'è il problema economico della motivazione. Ogni gruppo con interessi particolari che è alla ricerca di una grande ridistribuzione della ricchezza, vuole convincere i politici di due cose: la validità della sua posizione e i vantaggi politici legati a tale posizione.

I gruppi con interessi particolari sono altamente concentrati, perché c'è tanto denaro in gioco. Al contrario, la popolazione non presta alcuna attenzione. La popolazione, che pagherà la sua parte, vale a dire, la sua quota ingiusta del bottino estorto, ha altre preoccupazioni. Ci sono così tanti gruppi con interessi particolari che cercano di entrare nei portafogli degli altri, che la popolazione non si concentra mai nel fermare un determinato gruppo. Richiede troppi disturbi. Il profitto è troppo basso. Ma la vincita è enormemente alta per il gruppo con interessi particolari. La probabilità di successo è talmente bassa per una qualsiasi opposizione politica, che essa non emerge mai.

La mia conclusione si basa sul principio di seguire il denaro. In un'analisi costi-benefici, gli oppositori non guadagnano nulla nel combattere contro il gruppo con interessi particolari. È più economico organizzare i propri gruppi con interessi particolari e cercare di mettere le mani su parte del bottino. Hazlitt provò a conservare la neutralità etica nella sua analisi economica. Non definì mai nessuno dei gruppi con interessi particolari come una forma di criminalità organizzata. Non definì la ridistribuzione della ricchezza come un furto sistematico.

E così, quando tentò di confutare queste politiche, non riuscì a guadagnare sostenitori accademici. Avrebbe dovuto saperlo fin dall'inizio. L'economia glielo avrebbe dovuto insegnare. I gruppi con interessi particolari hanno tanto da guadagnare. Al contrario, gli oppositori di qualsiasi programma specifico di ridistribuzione della ricchezza, non saranno in grado di guadagnare abbastanza sostegno politico da fermare il gruppo con interessi particolari. Dal punto di vista economico, Hazlitt avrebbe dovuto concludere che il libro era futile.

L'economia avrebbe dovuto insegnargli che il libro non avrebbe avuto successo nel ridurre il sostegno allo stato sociale keynesiano moderno.

Non mi aspetto che il mio libro abbia un qualche effetto nel rallentare l'espansione dello stato sociale keynesiano. Il mio obiettivo è il lungo termine. Voglio spiegare ai cristiani perché ha avuto luogo questo disastro, dopo che sarà crollato lo stato keynesiano.

A causa dell'ostilità di Keynes nei confronti del risparmio, e a causa dell'atteggiamento apatico del keynesismo nei confronti dell'espansione del debito pubblico, ci sarà un Grande Default. Tutti gli stati occidentali andranno in default per i loro programmi connessi al *welfare state*. Dal punto di vista economico, tutti questi programmi sono in bancarotta. Andranno a gambe all'aria.

Ci sarà un enorme dolore economico. Non mi considero come un moderno Isaia. Inoltre, so cos'è gli è successo. Nessuno fece caso ai suoi ammonimenti. Infine arrivò il giudizio, ma un secolo più tardi. A posteriori, il messaggio d'Isaia si è perso durante i millenni. Non è penetrato nel pensiero dei suoi contemporanei, ma ha lasciato una traccia convincente per tutti noi. Non credo che lo stato sociale keynesiano possa essere riformato. Credo che ad un certo punto verrà sostituito. Ma questa sostituzione dev'essere effettuata in base all'etica, non in base alla fallacia della finestra rotta. Non serve cercare di ripristinare una qualsiasi delle 23 varianti della fallacia della finestra rotta che appaiono in questo libro e nel libro di Hazlitt. Questo perché il problema non è intellettuale, bensì etico.

Le persone non riescono a seguire i ragionamenti lunghi. Ciò vale sicuramente per il ragionamento economico. Lo vediamo con il libro di Hazlitt. Non fu in grado di convincere tutti i keynesiani a seguire il denaro all'indietro. Non ripensarono all'economia keynesiana dopo aver scoperto quest'errore di fondo. Se gli economisti professionisti si rifiutano di seguire il denaro all'indietro, e negano le ovvie implicazioni del debito pubblico nell'indebolire il settore privato, allora perché dovremmo aspettarci che la persona media che legge questo libro possa essere in grado di formulare argomenti sistematici contro una qualsiasi di queste politiche? Perché dovrei aspettarmi che voi siate in grado d'organizzare un gruppo con interessi particolari per combattere 100, 200, 500 o 5,000 programmi di gruppi con interessi particolari?

Dopo il Grande Default, ci sarà un momento di ripensamento. Le persone vorranno sapere perché è successo. A quel punto, forse alcuni degli argomenti in questo piccolo libro penetreranno nel pensiero di alcuni leader cristiani. Ma fino a quando i pastori citeranno i versetti che ho riportato, e quindi presenteranno questa esegesi alle loro comunità, non mi aspetto un cambiamento importante. Fino a quando questi problemi verranno presentati in termini di teologia, etica e giustizia, non credo che le mie critiche a queste politiche avranno alcun effetto. Non superiore a quello di Hazlitt, perlomeno.

Il libro di Hazlitt è ancora in stampa 70 anni dopo la sua pubblicazione. Grazie al Web, e grazie al Kindle, spero che anche il mio libro rimarrà in stampa. Non ho nemmeno bisogno di stamparlo; basta che rimanga sullo schermo dei computer. Chiunque può premere il pulsante "stampa". Rimanere in stampa è facile, attrarre i lettori e motivarli invece non lo è.

Questa è una battaglia per le anime degli uomini. Questa non è semplicemente una serie di dibattiti intellettuali all'interno di una particolare disciplina accademica. Dal punto di vista economico, il mondo moderno fa riferimento ad una cattiva etica. Si basa su questo principio: "Non rubare, a meno che non hai la maggioranza dei voti."

Le idee hanno conseguenze. Ancora più importante, il comportamento ha conseguenze. In Levitico 26 e Deuteronomio 28, vediamo che ci sono conseguenze economiche, buone e cattive, in base a come si comporta la società riguardo la legge etica fondamentale. Fino a quando le persone crederanno al principio fallace sopracitato, non penso che seguire il denaro all'indietro possa cambiare qualcosa. Si tratta di un esercizio intellettuale di valore, ma non modificherà il comportamento della maggior parte delle persone, soprattutto nella cabina elettorale.

La conclusione di Hazlitt, Capitolo 24, ribadiva la sua tesi: la necessità concettuale di seguire il denaro per osservare dove un individuo avrebbe speso il suo denaro se lo stato non fosse intervenuto per "rompere la finestra".

Non si pose la domanda cruciale: "Che cosa bisogna fare?" Lenin se la pose nel 1902, ripetendo a pappagallo le parole di un rivoluzionario precedente, Cherneshevsky, il quale si pose suddetta domanda quattro decenni prima.

Nel 1946 non c'era molto da fare. Quando Hazlitt terminò il suo manoscritto, il 25 marzo, era già primavera. Dato il tema del suo libro, era una primavera economica come mai se n'erano viste nella storia d'America.

Gli Stati Uniti erano il colosso economico del mondo. Mai prima di allora una nazione raggiunse questo livello di supremazia economica. Canada e Stati Uniti erano quasi una singola zona commerciale. Erano usciti indenni dalla seconda guerra mondiale.

Nessuno nel 1941 poteva prevedere la trasformazione manageriale che avrebbe causato la guerra. Ristrutturò la produzione americana. Presto le tecniche di produzione di massa delle industrie belliche avrebbero lavorato a pieno regime per soddisfare la domanda dei consumatori. Emerse un altro enorme vantaggio, uno non previsto dalla maggior parte degli analisti.

L'inflazione di massa della Federal Reserve durante la seconda guerra mondiale, era stata soppressa da tetti su prezzi e salari. Il governo adottò la politica del razionamento per allocare le risorse economiche. Verso la fine dell'anno, la maggior parte di questi tetti vennero abrogati. I prezzi si aggiustarono e salirono. In tal modo i minimi a prezzi e salari imposti negli anni '30, cessarono ogni loro influenza. I prezzi dopo il 1946 salirono al di sopra dei vecchi minimi. La produzione si aggiustò alla nuova domanda. La depressione non riapparve, perché le condizioni che l'avevano provocata -- prezzi minimi -- non avevano più alcuna influenza.

Nel frattempo l'economia mondiale era a brandelli. L'Europa occidentale e il Giappone erano in macerie. L'Inghilterra era vicina al fallimento, un'ombra rispetto al suo passato finanziario. Presto il suo impero sarebbe caduto. India e Pakistan guadagnarono la loro indipendenza nel 1947. Hong Kong non era ancora la città sfavillante che sarebbe diventata. Lo stesso valeva per la Corea del Sud. La Cina era povera, e nel 1949 cadde nelle mani dei comunisti e presto divenne molto più povera. L'Unione Sovietica era un caso economico disperato e lo sarebbe rimasto fino a quando non sarebbe andata in bancarotta nel dicembre 1991. Aveva la potenza militare, ma nient'altro.

Gli Stati Uniti potevano esportare in ogni società che possedeva dollari. Nuovi accordi di prestito, privati e federali, misero a disposizione dei mutuatari la produzione americana. Le banche americane avevano soldi da prestare e il mondo occidentale era pronto ad accendere prestiti a condizioni favorevoli.

Si trattava di un nuovo ordine mondiale. La Grande Depressione non tornò. La ripresa venne prodotta dalla libertà economica. La maggior parte dei controlli su prezzi e salari venne abrogata l'ottobre successivo. Liberata da cinque anni di tetti a prezzi e salari, a cui fece seguito un decennio di prezzi e salari minimi, l'economia entrò in boom. Ma da quel momento in poi, i giovani keynesiani e i disertori accademici anziani si presero il merito della ripresa. Spiegarono che il boom era stato generato dal debito di guerra, il quale era stato finanziato dall'inflazione della Federal Reserve. Presto i keynesiani avrebbero sostituito i vecchi professori, i quali avevano già una certa età prima della Grande Depressione e che non si presero la briga di spiegarla. Nel 1948 il libro di testo di Paul Samuelson, *Economics*, annunciò l'arrivo di questo nuovo ordine mondiale. Nei tre decenni successivi divenne il libro di testo dominante nel campo dell'istruzione superiore.

L'accordo di Bretton Woods del 1944 entrò in vigore nel 1946. Questo gold exchange standard sostituì l'oro col dollaro. Era una licenza di stampare denaro senza dover rimborsare l'oro custodito dalla Federal Reserve. Hazlitt espose questa farsa burocratica denunciando di come non avesse nulla a che fare col gold standard pre-prima guerra mondiale. Questo gli costò il suo lavoro al *New York Times*.

Quando Hazlitt mandò le sue bozze a Leonard E. Read, quest'ultimo era pronto ad aprire la piccola e sotto-finanziata Foundation for Economic Education a Irvington-on-Hudson, New York. Nei due decenni successivi la FEE sarebbe diventata la voce solitaria di Hazlitt. La FEE non avrebbe avuto una rivista mensile almeno per un altro decennio, quando iniziò a pubblicare *The Freeman*.

Ludwig von Mises non aveva ancora scritto *L'Azione Umana*, la quale sarebbe stata pubblicata nel 1949. Nel 1946 c'erano pochi bollettini d'informazione che promuovevano il libero mercato, e le loro basi di abbonati erano costituite da qualche migliaio di sottoscrittori. Il più famoso era *Human Events*, il quale però non si concentrava sull'economia.

C'erano tre piccole case editrici: Regnery, Devin-Adair e Caxton. Non avevano *mailing list*. Non avevano accesso alle librerie. La loro commercializzazione si basava sul passaparola.

Cosa bisognava fare? Continuare a scrivere per la manciata di persone che voleva leggere.

Questo era allora. Pensiamo al presente adesso.

L'epoca keynesiana ha portato a quello che gli anti-keynesiani avevano predetto ai tempi di Hazlitt: enorme debito, pubblico e privato. Questo debito non può essere rimborsato. Chi l'ha emesso non ha mai avuto intenzione di ripagarlo. Il keynesismo è una filosofia economica basata sull'idea che un debito pubblico sempre crescente, e un'inflazione della banca centrale sempre crescente, possano fissare i tassi d'interesse di tale debito al di sotto dei livelli del mercato. Oggi il debito federale a breve termine è essenzialmente gratuito per il governo: una frazione di punto percentuale. È stato così per oltre 80 mesi.

Anche questo passerà.

Nel 1936 Keynes l'aveva predetto nella *Teoria Generale*: costi del capitale pari a zero (pp. 220-21).

Quella sembrava la previsione più folle nel suo libro, ma eccoci qui: l'efficienza marginale del capitale -- capitale dello stato -- è pari a zero. Lo stesso dicasi per il tasso d'interesse dei buoni del Tesoro. Ma questo ha creato una crisi nella teoria keynesiana: il temibile "limite dello zero". L'inflazione monetaria della banca centrale non riesce più a convincere gli imprenditori ad accendere prestiti, neanche a zero. La Federal Reserve non ha avuto alcun successo con le strategie implementate sino ad ora. Allora che cosa farà se l'economia cadrà in un'altra recessione paragonabile a quella del 2008-9? Cosa succederà alla politica anti-recessione della banca centrale quando l'unico strumento nella sua cassetta degli attrezzi è quello che ha fallito: inflazione monetaria? È alle strette.

Nella prossima recessione ci sarà una corsa per la liquidità. I prestatori cercheranno un rendimento sul capitale garantito dallo stato. Sacrificheranno la redditività del capitale. Lo stanno facendo ora con i buoni del Tesoro. La ricerca di rendimenti garantiti diventerà una mania. Nel 2015 in Germania i tassi d'interesse a breve termine sono diventati brevemente negativi. I prestatori hanno pagato il governo tedesco per il diritto d'acquistare i suoi IOU. Che ne sarà dell'imprenditorialità? Che cosa succederà al capitalismo keynesiano? Cosa succederà alla crescita economica quando il governo federale assorbirà la maggior parte del capitale a disposizione della nazione?

Cosa Bisogna Fare?

Chiedo ai keynesiani: che cosa bisogna fare?

Il deficit del governo degli Stati Uniti nell'anno fiscale 2015 è sopra ai $400 miliardi. Questo è il sesto anno di ripresa economica. In una fase di recessione sarà più del doppio. Che cosa bisogna fare?

Il valore attuale delle passività non finanziate di previdenza sociale e assistenza sanitaria statale è nel range dei $200,000 miliardi. Che cosa bisogna fare?

La prescrizione keynesiana del deficit federale e della svalutazione monetaria sta sostenendo a fatica l'economia americana. L'Europa occidentale, il Giappone e la Cina hanno adottato la stessa ricetta. Sono tutti in difficoltà.

Che cosa bisogna fare?

I keynesiani sono quelli con le ricette. Sono quelli che proclamano l'efficacia della pianificazione centrale attraverso il deficit federale e l'inflazione della banca centrale. Sono quelli che ripongono là loro fiducia nelle grandi ricette.

I difensori del libero mercato non offrono modelli simili. Non si fidano della pianificazione centrale. Hanno fiducia nella ricetta generale: proprietà privata, volontarismo monetario, abolizione delle banche centrali, tasse basse, soppressione delle garanzie statali, libero scambio, *free banking* e riduzione del deficit federale a zero.

Che cosa bisogna fare? Aspettare il nostro tempo. Non abbiamo bisogno di un grande piano per ridurre il governo federale.

I keynesiani stanno gettando le basi per il Grande Default -- in tutto il mondo. È loro responsabilità dirci che cosa bisogna fare. Controllano le istituzioni educative. Controllano il Congresso. Controllano il Federal Reserve System. Potere e responsabilità non possono essere separati.

Hazlitt non offrì alcuna ricetta nel 1946. Io non offro alcuna ricetta oggi. Mi limito solamente ad enunciare una serie di slogan diretti ai keynsiani, i quali non sanno cosa bisogna fare.

Ve l'avevamo detto.
Vi abbiamo detto perché.
Rimarrete con un pugno di mosche in mano.

La Politica del Saccheggio

"Non rubare".

Questo è un messaggio etico. Non richiede lunghe catene di ragionamento. Non richiede alle persone di seguire il denaro, in avanti o indietro. Richiede loro di tenere le mani fuori dai portafogli dei loro vicini.

C'è un aspetto di tutto questo discorso che Hazlitt scelse d'ignorare: **i cattivi costumi producono cattive politiche, che a loro volta producono cattivi risultati.** La metafora della finestra rotta è un grande strumento d'analisi. Ma Hazlitt non si concentrò su questo dettaglio: lo stato non rompe le finestre perché i politici hanno letto l'illeggibile *Teoria Generale dell'Occupazione, dell'Interesse e della Moneta* di Keynes.

Invece i politici hanno adottato quella che Bastiat chiamava la politica del saccheggio. La metafora della finestra rotta di Bastiat era un'estensione dell'analisi della politica del saccheggio presentata nel suo saggio, *La Legge* (1850). Non solo fornì un superbo strumento d'analisi economica, ma fornì anche il contesto etico della finestra rotta: furto mediante le urne elettorali. La metafora della finestra rotta ci permette di cogliere le implicazioni dell'intervento statale. La sua concezione della politica del saccheggio va alla radice del problema: "Non rubare, a meno che non hai la maggioranza dei voti."

Le masse hanno chiesto che lo stato usasse la forza per ridistribuire la ricchezza altrui. Le masse hanno eletto quei politici che avrebbero votato per la politica del saccheggio. Le masse hanno acconsentito ad essere tosate in base a questa propaganda statale: "I ricchi verranno tosati molto di più." Ma i ricchi assumono avvocati e commercialisti, evitando il peggio della tosatura. Usano la politica del saccheggio per prosperare a spese delle masse.

Nella vita esistono causa ed effetto etici. Le cattive politiche dal punto di vista morale, producono cattivi risultati economici. Inserendo questa tesi, il mio libro è diverso da quello di Hazlitt. Egli si concentrava sulla finestra rotta. Io mi concentro sul perché lo stato ha rotto tutte quelle finestre, e molto di più -- i capitoli che Hazlitt non scrisse, ma che avrebbe potuto scrivere. Gli elettori sono diventati dipendenti dalle politiche del saccheggio, in particolare dalla previdenza sociale, che Hazlitt ignorò prudentemente, e soprattutto dal Medicare, che arrivò nel 1965.

Ad un certo punto questi programmi d'assistenza sociale manderanno in bancarotta il governo federale. Ad un certo punto gli assegni di Washington non verranno più spediti. Quello sarà il giorno della resa dei conti -- dal punto di vista contabile. Quello sarà il giorno in cui la politica del saccheggio romperà le finestre di coloro che hanno votato seguendo questo principio: "Non rubare, a meno che non hai la maggioranza dei voti."

Siamo più vicini a questa resa dei conti rispetto a quanto lo era Hazlitt nel 1946.

Oggi possiamo far circolare più facilmente questo messaggio. Abbiamo la possibilità di pubblicare libri con *Amazon*. Possiamo usare blog gratuiti, come *WordPress.com*. Possiamo caricare gratuitamente i video su *YouTube*. Abbiamo siti web a bizzeffe da leggere e sui cui scrivere. Non siamo più nel 1946.

Non abbiamo bisogno di redigere un piano per passare dalla politica del saccheggio alla politica tutelante la proprietà. Il libero mercato non sa che farsene di piani simili. Quando gli assegni di Washington smetteranno d'essere spediti, le persone risponderanno in base agli incentivi a loro disposizione. Il nostro compito è quello di convincere gli altri a non ricadere nella politica del saccheggio.

Nel frattempo dobbiamo spiegare alle persone le implicazioni di queste parole: **Il Suo. Il Tuo. Il Mio. Non Farlo.** Le persone le usano quando educano i propri figli, ma tendono a dimenticarle quando sentono questo canto delle sirene: "Non rubare, a meno che non hai la maggioranza dei voti."

Postfazione

Nel 1946 Hazlitt impiegò sei settimane per scrivere *L'Economia in Una Lezione*. Se vi dedicò 40 ore a settimana, allora il totale è circa 240 ore. Mi ci sono volute meno di 100 ore per scrivere il mio libro. C'è da dire, però, che il mio vantaggio è stato quello d'avere accesso al suo libro e a 69 anni di materiali pubblicati sin da allora.

Sono pochissime le persone ancora in vita che lessero il suo libro al momento dell'uscita. Nel corso del tempo ha guadagnato un sacco di lettori, ma inizialmente non erano molti. Non credo che nel 1946 ci fossero molte persone che volessero entrare a far parte del movimento libertario per aver letto il libro di Hazlitt o *La Via Verso la Schiavitù* (1944) di Hayek. Purtroppo le persone non apprezzano la natura straordinaria degli sforzi di Hazlitt.

Non poteva consultare un corpo sviluppato di materiali riguardanti i temi che trattò nel suo libro. Non esisteva. Oggi abbiamo più di quanto possiamo leggere.

Oggi abbiamo il vantaggio del World Wide Web e questo significa PDF, siti web, YouTube, Amazon, Facebook, Wordpress.com e tutti gli altri strumenti di comunicazione. È straordinario ciò che è avvenuto sin dal 1999. Ho creato il mio primo sito nel 1996 e il cambiamento sin da allora è stato da capogiro.

Sono state circa 700,000 le copie vendute del libro di Hazlitt.

Questo significa circa 10,000 copie l'anno per quasi 70 anni. Ma oggi la tecnologia permette alle persone di comunicare su una scala mai immaginata da Hazlitt o chiunque altro nel 1946.

Quando scrisse il suo libro, era quasi da solo. Hayek e Ludwig von Mises si trovavano negli Stati Uniti, ma Mises era praticamente sconosciuto. Nello stesso anno in cui Hazlitt scrisse il suo libro, Leonard Read inaugurò la Foundation for Economic Education. Non c'erano i think tank della Washington Beltway a promuovere le idee del libero mercato.

Le comunicazioni tra i libertari erano esigue. Del resto non esisteva qualcosa di definibile come libertarismo. Nel 1946 i conservatori erano assediati dall'opposizione politica facente riferimento a Franklin Roosevelt[14], ma non esisteva una filosofia conservatrice sviluppata. Non esisteva una rivista conservatrice. Il *Saturday Evening Post* pubblicava occasionalmente articoli di sostenitori del libero mercato, ma non c'era niente di ideologico in quella rivista.

Nel 1946 un conservatore non avrebbe potuto trovare materiale da leggere. Oggi non riuscirebbe a leggere una piccola frazione del materiale che viene pubblicato ogni giorno sul Web.

Nel 1955 William F. Buckley inaugurò il *National Review*. L'anno successivo la Foundation for Economic Education avrebbe iniziato a pubblicare *The Freeman*. Fino a quel momento, non c'era quasi niente da leggere.

------

14 *The Conservative Hero You've Probably Never Heard Of*, Garland S. Tucker III, *Intercollegiate Review*, 17 giugno 2015: http://www.intercollegiatereview.com/index.php/2015/06/17/conservati ve-hero-josiah-bailey/

Il materiale di lettura si limitava ai bollettini d'informazione, e solo una manciata di persone ne aveva sentito parlare. Nel gennaio 1946 l'unico libro famoso a sostegno del libero era *La Via Verso la Schiavitù* di Hayek. Questo perché il *Reader's Digest* ne pubblicò un riassunto nel 1945.[15] I bei vecchi tempi erano pessimi. Se stiamo parlando di materiale che poteva essere utilizzato a difesa del libero mercato, il 1946 era un deserto. Il libro di Hazlitt era un'oasi in mezzo al deserto del Gobi. I keynesiani dominano ancora i media *mainstream* e le università, ma non la faranno più franca. Quando arriverà il giorno della resa dei conti, gli avvoltoi volteggeranno sopra le loro teste. Spolperanno il cadavere del keynesismo.

Se stiamo parlando di autori americani, Henry Hazlitt merita credito come il più importante difensore del libero mercato negli anni '40. Ai suoi tempi era solo. Ciò richiedeva coraggio. Ciò richiedeva intelligenza. È stata una fortuna che fosse uno dei migliori scrittori nei media finanziari. *Newsweek* fu tanto intelligente da assumerlo dopo che il *New York Times* fu tanto stupido da licenziarlo. Quello che più mi è rimasto impresso di lui, è stato la sua risata. A questo proposito, era un po' come Murray Rothbard. Quando lo incontrai, si trovava ormai in trincea da quattro decenni. L'esperienza lo aveva rafforzato.

Non smetteva mai d'imparare. Leggeva sempre. Né smetteva mai di scrivere. Se aveva qualcosa da dire, lo diceva o lo scriveva. Nei suoi confronti *The Freeman* aveva sempre la porta aperta.[16]

---

15 Potete leggerlo consultando questo indirizzo:
http://www.garynorth.com/HayekRoadRD.pdf

16 Potete consultare un elenco delle sue pubblicazioni sul *The Freeman* a questo indirizzo: http://fee.org/people/henry-hazlitt

Note sull'autore e sul traduttore

Gary North

Gary K. North, nato a febbraio del 1942, è uno storico dell'economia e autore di *Mises on Money* e *Honest Money*. Laureato in Storia all'Università di Riverside, California, nel 1967 entra a far parte come collaboratore della rivista *The Freeman*. Influenzato dagli scritti di Ludwig von Mises, Friedrich A. von Hayek e Murray N. Rothbard, nel 1970 inizia a tenere seminari presso la Foundation for Economic Education (FEE) e nel 1976 ha svolto il ruolo di assistente di ricerca nello staff del senatore repubblicano Ron Paul.

Ha scritto più di quaranta libri non solo in campo economico ma anche teologico, tra cui 20 volumi analizzanti la Bibbia in ottica economica, *An Economic Commentary on the Bible*.

Per anni ha redatto la rivista *Remnant Review*. Scrive anche su *TeaPartyEconomist.com* ed occasionalmente su *LewRockwell.com*.

Francesco Simoncelli

Divulgatore e studioso della Scuola Austriaca d'economia, ha aperto il blog *Francesco Simoncelli's Freedonia* nel 2010 come approfondimento alle questioni economico/politiche analizzate secondo un'ottica Austriaca e libertaria. Dopo aver affinato le sue conoscenze frequentando i corsi della *Mises Academy*, ha visto pubblicati i suoi articoli anche su siti con notevole risonanza nell'ambito dell'informazione economica.

Autore dei libri *L'economia è un gioco da ragazzi, La fine delle fallacie economiche* e *Il Grande Default*; traduttore dei libri *Imposta sul reddito: la radice di tutti i mali, L'ascesa e la caduta della società* e *Il fallimento dell'economia keynesiana.* Nel 2012 partecipa alla fondazione dell'Associazione Von Mises Italia. È stato community manager per Melis Wallet e membro del Comitato Scientifico di Bcademy. Dal 2021 è community manager per Satoshi Design. Dal 2013 al 2016 ha collaborato col magazine online *The Fielder*, per cui ha scritto articoli di economia e finanza.

Sito web: https://www.francescosimoncelli.com/

email: *fsimoncelli85@gmail.com*